职业教育城市轨道交通专业教材

城市轨道交通行车组织

程 钢 主 编

电子工业出版社·

Publishing House of Electronics Industry

北京·BEIJING

内 容 简 介

本书是"职业教育城市轨道交通专业教材"之一，是根据城市轨道交通人才培养方案编写的项目式职业性教材。本书共有六个项目，26 个任务，介绍城市轨道交通行车组织和调度指挥的内容，主要内容包括城市轨道交通行车设备认知、客流运营计划及运输能力分析、列车自动运行控制系统认知、城市轨道交通车站行车工作组织、城市轨道交通车辆段调车工作认知、列车运行调度指挥工作。

本书可作为职业院校的城市轨道交通专业及相关专业的教学用书，也可作为从事城市轨道交通行业职工的参考资料和培训用书。

本书还配有电子教学参考资料包（包括电子教案、教学指南及习题答案），详见前言。

图书在版编目（CIP）数据

城市轨道交通行车组织 / 程钢主编. —北京：电子工业出版社，2012.11
职业教育城市轨道交通专业教材
ISBN 978-7-121-18907-4

Ⅰ. ①城…　Ⅱ. ①程…　Ⅲ. ①城市铁路—行车组织—高等职业教育—教材　Ⅳ. ①U239.5

中国版本图书馆 CIP 数据核字（2012）第 268789 号

策划编辑：徐　玲
责任编辑：毕军志
印　　刷：北京捷迅佳彩印刷有限公司
装　　订：北京捷迅佳彩印刷有限公司
出版发行：电子工业出版社
　　　　　北京市海淀区万寿路 173 信箱　邮编　100036
开　　本：787×1 092　1/16　印张：15.25　字数：390.4 千字
版　　次：2012 年 11 月第 1 版
印　　次：2025 年 8 月第 14 次印刷
定　　价：29.00 元

凡所购买电子工业出版社图书有缺损问题，请向购买书店调换。若书店售缺，请与本社发行部联系，联系及邮购电话：（010）88254888，88258888。

质量投诉请发邮件至 zlts@phei.com.cn，盗版侵权举报请发邮件至 dbqq@phei.com.cn。

本书咨询联系方式：xuling@phei.com.cn。

总序 *Introduction*

随着国民经济持续快速发展,人流、物流、信息流以前所未有的密度涌向大城市并向周边辐射。城市化进程加快,城镇人口迅速增长,我国市区常住 100 万人口以上的大城市已达 40 多个,超过 200 万人口的特大城市已有 14 个。目前,我国城镇人口比例已经达到 45%左右,城市规模的扩大、城市人口的增长,带来了城市交通需求的高速增长。为解决大中城市交通紧张问题,我国已有越来越多的城市把发展城市轨道交通列入城市发展计划。截至 2010 年,北京、天津、上海、广州、深圳、南京、重庆、武汉、大连、长春 10 个城市已经开通运营的城市轨道交通线路总长已近 1000 千米,加上正在建设的沈阳、成都、杭州、西安、苏州等城市在建线路总长也超过 1200 多千米。此外,还有青岛、宁波、郑州、厦门、东莞、昆明、长沙、乌鲁木齐、南宁、济南、兰州、太原、福州、合肥、无锡、贵阳、烟台、石家庄、温州等诸多城市都在进行轨道交通规划或建设工作。中国城市轨道交通建设正在进入快速有序的发展阶段。预计在 2015 年前后,我国将建设 79 条城市轨道交通线路,长达 2260 千米;到 2020 年,中国城市轨道交通规模有望突破 3000 千米。城市轨道交通的快速发展,各类城市轨道交通人才需求量急剧增加,从城市轨道交通的专业人才用工需求看,城市轨道交通每千米需要 50~60 人。对于这个技术密集型行业来说,各城市的轨道交通都需要大批应用型人才,才能保证正常的运营和管理。因此,城市轨道交通行业具有广阔的人才需求空间。

城市轨道交通发展给职业教育的人才培养带来良好契机,为适应城市轨道交通人才培养需求,更好地服务国民经济建设,2010 年 5 月,电子工业出版社在武汉组织召开了"职业教育城市轨道交通专业教学研讨会",成立了"职业教育城市轨道交通专业项目式教材"编审委员会,确定了"职业教育城市轨道交通专业项目式教材"编写方案。根据专业教学研讨会议精神,经过主编、参编老师的共同努力,"职业教育城市轨道交通专业教材"终于与大家见面了。本套教材基本涵盖了"城市轨道交通专业"的主要课程和内容,满足了专业建设与教学需要;为适应职业教育的改革与发展,教材力求体现当代职业教育新理念、新思路;为紧跟城市轨道交通行业发展,尽量使教材保持一定的知识与技术领先。本套教材编写以职业能力为主线,以职业生涯为背景,以工作结构为框架,以岗位能力为依据,以工作情境为支撑,以工作过程为基础。教材体系结构力求从学科结构向职业工种技能结构转变;教材内容组织力求根据城市轨道交通专业学生今后从事职业工作岗位要求及标准出发，突出典型岗位的工作过程，满足职业标准要求，贯穿主要规章和作业标准。本套教材具有以下特点：

1）教材体例符合职业教育教学改革和发展方向

教材内容选择以《国家职业标准》规定的岗位（群）需求和职业能力为依据，以工作任务为中心，以理论知识为基础，以实践技能为依托，以工作情境为支撑，以案例呈现为特点，以拓展知识为延伸，充分考虑城市轨道交通典型岗位的工作任务的工作过程特点和教学过程特点的有机结合，体现教材的职业性特点。

2）教材内容凸显城市轨道交通专业领域主流应用技术和关键技能

教材内容凸显城市轨道运营、行车组织、客运组织、机车车辆等设备运用与检修及作业组织方法等主体工种的专业知识和技术，包括车站站长、行车调度、车辆维修、客运服务等典型岗位的主流应用技术和关键技能。

3）教材内容涵盖城市轨道交通行业和专业发展的"四新"内容

教材内容组织保持一定的前瞻性，反映行业与专业最新知识、工艺、装备和技术。教材编写从现代教学理念和教学模式出发，体现城市轨道交通前沿的创新成果和经验。

4）教材注重实践性，重视案例和实际动手场景的呈现

教材组织通俗实用，融入和结合了轨道交通专业骨干教师多年的教学经验和体会，合理地取舍和反映城市轨道交通的基本专业知识和基本技能；通过具体模拟训练和情景实操，使学生加深对专业知识和技能的理解以及基本技能和基本方法的掌握，从而可以缩短学生到企业后的上岗时间。

本套教材不仅适用于职业教育各层次教学，也可作为城市轨道交通行业相关人员在职进修提高和培训教学用书。

本套教材由浙江师范大学工学院原系主任吴晓担任主编，西安铁路职业技术学院赵岚、湖南铁道职业技术学院张莹担任副主编。吴晓负责本系列教材编写工作的整体策划与体例结构设计。教材在编写过程中得到了许多城市轨道交通行业专家、电子工业出版社等领导和同仁的大力支持，在此表示衷心感谢！

在本套教材的编写过程中，编者们参考了大量的书籍、文献、论文等，也引用了许多专家学者的资料，编者已尽可能地在参考文献中详细列出，谨在此对他们表示衷心的感谢！同时，可能我们因为疏忽，有些资料引用了而没有指出资料出处，若有此类情况发生，深表歉意！由于城市轨道交通正处于快速发展期，资料收集很难达到齐全和最新，再加上编者水平所限，书中错误和疏漏在所难免，敬请大家见谅，也恳请读者在阅读后及时批评指正，我们将十分感谢。

吴　晓

2011 年 6 月于浙江师范大学

前言 *Preface*

　　20世纪下半叶以来，随着世界范围内城市化的发展进程，世界各国的城市面积在逐渐扩大，城市人口也在逐渐增多，城市经济、活动的日益发展，派生出急剧增长的城市人群交通运输需求。目前，包括我国在内的许多国家的城市面临着严重的交通问题：城市道路拥挤，交通阻塞，车速下降，公共交通运能不足，市民乘车舒适性差，交通事故频繁，废气、噪声对环境污染大，这一切已经直接制约了城市的良性发展。为解决日益恶化的城市交通问题，缓解过饱和的城市道路和超负荷的公共交通，世界各国纷纷规划与建设立体化的城市轨道交通系统。

　　城市轨道交通行车体系的技术发展在我国经历了三个阶段：初创阶段、过渡阶段和发展阶段。初创阶段：1969年，北京地铁一期工程开始建设，采用自动闭塞技术。过渡阶段：1971年开始，行车指挥系统采用机车信号，IC列车运行自动化系统，但ATS计算机系统的研制由于电子元器件的问题无功而返。发展阶段：引进吸收学习并创新国外新型ATC系统，实现调度集中（CTC）、列车自动操纵（ATO）、列车自动防护（ATP）和列车自动监控（ATS）功能。

　　随着新一代列车运行技术和设备的应用，车站行车组织工作和列车运行调度指挥工作都面临着巨大变革，城市轨道交通运营具有密度大、安全性高、服务性强的特点，它的运营与广大人民群众生产生活关系密切，社会影响力巨大。最小2min的列车运行间隔，除需要优质高效的硬件设备外，还要有与系统设备相适应的运营管理机构、生产及管理技术和高素质的运营管理人才队伍。当前市场上讲述城轨设备原理和功能的书很多，但面向高职院校教学，适应于城轨基层运营生产技术人员、注重讲述基本原理和操作方法的书比较缺乏。本书对城市轨道交通的运营管理进行了深入、细致的研究，内容包括城市轨道交通行车设备基本认知、客流运营计划及运输能力分析、列车自动运行自动控制技术认知、接发列车常见应急处理、车厂调车工作组织，以及列车运行调度指挥技术等。内容的选取紧密结合当前各大交通运营工作实际，许多案例和作业流程来源于现场实际工作。本书可作为高职院校城市轨道交通运营管理专业学生的教材或教学参考书，也可供城轨企业技术管理人员与生产员工阅读与参考。

　　本书由湖南铁路科技职业技术学院的程钢老师担任主编，湖南铁路科技职业技术学院的李一龙副教授担任主审。全书以项目式教材编写体例，共分六个项目。编写分工如下：

项目一为城市轨道交通行车设备认知，由湖南铁路科技职业技术学院的程钢、唐杲老师负责编写；项目二为客流运营计划及运输能力分析，由西安铁路职业技术学院的柴晓春老师负责编写；项目三为列车自动运行控制系统认知，由湖南铁路科技职业技术学院的程钢老师负责编写；项目四为城市轨道交通车站行车工作组织，由西安铁路职业技术学院的徐虎老师负责编写；项目五为城市轨道交通车辆段调车工作认知，由湖南铁路科技职业技术学院的程钢老师负责编写；项目六为列车运行调度指挥工作，由湖南铁路科技职业技术学院的程钢、杨琳老师及湖南铁道职业技术学院的李捷老师共同编写完成。本书在体例设计上突破了传统教材的编写模式，理论与实际动手相结合，突出职业教育的实践性。项目中的每个任务下设有"学习目标"、"学习任务"、"工具设备"、"教学环境"、"基础知识"、"相关案例"、"拓展知识"等模块，并配置操作运用案例和思考练习题。教材注重实用、案例多、观念新，教材内容组织通俗；按照"基于工作过程系统化"的教学理念和方法，特别增加了教师教学工作活页，寓专业能力、方法能力和社会能力培养于情景教学；为了方便学生主动学习和自学，特别增加学生学习实操活页，让学生学习模拟城市轨道交通专业设备具体运用，通过具体知识认知模拟训练、情景实操以及教学评价等环节，使学生加深对城市轨道交通行车组织专业知识和技能的理解、基本技能和基本方法的掌握。

为了方便教师教学，本书还配有电子教案、电子版的教学指南及习题答案，请有此需要的教师登录华信教育资源网（www.hxedu.com.cn）下载或与电子工业出版社联系，我们将免费提供（E-mail: hxedu@phei.com.cn）。

由于我国城市轨道交通系统，引入多国多种技术，制式众多，资料收集不全，加上编者水平有限，书中难免有疏漏、错误、不妥之处，恳请各位专家、同行批评指正，以不断提高本书的编写水平，为我国城市轨道交通高职教育事业的发展尽绵薄之力。

编　者
2012 年 6 月

目录　Contents

项目一 城市轨道交通行车设备认知

任务 城市轨道交通行车设备的构成认知

城市轨道交通是属于集多专业、多工种于一身的复杂系统，通常由轨道线路、车站、车辆、维护检修基地、供变电、通信信号、指挥控制中心等组成。城市轨道交通的运输组织、功能实现、安全保证均应遵循轨道交通运输的客观规律。为了保证列车运行安全、正点，线路、车站、车辆、供电、通信、信号、机电设备和消防系统均应保证状态良好，运行正常。

学习目标

（1）了解城市轨道交通的线路与车站的分类、组成；
（2）了解城市轨道交通的车辆的基本组成和作用；
（3）了解城市轨道交通的供电系统的组成和作用；
（4）了解城市轨道交通环控系统的组成和作用。

学习任务

了解和掌握城市轨道交通系统的构成和作用。

工具设备

城市轨道交通设备车站沙盘、车辆模型、供电系统设备。

教学环境

城市轨道设备实验实训室。

一、线路与车站

（一）理论模块

1. 城市轨道交通线路的种类

按城市轨道在运营中的作用，可分为正线、辅助线和车场线。

（1）正线：贯穿所有车站，区间供列车日常运行的线路称为正线。城市轨道交通系统的正线均采用上下行分行，一般实行右侧行车制。

（2）辅助线：一般不行驶载客列车，是指车站内进行列车到发、通过、折返作业、停放列车的线路，以及列车进出车辆段（停车场）的线路和将线网中的不同线路、车辆段与铁路连接起来的线路。辅助线包括车站侧线、折返线、渡线、存车线、出入段（场）线、安全线和联络线等。

（3）车场线：车场线是车辆段（停车场）内进行车辆停放、编组、列检、检修、清洗和调试等作业的线路，有停车线、列检线、检修线、洗车线、牵出线和试车线等。

2．城市轨道交通车站的分类

（1）按车站客流量大小可分为特等站、一等站和二等站。

（2）按车站的运营功能不同分为始发（终到）站、中间站和换乘站。

（3）地铁车站按车站建筑的位置可分为地下站、地面站和高架站。

（4）按站台形式可分为岛式车站、侧式车站和混合式车站。

车站一般由出入口、站厅、站台和生产用房等组成，通道、楼梯和自动扶梯将出入口、站厅与站台连接起来。在决定车站规模和设备容量的各项因素中，最重要的是车站远期高峰小时最大客流量。出入口是乘客由地面进入站厅或由站厅到达地面的通道。地下车站与高架车站的站厅通常划分为几个区域。例如，乘客可自由进出、提供售票和商业服务的非收费区；乘客检票后才能进出的收费区；车站控制室、售票室等所在的作业管理区；机电设备和用房所在的机电设备区。地面车站的站厅规模一般较小，不设置收费区、车站控制室等。站台供列车停靠和乘客候车、上下车使用。车站生产用房主要分为作业用房、管理用房和设备用房三类。行车、客运作业用房包括车站控制室、售票室、广播室、问询处和休息室等。车站管理用房包括站长室、站务室、票务室、警务室和储存室等。各种设备用房包括通信、信号、自动售检票、变电、环控、屏蔽门、防灾和给排水等设备的用房。

（二）技术模块

1．城市轨道交通线路

1）线路平面

线路平面：轨道交通线路中心线在水平面上的投影。

线路中心线：两根钢轨间距离的中点连线（单轨交通为轨道梁的中心线）。

线路平面组成要素：直线和曲线。

为了保证列车安全，使线路平顺地由直线过渡到圆曲线或由圆曲线过渡到直线，以避免向心力的突然产生和消除，需要在直线与圆曲线之间设置一个曲率半径变化的曲线，这个曲线叫做缓和曲线。

2）线路纵断面

线路中心线在垂直平面上的投影，单轨线路以轨道梁中心线为准。

线路纵断面的组成要素：平道和坡道。

在两个相邻坡道或平道与坡道之间，由于坡度差异较大，会导致列车运行不顺。为此，在变坡点设置竖曲线。正线与辅助线的主要技术标准如表 1-1 所示。

表 1-1　正线与辅助线的主要技术标准

基本车型	线路类别	A 型车（3m 宽）	B 型车（2.8m 宽）	C 型车（2.6m 宽）
最小曲线半径/m	正线	300～350	250～00	50～100
	辅助线	150～250	150～200	25～80
最大坡度/‰	正线	30～35	30～35	60
	辅助线	40	40	60
钢轨质量/（kg/m）	正线	≥60	50～60	50
	辅助线	≥50	≥50	50

3）两根钢轨之间的相互位置

对于地下铁道、轻轨来说，线路上两根钢轨之间的相互位置能否保持运营所需的良好状况十分重要。

（1）轨距。

① 直线地段轨距。我国城市轨道交通线路直线地段的轨距均采用1435mm。《铁路技术管理规程》规定线路、道岔轨距的静态允许最大偏差为 +6mm 和 –2mm。

② 曲线地段轨距。根据国产地铁和轻轨车辆的资料，当曲线半径≤200m 时，应按规定的数值对轨距进行加宽。

（2）水平。在直线地段上两股钢轨顶面应保持在同一水平面上。直线地段正线的水平容许误差按《铁路技术管理规程》规定为 4mm。

（3）前后高低。要求目视平顺，一股钢轨前后高低偏差用 10m 弦测量最大矢度值，按《铁路线路维修规则》规定正线不应超过 4mm。

（4）方向。相对轨距来说，轨道方向往往是行车平稳性的控制因素。按《铁路线路维修规则》规定正线上的正矢不应超过 4mm。

（5）轨底坡。北京、上海地铁运营实践表明，小半径曲线地段钢轨磨耗严重，光带偏离轨顶中心向内，说明 1/40 轨底坡偏小，设置 1/30 或 1/20 轨底坡较为适宜。

4）城市轨道交通限界

（1）城市轨道交通列车沿着固定轨道高速运行，需要在特定的空间中运行。根据车辆轮廓尺寸和性能、线路特性、设备安装及施工方法等因素经技术、经济综合比较确定的空间尺寸称为限界。为了确保运营的安全，各种建（构）筑物和设备均不能侵入限界。

（2）城市轨道交通限界应包括车辆限界、设备限界、建筑限界、接触轨和接触网限界。

（3）确定限界时，对于结构施工、测量、变形误差、设备制造安装误差，设计、施工和运营中难以预计的其他因素，尚有安全预留尺寸，应分别加以考虑、研究确定。

（4）车辆限界应根据车辆主要尺寸等有关参数，并考虑静态和动态情况下，所达到的横向和竖向偏移量及偏移角度，按可能产生的最不利情况确定。

（三）案例模块

立体交叉的车站线路布置图如图 1-1 所示。

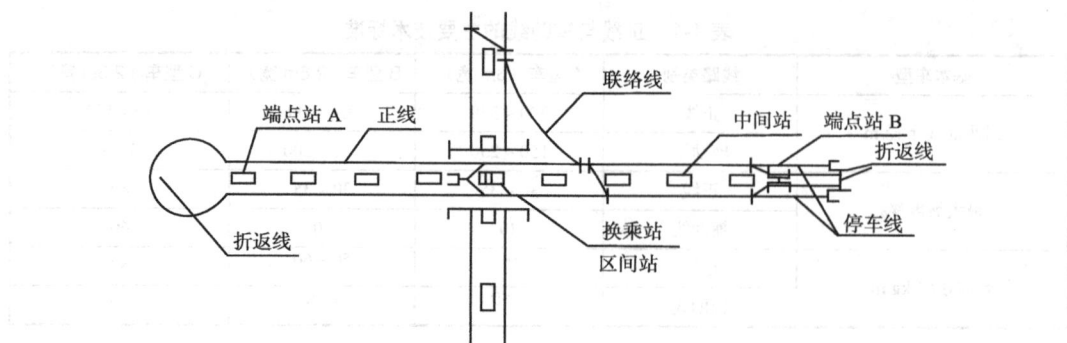

图 1-1　立体交叉的车站线路布置图

（四）实操模块

【实训任务】绘制车站折返的主要形式。

【实训目的】掌握线路及道岔的示意图的绘制方法。

【实训要求】掌握线路在运营中的类型。

【实训设备】城市轨道交通运输设备车站沙盘。

【实训环境】城市轨道交通运输设备实训室。

【实训指导】指导老师讲解线路按运营的作用分类及道岔的作用。

【实训考评】讲述不同的折返形式的特点。

【操作运用案例 1】城市轨道交通车站列车折返

1．实训项目教师工作活页

实训项目教师工作活页　　　　　　　　　　　　　　　　NO：＿＿＿＿

实训项目		城市轨道交通线路认知		
学　　时		2	班　级	略
实训场所		城市轨道交通运输设备实训室		
工具设备		城市轨道交通模拟沙盘		
教学目标	专业能力	（1）掌握城市轨道交通的线路及道岔的示意图的绘制方法 （2）掌握折返的不同类型和折返方法 （3）掌握城市轨道交通中线路的不同类型及作用		
	方法能力	（1）能综合运用专业知识，通过利用专业书籍、查阅文献和资料获得相关专业知识与信息 （2）能根据实训项目学习任务确定实训方案		
	社会能力	（1）能在实习训练活动中保持刻苦钻研的学习态度 （2）能与小组成员和教师就学习中的问题进行交流和沟通 （3）能与他人协调配合，具有较好的合作能力和团队精神 （4）锻炼查找资料和收集资料的能力		
教学活动		略（详见教学活动设计）		

教学评价	学生活动： （1）以 8～10 人小组为单位执行实训任务，根据本组同学在实训过程中的能力表现及结果进行自评和组内互评 （2）其他小组根据成果展示活动中的表现结果进行互评 教师活动： （1）教师组织学生开展互评活动 （2）对学生做出综合评价		
教学资料	（1）城市轨道交通运输设备教材 （2）地铁公司资料 （3）实训项目学生学习活页（附页）		
指导教师		教学时间	年　月　日

2．实训项目学生学习活页

实训项目学生学习活页　　　　　　　　　　NO：_____

实训项目　城市轨道交通线路认知

班级：_____　姓名：_____　学号：_____　时间：_____

一、实训目标

　　1．专业能力目标

　　（1）能掌握城市轨道交通的线路及道岔的示意图的绘制方法；

　　（2）掌握折返的不同类型和折返方法；

　　（3）掌握城市轨道交通中线路的不同类型及作用。

　　2．方法能力目标

　　（1）能综合运用专业知识，通过利用专业书籍、查阅文献和资料获得相关知识与信息；

　　（2）能根据实训项目学习任务确定实训方案。

　　3．社会能力目标

　　（1）能在实习训练活动中保持刻苦钻研的学习态度；

　　（2）能与小组成员和教师就学习中的问题进行交流和沟通；

　　（3）能与他人协调配合，具有较好的合作能力和团队精神；

　　（4）锻炼查找资料和收集资料的能力。

二、知识总结

　　1．掌握城市轨道交通的线路及道岔示意图的绘制方法。

　　2．掌握城市轨道交通中线路的不同类型及作用。

续表

3．掌握折返的不同类型和折返方法。

三、操作运用

1．绘制单开道岔平面示意图。

2．写出线路的不同类型及作用。

3．解释站前折返和站后折返的技术特点及区别。

4．以某地铁公司为例，讲述折返实例。

四、实训小结

五、成绩评定

1．学生评价

评价等级	A—优	B—良	C—中	D—及格	E—不及格
学生自评					
组内互评					
他组互评					

2．教师评价

评价等级	A—优	B—良	C—中	D—及格	E—不及格
专业能力					
方法能力					
社会能力					
评价结果					

3．综合评价

评价等级	A—优	B—良	C—中	D—及格	E—不及格
评价结果					

注：按照学生自评占10%、组内互评占10%、他组互评占20%、教师评价占60%的比例计分。其中，A—100分，
B—85分，C—75分，D—60分，E—50分。

4. 评价量规

等　级	行为表现描述
A	能圆满、高效地完成实训任务的全部内容
B	能顺利完成实训任务的全部内容
C	能完成实训任务的全部内容，但需要一些帮助和指导
D	自己只能完成实训任务的部分内容，但在现场的指导下，已经能完成任务的全部内容
E	不能完成实训任务的全部内容

二、车辆与车辆基地

车辆是输送乘客的运载工具，轨道交通车辆不但应实现安全、快速、大容量等功能，具有良好、舒适的乘车环境，还应节能，并在外观设计方面有助于美化城市景观、环境。车辆基地是城轨交通车辆停放、保养、修理的专门场所。

（一）理论模块

1. 类型

车辆分类可从不同的角度进行，如按技术特征的不同分为地铁车辆、轻轨车辆和单轨车辆等；按支撑、导向制式的不同分为钢轮车辆与胶轮车辆；按车辆牵引动力配置分为动车、拖车；按车辆主要技术规格分为 A 型、B 型、C 型和 L 型四类车型；按车体制作材料分为耐候钢车、铝合金车、不锈钢车；按受电方式分为受电弓受电和受流器受电的车；按电压等级分为直流 750V 车辆和直流 1500V 车辆两种；按牵引控制系统分为直流变阻车、直流斩波调压车、交流变压变频车、直线电机变压变频车。

2. 城市轨道交通车辆的组成

城市轨道交通车辆由机械和电气两大部分构成。机械部分包括车体、车钩及缓冲器、车门控制系统、转向架、空气制动系统、空调和通风系统。电气部分包括牵引系统、辅助供电系统、列车控制和诊断系统、乘客信息系统。

1）车体

车体主要是容纳乘客和司机驾驶的地方，又是安装其他设备和部件的基础。要求车体具有隔音、减振、隔热、防火的作用，在事故状态下尽可能保证乘客的安全。它由车顶、底架、端墙、侧门、车窗、车门等组成。车体采用大断面铝合金、机械紧固模块化组合结构。

2）车钩及缓冲器

车辆连接装置包括车钩缓冲装置和贯通道，车钩是连接车辆使其编组成列车，并传递纵向力的一套装置。通常在车钩的后部装设缓冲装置，在车钩传递纵向力时缓和车辆之间的纵向冲击。通过车钩还可以将车辆之间的电路和空气管路进行连接。贯通道是车辆与车辆之间的客室连接通道。

3）车门控制系统

车门控制系统以广州地铁 1 号线列车为例，车门通过中央控制阀来控制，以压缩空气为动力驱动双向作用汽缸活塞前进和后退，再通过钢丝绳等组成的机械传动机构完成门的开关动作，机械锁闭机构可以使车门可靠地固定在关闭位置。

4）转向架

转向架位于车体与轨道之间，用于支撑车体，牵引和引导车辆沿着轨道行驶，动力转向架安装在动车上，非动力转向架安装在拖车上。一般转向架由构架、轮对、轴箱装置、弹簧减振装置和制动装置、中央牵引装置等组成。地铁车辆转向架采用无摇枕转向架，构架采用高强度低合金钢板焊接 H 形结构；牵引电动机为架承式悬挂，每个构架反对称布置，两台牵引电动机采用二级悬挂系统。

5）空气制动系统

地铁车辆一般使用的是混合制动方式，分为电制动和空气制动。电制动分为再生制动和电阻制动。空气制动是通过空气压缩机产生压缩空气，通过管道将压缩空气送往各个车厢的汽缸。刹车时，只要一打开阀门，压缩空气就会推动各车厢的汽缸活塞，将闸瓦压紧，使列车迅速停下来。

6）空调和通风系统

车辆的空调系统的作用就是使客室内的温度、相对湿度、空气流动速度和洁净度（主要指尘埃和二氧化碳含量）保持在规定的范围内，为乘客创造舒适的乘车环境。

7）牵引系统

城市轨道车辆牵引系统组成：受流系统（集电靴/受电弓）、高速断路器、牵引逆变（VVVF）、牵引控制单元（DCU/UNAS）、牵引电动机、制动电阻等。牵引电动机悬挂在车辆转向架或车轴上，驱动车辆前进，分旋转电动机和直线电动机。

8）辅助供电系统

辅助供电系统为除牵引系统以外的所有用电系统供电，由辅助逆变器和蓄电池、充电器和相应的部件组成。它的工作状态正常与否直接影响列车的功能。

9）列车控制和诊断系统

城市轨道车辆主要系统都采用微机进行自动控制。微机控制系统有自我监控和诊断功能，能对列车主要设备的运行和故障自动进行信息采集、记录和显示。

10）乘客信息系统

向乘客提供列车信息、安全信息和其他公共信息，如列车终点站、停车车站、换乘信息等；在列车发生故障或事故时，向乘客提供回避危险的指挥、指导信息等。乘客信息系统包括广播、列车运行线路电子显示图、LED 显示器、VCD 显示器等。

3. 车辆基地

车辆基地是车辆停放和维修基地的简称。车辆基地主要由车辆段、停车场（库）、列检所等组成。

1）车辆段

车辆段是城市轨道交通系统中对车辆进行运用管理、停放和维修保养的场所。一般情况下，一条线路设一个车辆段，当线路长度超过 20km 时，可以考虑设一个车辆段、一个停车场。车辆段的任务主要是承担车辆的运用和各种定期检修作业。

2）停车场（库）

停车场（库）是车辆集中停放的场所，又是车辆编组、清扫、整备、维修和日常管理的场所。停车场（库）不仅要有足够的轨道停车位，同时还要设置管理人员、乘务员工作和活动休息的场所。

3）列检所

列检所的任务是利用列车停放时间和停放场地，对车辆的重要部件进行例行技术检查。对危害行车安全的一般故障进行重点修理。列检所一般设在停车场（库）或列车折返时停留和准备场所的停车线旁。

（二）技术模块

四种基本车型的主要技术规格和性能如表1-2所示。

表1-2　四种基本车型的主要技术规格和性能

车　型	A 型车[1]	B 型车[1]	C 型车[2]	L 型车[3]
车辆宽度[4]/mm	3000	2800	2600	2800
车辆定员/人	310	230	210	230
列车最高速度/（km/h）	80	80	80	100
起动加速度/（m/s²）	1.0	1.0	0.8	1.0
常用制动减速度/（m/s²）	1.0	1.0	1.0	1.0
紧急制动减速度/（m/s²）	1.3	1.3	1.3	1.3
电网电压/V	DC1500	DC1500	DC1500	DC1500
正线最小曲线半径/m	300	250	100	80
正线最大坡度/‰	35	35	60	60

注：[1]地铁车辆；[2]轻轨车辆；[3]直线电动机车辆；[4]地板高度处车辆宽度。

（三）案例模块

下面以深圳地铁一号线列车特点和技术参数为例，说明地铁列车车辆的基本特征。

1．车辆主要尺寸

一列列车长度为139.98m，宽度为3.10m，高度（含排气口，不含受电弓）为3.855m，其中A车长度为24.39m，B、C车长度为22.8m，每辆车有5对客室门，门开宽度为1.40m。驾驶室两侧设有驾驶室门，前端设有乘客紧急疏散门，后端设有通往客室的通道门。

2．列车动力系统特征

列车由受电弓从接触网获得电流，电流经由位于B车车下的两个高速断路器与动车的牵引逆变器相连接。牵引模块将由接触网来的直流电，逆变为频率和电压都可调的交流电供牵引电动机牵引。制动时，列车的动能由牵引电动机转化为电能，经由逆变器模块返回接触网或由制动电阻转化为热能。

3．列车牵引系统特征

列车速度：正线最高运行速度为80km/h，车厂内最高运行速度为25km/h，连挂速度为3km/h，后端驾驶室推进速度为10km/h，洗车速度为3km/h。

列车故障时的动力性能：当一节车无动力时，在 AW2 的载荷下，可全程往返一次；当两节车无动力时，在 AW3 的载荷下，列车可在 35‰的坡道上起动；当一列车在 AW3 的载荷下，因故障停在 35‰的坡道上，另一列空载列车能将其从坡底推到下一站。

4．列车的定员和载重

列车定员与载重如表 1-3 所示。

表 1-3　列车定员与载重

序号	缩　写	定　义	每车乘客数/人	列车乘客数/人	车辆质量/t			列车质量/t
					A	B	C	
1	AW0	无乘客（空载）	0	0	35.8	38.9	39.0	227.4
2	AW1	座客载荷	45	270	38.68	41.78	41.88	244.7
3	AW2	定员载荷（6 人/m²）	310	1860	55.0	58.1	58.2	342.6
4	AW3	超员载荷（9 人/m²）	432	2592	60.82	63.92	64.02	377.5

注：乘客按 60 kg/人计算。

5．制动系统特征

制动系统由电制动和空气制动系统组成，电制动和空气制动能交替使用。常见制动方式有常用制动、快速制动、紧急制动、停放制动。列车紧急制动距离与载客量关系如表 1-4 所示。

表 1-4　列车紧急制动距离与载客量关系

制动初速/（km/h）	制动距离	
	AW0~AW2	AW3
80	≤190m	≤215m
60	≤120m	
40	≤57m	
20	≤17m	

（四）实操模块

【实训任务】绘制任意一条你所知道的城市轨道交通线路的列车编组情况。

【实训目的】掌握城市轨道交通的列车基本内容认知。

【实训要求】掌握城市轨道交通的地铁列车的车型、辆数和动拖比三个要素。

【实训设备】城市轨道交通运输设备车辆。

【实训环境】城市轨道交通运输设备实训室。

【实训指导】指导老师讲解列车的编组数的确定方法。

【实训考评】综合考评车辆编组合理，表示方法正确。

【操作运用案例2】城市轨道交通列车认知

1．实训项目教师工作活页

实训项目教师工作活页　　　　　　　　NO：_____

实训项目	城市轨道交通列车认知			
学　　时	2	班　　级		略
实训场所	城市轨道交通运输设备实训室			
工具设备	城市轨道交通运输设备车辆			
教学目标	专业能力	（1）掌握城市轨道交通的地铁列车的车型、辆数和动拖比三个要素 （2）掌握车辆编组顺序的描述 （3）掌握列车换长的计算方法		
	方法能力	（1）能综合运用专业知识，通过利用专业书籍、多媒体课件和图片资料获得帮助信息 （2）能根据实训项目学习任务确定实训方案，从中学会表达及展示活动过程和成果		
	社会能力	（1）能在实习训练活动中保持积极向上的学习态度 （2）能与小组成员和教师就学习中的问题进行交流和沟通 （3）能与他人共享学习资源，具有较好的合作能力和团队精神 （4）锻炼查找资料和收集资料的能力		
教学活动	略（详见教学活动设计）			
教学评价	学生活动： （1）以 8～10 人小组为单位开展实训活动，根据本组同学在实训过程中的能力表现及结果进行自评和组内互评 （2）根据其他小组同学在成果展示活动中的表现结果进行互评 教师活动： （1）教师组织学生开展互评活动 （2）对学生做出综合评价			
教学资料	（1）城市轨道交通运输设备教材 （2）地铁公司资料 （3）实训项目学生学习活页（附页）			
指导教师		教学时间		年　　月　　日

2．实训项目学生学习活页

实训项目学生学习活页　　　　　　　　NO：_____

实训项目　城市轨道交通列车认知

班级：_____　姓名：_____　学号：_____　时间：_____

一、实训目标

　1．专业能力目标

（1）掌握城市轨道交通的地铁列车的车型、辆数和动拖比三个要素；

（2）掌握车辆编组顺序的描述；

（3）掌握列车换长的计算方法。

　2．方法能力目标

（1）能综合运用专业知识，通过利用专业书籍、多媒体课件和图片资料获得帮助信息；

续表

（2）能根据实训项目学习任务确定实训方案，从中学会如何表达及展示活动过程。

3．社会能力目标

（1）能在实习训练活动中保持积极向上的学习态度；

（2）能与小组成员和教师就学习中的问题进行沟通与交流；

（3）能与他人共享学习资源，具有较好的合作能力和团队精神；

（4）锻炼查找资料和收集资料的能力。

二、知识总结

1．简要说出城市轨道交通列车编组的原则。

2．简要说出城市轨道交通列车车型和动拖比。

3．说说动车组集中式和分散式的区别。

三、操作运用

1．画出列车编组符号示意图。

2．写出列车换长的计算公式，并进行实例演算。

3．解释动力集中式和动力分散式动车组的技术特点及区别。

4．以某地铁公司为例，讲述列车编组实例。

四、实训小结

_____

_____

_____

五、成绩评定

1．学生评价

续表

评价等级	A—优	B—良	C—中	D—及格	E—不及格
学生自评					
组内互评					
他组互评					

2. 教师评价

评价等级	A—优	B—良	C—中	D—及格	E—不及格
专业能力					
方法能力					
社会能力					
评价结果					

3. 综合评价

评价等级	A—优	B—良	C—中	D—及格	E—不及格
评价结果					

注：按照学生自评占10%、组内互评占10%、他组互评占20%、教师评价占60%的比例计分。其中，A—100分，B—85分，C—75分，D—60分，E—50分。

4. 评价量规

等　　级	行为表现描述
A	能圆满、高效地完成实训任务的全部内容
B	能顺利完成实训任务的全部内容
C	能完成实训任务的全部内容，但需要一些帮助和指导
D	自己只能完成实训任务的部分内容，但在现场的指导下，已经能完成任务的全部内容
E	不能完成实训任务的全部内容

三、列车运行控制系统

列车运行控制系统（简称列控）的作用是保障列车运行安全、提高线路通过能力、保证作业协调与提高运营效率。列控系统主要由信号系统、通信系统和运营控制中心（OCC）构成。

（一）理论模块

1．信号系统

城市轨道交通信号系统是指挥列车安全运行、提高作业效率的关键设备。城市轨道信号系统通常包括三大部分：基础设备、联锁设备和列车自动运行控制系统（ATC）。

1）基础设备

城市轨道交通信号系统基础设备包括信号设备、道岔及转辙机、轨道电路等。

（1）信号设备主要是指视觉信号设备，包括地面信号设备和车载信号设备。地面信号设备一般指色灯信号机，固定设置在正线、车站和车辆段的特定位置，城市轨道交通采用与铁路相同的色灯信号机，但设置的位置和信号显示不同于铁路。除了车辆段和有岔站外，一般不设地面信号机。车载信号设备是安装在车辆上的信号设备，通过轨道电路等接收来自地面的信息，控制列车安全地追踪运行。车载信号显示不是传统的色灯显示，而是速度码显示，有目标速度显示和曲线速度显示两种。

（2）道岔及转辙机：道岔是轨道线路分歧的地方，道岔的不同开向引导列车进入不同的线路，转辙机控制道岔的开向，保证列车安全通过道岔区域。道岔包括基本轨、尖轨、导曲轨、岔心和护轮轨等。转辙机是用于转换道岔的装置，在电气集中设备中，它接收到转换命令后即带动道岔转换。转辙机的主要功能有三项：转换、锁闭及给出表示。转辙机一般采用电动转辙机。

（3）轨道电路：轨道电路又称轨道空闲及占用的检测装置。平时，在控制台或显示器上显示白色或黄色光带，表示该区段处于空闲状态；当有车占用时，显示红色光带，表示该区段有车占用。遵循"故障—安全"原则，轨道电路设备在发生故障时必须确保只能给出"占用"通报。

列车自动控制系统中采用先进的数字编码式音频轨道电路能够携带更多的信息量。例如，广州和深圳地铁一号线就已采用德国西门子公司提供的 FTGS 型数字编码式轨道电路。

2）联锁设备

联锁设备设置在有道岔车站和车场范围内，在道岔、信号机、进路之间建立起一种相互影响、相互制约、相互作用的关系，保证列车运行与调车作业的安全。轨道交通采用的联锁设备有电气集中联锁设备和微机联锁设备两类。

电气集中联锁设备由线路上的色灯信号机、电动转辙机和轨道电路、控制室或信号楼内的控制台、显示屏和人工解锁按钮盘，以及设置在机械室内的继电器等组成。采用电气集中联锁设备时，道岔、信号机的控制、进路的排列均集中在控制中心及车站控制室和车辆段信号楼。通过操纵控制台上的进路始、终端按钮，可以转换道岔、排列进路与开放信号，建立起道岔、信号机、进路之间的联锁关系，并能监督列车运行和线路占用情况。

微机联锁设备包括硬件与软件两部分。硬件设备由轨旁设备、微机、显示器、键盘、鼠标和扬声器等组成。在采用多模块结构时，按实现功能的不同，微机分为人机对话微机、联锁处理微机和执行控制微机等。软件部分通常包括车站数据库、人机界面信息处理、联锁逻辑运算、执行控制功能和自动检测、诊断等模块。微机联锁设备具有排列进路速度快、可靠性与安全性高、便于增加新功能、能降低投资费用与减少维护工作量等优点，因此它是联锁设备的发展方向。

3）列车自动运行控制（ATC）系统

列车自动运行控制（ATC）系统由列车运行自动防护（ATP）、列车运行自动监控（ATS）和列车运行自动驾驶（ATO）三个子系统构成。ATP 子系统与 ATO 子系统完成列车运行自动化的功能，ATS 子系统完成行车指挥自动化的功能。

（1）ATP 子系统。ATP 子系统由轨旁设备和车载设备组成，它的主要功能包括自动控制列车速度、确保列车追踪间隔、确保联锁站只有一条进路有效、监督车门和屏蔽门的安全开闭，因此它是一个确保列车运行安全的子系统。根据自动闭塞类型的不同，ATP 子系统有固定闭塞、准移动闭塞和移动闭塞三种制式。根据信息传输方式的不同，ATP 子系统有点式和连续式两种制式。根据速度控制方式的不同，ATP 子系统有台阶式和曲线式两种

制式。近年来，新建轨道交通线路大都采用准移动闭塞或移动闭塞、连续式信息传输、曲线式速度控制的 ATP 技术。在采用 ATP 技术时，车载信号是行车的主体信号。

（2）ATS 子系统。ATS 子系统由控制中心设备、车站设备等组成，它的主要功能包括列车运行图编辑及修改、列车进路自动排列、列车自动识别与跟踪、自动列车运行调整、设备状态自动监视、乘客导向信息显示、离线模拟或复示列车在线运行等。目前，ATS 子系统的结构有集中控制和分散控制两种模式，国内已经采用的 ATS 子系统以集中控制模式为主。分散控制模式的特点是列车时刻表（列车运行图）的管理和列车进路、列车运行状况的监视由控制中心负责，而列车进路的控制则由车站计算机完成。分散控制模式具有可靠性、扩展性和灵活性较好的优点。

（3）ATO 子系统。ATO 子系统由轨旁设备和车载设备组成，它的主要功能是完成列车自动驾驶的操作，具体包括起动列车、调整列车运行速度、车站定位停车、列车自动折返、车门开闭监督和节能控制等。

2．通信系统

完善先进的通信系统是轨道交通实现安全高效的调度指挥与运营管理，确保各部门、各单位间公务联系，以及向乘客提供信息、提高服务水平的必备手段。通信系统包括六大系统。

1）光纤数字传输系统

光纤数字传输系统主要由光缆、电端机与光端机组成。电端机将各类设备的语音、文字、数据和图像信号汇集起来，通过光端机将电信号转换成光信号，经光缆将光信号传送到各个终端，光端机将接收到的光信号转换成电信号，再由电端机将各类信号进行分路及传送到各类设备。光纤数字传输系统除为程控交换网、无线通信、闭路电视监控和车站广播等系统提供信道外，还能为电力、环控、防灾报警和自动售检票等设备的数据信息传输提供信道。

2）专用通信系统

专用通信系统为列车运行组织有关的作业联系提供通信手段，包括调度电话、站间行车电话、站内（段内）直通电话和区间轨旁电话。

（1）调度电话用于各工种调度员指挥车站、车辆基地或变电所相关作业人员办理有关业务的通话，包括列车调度电话、电力调度电话和环控调度电话等。调度电话总机对所属分机具有全呼、组呼或选呼功能，各调度员之间可以直接呼叫，分机也可以直接呼叫总机，但分机之间不能直接呼叫。调度电话要求迅速、直达，因此不允许无关用户接入本系统。此外，所有的通话都被自动记录。

（2）站间行车电话用于相邻车站的车站值班员办理行车业务的通话。为提高作业效率，站间行车电话是直线电话，只要拿起、不必拨号即可通话。

（3）直通电话是为车站、车辆段（停车场）的各职能部门与本单位相关部门实现便捷的业务联系而设置的。直通电话的分机之间可以进行直接的电话联系。

（4）轨旁电话用于在区间线路上的司机、维修人员与控制中心、车站或有关部门进行业务联系的通话。轨旁电话通常每隔 150～200m 设置一个。

3）公务通信系统

公务通信系统为轨道交通各单位、各部门之间以及轨道交通与外部的公务联系提供通信手段，它由程控交换设备和局间数字中继线组成，能直接进入市内电话网。公务通信系统具有按用户重要性设置优先等级的功能。

4）无线通信系统

无线通信系统为流动作业人员（如列车司机、设备维修人员和抢险救灾人员等）提供通信手段。无线通信系统是双向无线通信，通常采用几个不同的频率对，分别服务于不同覆盖范围内的业务联系。

（1）用于列车调度的无线通信系统，其覆盖范围是全线及各站，为列车调度员、列车司机和车站值班员等办理列车运行及相关业务提供通信手段。它具有以下功能：列车调度员与列车司机、车站值班员之间的相互通话，列车调度员能全呼、组呼或选呼；列车调度员遥控列车广播系统，对列车上乘客进行广播；车站值班员与列车司机相互通话；车站值班员与线路上维修人员相互通话。

（2）用于车辆基地的无线通信系统，其覆盖范围是整个车辆基地，为车辆基地运转值班员、信号楼值班员、列车司机和其他作业人员提供通信手段。

（3）用于公共治安的无线通信系统，其覆盖范围是全线及各站，为公安指挥中心、车站警务人员提供通信手段。

（4）用于紧急情况时的无线通信系统，其覆盖范围是全线及各站、整个车辆基地，为参与抢险救灾的有关人员提供通信手段。

5）闭路电视监控系统（CCTV）

设置闭路电视监控系统是为了向行车与安全有关人员（如控制中心调度员、车站值班员、列车司机、公安及保安人员等）提供列车在车站上到达、出发、停站及车门开闭动态，站台上乘客的上下车情况，以及站厅层乘客流动情况的监控画面，以便行车与安全有关人员及时发现，并处理可能危急行车安全与乘客安全的突发事件。

闭路电视监控系统主要由控制中心电视监控和车站电视监控两个子系统组成。控制中心电视监控子系统的设备包括光接收设备、主控机、图像切换设备、操作键盘、监视器和录像机等。车站电视监控子系统的设备包括摄像机、光发送设备、主控机、图像切换设备、操作键盘和监视器等，摄像机分别安装在站台上和站厅层。为了便于司机监控、压缩停站时间，还可在列车驾驶室内安装小型监视器。

闭路电视监控系统的主要功能包括：控制中心调度员可对全线各站进行时序循环切换监视，也可选站、选区固定监视；车站值班员对本站有关部位进行时序循环切换监视；列车司机对站台上乘客的上下车情况进行监视等。

6）有线广播系统

广播系统主要用于控制中心和车站对乘客和工作人员进行广播。对乘客广播的播音范围为车站的站台与站厅，播音内容主要是通告列车到站时刻、运行方向及列车晚点等信息；对上、下车乘客进行安全提示；在发生事故或突发事件时疏导乘客安全撤离等。对工作人员广播的播音范围为车站、车辆基地、办公区域和隧道内等，播音内容主要是与业务、作业有关的安排、通知等。

控制中心广播设备包括播音台、话筒、选择键盘和扬声器（监听用）等，控制中心调

度员可对全线各站进行遥控开、关机，选站、选区广播或全选广播。车站广播设备包括播音台、话筒、选择键盘、功率放大器和扬声器等，车站值班员可对本站播音范围进行分区、分路广播，播音区一般划分为下行站台、上行站台、站厅和办公区域四个。

3. 运营控制中心（OCC）

运营控制中心是行车组织、电力监控、车站设备监控和防灾报警监控的调度指挥中枢，同时也是通信枢纽与信息交换处理中心。

运营控制中心具有行车调度、电力调度、环控调度和维修调度等调度指挥岗位。在事故、灾害情况下，控制中心还是突发事件处理指挥中心。

（1）行车调度员：正常情况下，列车运行由 ATC 系统自动监控。列车按 ATS 的指令、在 ATP 的防护下、由 ATO 实现列车自动驾驶，列车进路按 ATS 的指令、由车站联锁设备自动排列，行车调度员监控列车的运行。在列车运行秩序紊乱不能进行列车运行自动调整或者发生其他系统不能进行自动处理的特殊情况时，行车调度员可人工介入。

（2）电力调度员：电力调度系统对变电所、接触网设备进行实时监控和数据采集，如完成控制范围内的断路器、电动隔离开关的控制操作和完成有关信息的采集、处理及统计报表等。电力调度通过实时监控供电设备的运行，掌握和处理供电设备的各种故障，保证供电的可靠性与安全性。

（3）环控调度员：负责监控全线各站典型区域的温度、湿度、CO_2 等环境参数和各区间的危险水位报警信号；监控全线车站的通风、空调和给排水设备，以及屏蔽门、自动扶梯和防淹门的运行；并根据具体情况下的环控要求，向车站下达区间隧道通风设备的运行模式。

（4）维修调度员：负责制订设备维修计划，接收各种设备的故障信息、组织指挥大型设备故障的抢修、抢险工作。

为了完成上述调度指挥职能，控制中心应设置中央控制室和配备各种设备用房。中央控制室内设置值班主任调度台、行车调度台、电力调度台、环控调度台和维修调度台。行车调度台设备包括显示屏、行车指挥工作站、联锁监控工作站、调度电话和广播装置等。电力调度台设备包括显示屏、电力监控工作站、调度电话和广播装置等。环控调度台设备包括显示屏、环境监控工作站和防灾报警监控工作站、调度电话和广播装置等。维修调度台设备包括调度电话和广播装置等。

在轨道交通线网多线运营的情况下，合用控制中心有助于资源共享、提高轨道交通投资建设与运营管理的效率。控制中心的资源共享包括土地与空间、人力与物力、信息管理三方面的资源共享，如控制中心用地、设备和管理用房、通信网络和数据信息等的资源共享。在实践中，控制中心一般是按相交或相近线路合设的思路进行设置。

（二）技术模块

1. 轨道电路的工作原理

1）有绝缘轨道电路

有绝缘轨道电路可分为直流轨道电路和交流轨道电路。交流轨道电路采用交流电源，在向轨道送电时需先降压，同时轨道电路继电器也需采用交流继电器。

直流轨道电路按照传输电流的形式可分为直流连续式和直流脉冲式。直流脉冲式包括极性脉冲、极频脉冲、不对称脉冲等制式。

交流轨道电流分为交流连续式和交流电码式。交流连续式常用工频 50Hz，也可用低频 25Hz、音频调制等方式。

在直流电力牵引区段，按照牵引电流通过钢轨的情况，可分为单轨条和双轨条轨道电路两种。图 1-2 所示为单轨条轨道电路示意图（单轨条牵引回路）。

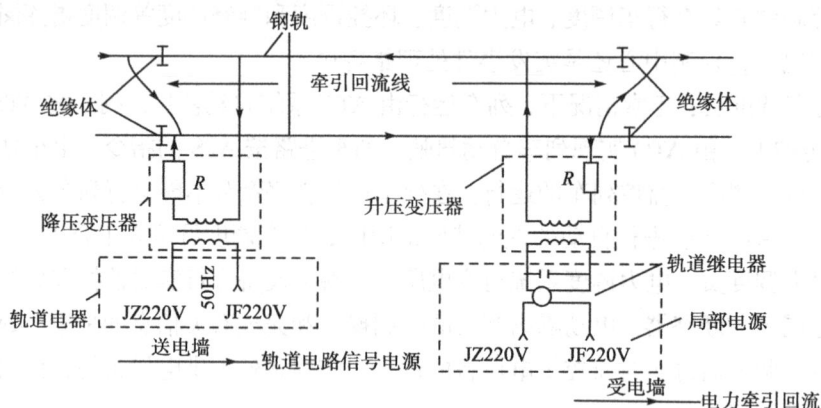

图 1-2　直流牵引区段单轨条轨道电路示意图

2）无绝缘轨道电路

对于有绝缘轨道电路而言，由于绝缘节容易破损，从而使轨道电路故障频繁；同时，在长钢轨（无缝线路）线路区段，因设置绝缘节而增加了钢轨的分割点，从而对高速运行的轨道交通列车的安全、行驶平稳等形成不利影响。绝缘节的存在，还会给牵引电流的回流输送带来一定的难度。况且，大量使用绝缘节本身也是一笔相当大的投资（包括运营后的维修工作费用）。因此，众多国家均在研究使用无绝缘轨道电路。

对于无绝缘轨道电路而言，阻抗连接器就是轨道电路的分界点（无形的绝缘节），每个阻抗连接器既是前一段轨道电路的发送耦合变压器，又是后一段轨道电路的接收耦合变压器。因此，相邻轨道电路段采用不同的载波频率，同一个载波频率相隔 4 个轨道电路段才能重复出现，以保证轨道电路对信号的自然衰耗的识别，从而使轨道继电器不致发生错误动作。

2．道岔及转辙机的工作原理

道岔由两根基本轨和定位尖轨、反位尖轨组成。平时定位尖轨与基本轨密贴，表示道岔在定位，经过操纵或摇动后反位尖轨与基本轨密贴表示道岔反位。道岔起动一般经历三级控制，第一级检查道岔起动的条件，道岔未实行单独锁闭、未实行进路锁闭、未实行区段锁闭，满足进路操纵或单独操纵条件；第二级改变电源极性，以极性保持继电器的状态送出不同的电源极性，使电动机正转或反转；第三级接通电动机控制回路，转辙机控制电源经熔断器、道岔转换监督继电器、电缆线路、转辙机自动开闭器接点、电动机线圈、安全接点等使电动机转动，经减速器，主轴做圆周传动，锁闭圆弧带动锁闭齿轮将圆周运动

变为线性运动，推动（或拉动）动作杆动作带动尖轨运动，使尖轨运动至与基本轨密贴，原尖轨与基本轨密贴位分离，道岔转换的任何位置都可随时回转，尖轨密贴后自动开闭器断开，切断电动机回路，电动机转动惯性消耗在摩擦连接器上，道岔转换到底后构成新的位置表示，道岔表示电路、道岔表示电源经隔离变压器将定位表示继电器（DBJ）或反位表示继电器（FBJ）接入表示电路中，通过电缆与室外转辙机相连接，检查道岔密贴自动开闭器闭合，未发生挤岔，满足移位接触器、整流二极管导通条件使 DBJ 或 FBJ 吸起，表示道岔在定位或反位位置。

3. ATC 系统

ATC 系统设备分布于控制中心、轨旁及车上，其系统框图如图 1-3 所示。

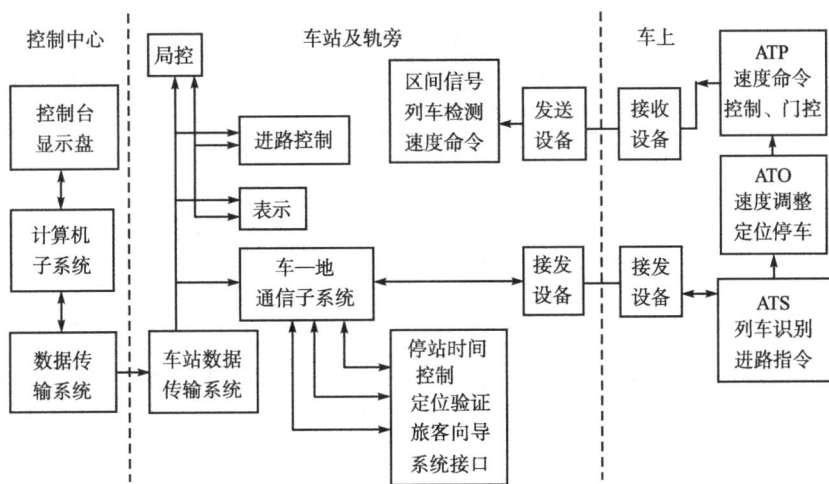

图 1-3 ATC 系统框图

在控制中心内，计算机系统、中心数据传输系统、控制台及 CRT 显示、信息管理系统及调度表示盘等，其控制及表示信息通过数据传输系统与车站及轨旁的信号设备相连接；轨旁设备通过车站数据传输系统与车站 ATC 系统相连，车站的 ATC 系统通过 ATP 子系统发出列车检测命令检查有无列车，并向车上送出 ATP 限速命令、门控指令及定位停车的位置指令；车上 ATC 系统根据 ATP 命令的数据和译码，控制列车的运行和制动，完成定位停车。

（三）实操模块

【实训任务】对 ATC 系统功能进行分析。

【实训目的】掌握城市轨道交通列车自动控制系统的组成及作用。

【实训要求】掌握列车自动控制系统的功能。

【实训设备】列车自动控制系统模拟设备。

【实训环境】城市轨道交通运输设备实训室。

【实训指导】指导老师讲解列车自动控制系统的组成。

【实训考评】综合考评分析正确，层次清楚。

【操作运用案例3】城市轨道交通 ATC 系统认知

1. 实训项目教师工作活页

实训项目教师工作活页　　　　　　　NO：_____

实训项目		城市轨道交通 ATC 系统认知		
学　　时	4		班　级	略
实训场所		城市轨道交通接发列车实训室		
工具设备		ATC 模拟系统		
教学目标	专业能力	（1）掌握 ATP 系统基本功能 （2）掌握 ATO 系统基本功能 （3）掌握 ATS 系统基本功能 （4）认知车站值班员接发列车基本工作标准		
	方法能力	（1）能综合运用专业知识，通过利用专业书籍、查阅文献和资料获得相关专业知识与信息 （2）能根据实训项目学习任务确定实训方案		
	社会能力	（1）能在实习训练活动中保持刻苦钻研的学习态度 （2）能与小组成员和教师就学习中的问题进行交流和沟通 （3）能与他人协调配合，具有较好的合作能力和团队精神 （4）锻炼查找资料和收集资料的能力		
教学活动		略（详见教学活动设计）		
教学评价		学生活动： （1）以 8～10 人小组为单位执行实训任务，根据本组同学在实训过程中的能力表现及结果进行自评及组内互评 （2）其他小组根据成果展示活动中的表现结果进行互评 教师活动： （1）教师组织学生开展互评活动 （2）对学生做出综合评价		
教学资料		（1）城市轨道交通运输设备教材 （2）地铁公司资料 （3）实训项目学生学习活页（附页）		
指导教师		教学时间		年　　月　　日

2. 实训项目学生学习活页

实训项目学生学习活页　　　　　　　NO：_____

实训项目　城市轨道交通 ATC 系统认知

班级：_____　姓名：_____　学号：_____　时间：_____

一、实训目标

　1. 专业能力目标

　（1）掌握 ATP 系统基本功能；

　（2）掌握 ATO 系统基本功能；

　（3）掌握 ATS 系统基本功能。

续表

2．方法能力目标

（1）能综合运用专业知识，通过利用专业书籍、查阅文献和资料获得相关知识与信息；

（2）能根据实训项目学习任务确定实训方案。

3．社会能力目标

（1）能在实习训练活动中保持刻苦钻研的学习态度；

（2）能与小组成员和教师就学习中的问题进行交流和沟通；

（3）能与他人协调配合，具有较好的合作能力和团队精神；

（4）锻炼查找资料和收集资料的能力。

二、知识总结

1．掌握 ATP 系统基本功能。

2．掌握 ATO 系统基本功能。

3．掌握 ATS 系统基本功能。

三、操作运用

1．讲述 ATP 基本功能。

2．讲述 5 种列车驾驶模式。

3．讲述 ATS 基本功能。

4．以某地铁公司为例，讲述 ATS 操作实例。

四、实训小结

五、成绩评定

1. 学生评价

评价等级	A—优	B—良	C—中	D—及格	E—不及格
学生自评					
组内互评					
他组互评					

2. 教师评价

评价等级	A—优	B—良	C—中	D—及格	E—不及格
专业能力					
方法能力					
社会能力					
评价结果					

3. 综合评价

评价等级	A—优	B—良	C—中	D—及格	E—不及格
评价结果					

注：按照学生自评占 10%、组内互评占 10%、他组互评占 20%、教师评价占 60%的比例计分。其中，A—100 分，B—85 分，C—75 分，D—60 分，E—50 分。

4. 评价量规

等　　级	行为表现描述
A	能圆满、高效地完成实训任务的全部内容
B	能顺利完成实训任务的全部内容
C	能完成实训任务的全部内容，但需要一些帮助和指导
D	自己只能完成实训任务的部分内容，但在现场的指导下，已经能完成任务的全部内容
E	不能完成实训任务的全部内容

项目二 客流运营计划及运输能力分析

城市轨道交通运营计划是城市轨道交通的主要基础性计划，是城市轨道交通运营分析及通过能力分析的基本依据，是城市轨道交通车辆配备，运力安排的前提条件。而通过能力分析可为运营计划的及时调整提供可靠的依据。两者都是保证列车运营安全、可靠、高效的基础工作。从社会服务效益看，轨道交通系统应充分发挥运量大和服务有规律的特点，安全、迅速、正点和舒适地运送乘客，从企业经济效益看，轨道交通系统的运营应实现高效率和低成本。为了达到这个目标，轨道交通系统的运输组织必须以运输计划作为基础，即根据客流的特点，合理编制运输计划，合理调度指挥列车运行，实现高效运输。

城市轨道交通运营计划与运输能力问题主要包括客流计划、全日行车计划、车辆配备计划、列车交路计划、通过能力分析、输送能力分析及运输能力加强等技术工作。

任务一　客流计划认知

客流计划是全日行车计划、车辆配备计划和列车交路计划编制的基础。在新线投入运营的情况下，客流计划根据客流预测资料进行编制；在既有运营线路的情况下，客流计划根据客流统计资料和客流调查资料进行编制。客流计划的主要内容包括站间到发客流量，各站方向分别上下车人数，全日、高峰小时和低谷小时的断面客流量，全日分时最大断面客流量等。站间客流资料可以用一个二维矩阵来表示，也可称为站间交换量 OD 矩阵。

学习目标

（1）了解城市轨道交通客流的特点；

（2）了解客流调查方法；

（3）了解客流预测方法；

（4）掌握客流分析程序和方法。

学习任务

认知城市轨道交通客流特点，掌握客流分析程序和方法。

工具设备

相关调查资料等。

教学环境

课堂教学加社会实践调查。

（一）理论模块

1. 城市轨道交通客流特点

城市轨道交通的客流是指单位时间内，线路上乘客流动人数和流动方向的总和。

客流既表明了乘客在空间上的位移及其数量，又强调了这种位移带有方向性和具有起讫位置。客流可以是预测客流，也可以是实际客流。

轨道交通系统的客流不仅是规划城市轨道交通网络、安排工程项目建设顺序、设计车站规模和选择车站设备容量的依据，也是轨道交通系统合理安排运力、编制运输计划、组织行车和分析运营效果的基础。

2. 城市轨道交通需求的基本特性

从城市轨道交通的需求来看，它具有以下基本特性。

1）普遍存在性

无论宏观区域，还是微观区域，需求与供给、生产与消费的普遍存在，以及在空间上处于不同地点，决定了必须把解决距离阻隔作为一项普遍、经常性的工作，所不同的是这种空间距离的联系，仅仅在空间范围和联系强度等方面有所区别，其共同的内容包含人们居住与生活的出行、上下班与旅游观光产生的客流。

2）复杂多样性

城市轨道交通的运输距离通常不太长，但两点间的联系通道呈复杂多样性。由于客流的构成，乘客的出行目的不同，决定了这种复杂多样性。运输方向、范围以及强度等在时间段分布上的不同，要求客运组织应与其适应。

3）时空集散性

客运的时间变化通常有一定规律可循，这是由城市居民和流动人口在购物、观光、通勤等方面的规律性带来的。例如，07:00～08:00 和 17:00～18:00 为交通高峰时期，中午前后有1～2段低谷时期。

4）政策决定性

轨道交通受城市人口政策和城市机动车政策等因素的影响。城市交通的运输方式，除了轨道交通一类的地下铁道、轻轨铁路、独轨铁路和地面有轨电车等外，公共汽车、出租汽车、专线车、区间车以及助动车、自行车等均受城市交通政策的左右。在市场竞争机制法则的影响下，其发展呈不均衡发展态势，在国内外的大城市，这种态势表现结果的差异达到令人惊讶的程度，以各类城市占主导的交通工具发展的巨大差异看是显而易见的。

城市轨道交通的发展受下述因素的约束：

（1）运输方式规模与能力。通常的经济发展规律是交通应先行，一定程度的交通网络，对城市交通的发展会起到促进作用。相反，设施规模小，与运量不成比例，则阻碍交通发展。

（2）运行速度。运行速度的高低与运价、乘坐舒适度密切相关，在城市轨道交通领域，

它有着一定的优越性，这是由于它的大运量、低成本和较高的运营速度所决定的。

（3）城市轨道交通的客流量。以断面客流量表示时，它是指单位时间内，通过轨道线路某一点的客流量。这里的单位时间一般指 1h 或 24h。而通过某一点的客流量就是通过该断面所在区间的客流量。

断面客流量 P 的计算公式为

$$P_{i+1} = P_i - P_x - P_s \tag{2-1}$$

式中　P_{i+1}——第 $i+1$ 个断面客流量（人）；

　　　P_i——第 i 个断面客流量（人）；

　　　P_x——在车站下车人数（人）；

　　　P_s——在车站上车人数（人）。

断面客流量又可分为上行断面客流量和下行断面客流量。在单位时间内，通过各个断面的客流量是不相等的。其中，单向断面客流量大的断面称为最大客流断面，最大客流断面的客流量称为最大断面客流量。上下行的最大客流断面一般不在同一断面上。

在以小时为单位计算断面客流量的情况下，分时断面客流量最大的小时称为高峰小时，与高峰小时相对应的是低谷小时。城市轨道交通的高峰小时有早高峰与晚高峰之分。就行车组织的内容而言，高峰小时的最大断面客流量是一项重要的基础资料。

在城市轨道交通运输方式中，通常还以车站的乘降或换乘人数衡量或考核客运量的大小，客运量的统计以全日或小时为单位。

3. 城市轨道交通客流调查

轨道交通系统的客流是动态变化着的，但这种动态变化是有规律的，可以在实践中了解它、掌握它，并根据客流的动态变化，及时配备与之相适应的运输能力，给乘客提供良好的公共交通服务。在轨道交通系统的运营过程中，要掌握客流在时间、空间上的动态变化规律，必须经常进行各种形式的客流调查。

1）客流调查种类

客流调查问题涉及客流调查的内容、调查地点和时间的确定，调查表格和设备的选用，以及调查方式的选择等事项。根据不同的情况和不同的需要，轨道交通系统的客流调查种类主要有全面客流调查、乘客情况抽样调查、断面客流目测调查和节假日客流调查等。

（1）全面客流调查。全面客流调查是一种全线客流的综合调查，通常也包含了乘客情况抽样调查。这种类型的客流调查时间长、工作量大、需要较多的调查人员，但在对调查资料进行整理、统计和分析的基础上，能对轨道交通系统的客流现状及客流规律有一个全面清晰的了解。全面客流调查有两种调查方式，即随车调查和站点调查。随车调查是在车门处对全天运营时间内所有运行列车的上下车乘客进行调查，站点调查是在车站检票口对全天运营时间内所有在车站上下车乘客进行调查。轨道交通系统多采用后者。全面客流调查的内容通常包括全线客流调查和乘客抽样调查两部分。全线客流调查一般应连续进行两天或三天，在全天运营时间内，调查全线所有车站的所有乘客的下车地点和票种情况，并将调查资料以 5min 作为间隔分组记录下来。乘客情况抽样调查通过问卷方式进行，内容包括乘客构成情况调查和某类乘客乘车情况调查两项。乘客构成情况调查通常在车站进

行，而某类乘客乘车情况调查可在特定的地点进行。

（2）乘客情况抽样调查。该项调查通过问卷方式进行，内容包括乘客构成情况调查和乘客乘车情况调查两项。乘客构成情况调查在车站进行，被调查人数取全天在车站乘车人数的一定比例，调查表内容有年龄（老、中、青），性别（男、女），居住地（本地、外地），出行目的（工作、学习、购物、游览、访友、就医、其他）。调查时间可选择在客流比较正常的运营时间段。某类乘客乘车情况调查可在月票发售点或其他地点进行，常见的有对持月票乘客进行的调查，被调查人数取某类乘客总数的一定比例。调查表内容有年龄，性别，职业，家庭住址，到达车站的方式（步行，骑自行车，乘电、汽车）和时间，上、下车站，下车后到达目的地的方式（步行，骑自行车，乘电、汽车）和时间，乘坐列车比过去乘坐电车、汽车节省的时间。

（3）断面客流目测调查。这是一种经常性的客流抽样调查，根据需要，可选择一个或两个断面进行调查，一般是对最大客流断面进行调查，调查人员用目测估计各车辆内的乘客人数。

（4）节假日客流调查。这是一种专题性客流调查，重点对春节、元旦、国庆节、双休假日和若干民间节日期间的客流进行调查。调查的内容包括机关、学校、企业等单位的休假安排，都市旅游业、娱乐业的发展程度，城市居民生活方式的变化，等等。该项调查一般通过问卷方式进行。

2）客流调查汇总指标

在进行了客流调查后，对花费了许多时间、人力和财力所获得的客流调查资料，应认真整理，或列成表格，或绘成图表，然后采用适当的统计方法来汇总计算各项指标，进行正确的分析。轨道交通系统全面客流调查后汇总计算的指标主要有以下各项：

（1）全线各区间分时断面客流量；

（2）全线分时最大客流断面；

（3）全线分时最大断面客流量；

（4）全线各站分时上车人数；

（5）全线各站分时下车人数；

（6）全线各站分时换乘人数；

（7）全线各票种（普票、月票、证件）分时乘客数；

（8）本线乘客乘车站数；

（9）跨线乘客乘车站数；

（10）乘客分时平均运距；

（11）全线分时列车千米；

（12）全线分时客位千米；

（13）全线分时乘客千米；

（14）全线分时乘客密度；

（15）全线分时平均满载率；

（16）全线分时最大客流断面满载率；

（17）车站别普票乘客构成情况；

（18）车站别月票乘客乘车百分比；

（19）月票乘客居住区域百分比；

（20）月票乘客以不同方式到站时间；

（21）月票乘客平均节省时间；

（22）轨道交通系统三次吸引乘客百分比。

4．城市轨道交通客流预测

客流预测是一门科学，它是在现在已知过去发生的事物有关因素基础上和假定未来的发展基础上进行的。影响客流的相关因素主要有：① 国民经济的发展速度与发展规模；② 国民经济的结构中一、二、三产业比重的变化；③ 交通运输结构的变化；④ 人口的增长速度与生活水平的提高程度。

预测客流，可以现行运输统计制度提供的部分基础资料为依据，辅以对城市、港口、车站等处的调查，然后在此基础上进行预测。

客流预测可分为区域预测、运输方式运量预测、平均运程预测、到发运量预测等。不同的预测类型，决定了预测结果的不同用途。根据预测期间的长短，可分为短期（1～5年）、中期（6～10年）和长期（10年以上）预测。

1）客流预测模式

城市轨道交通系统的规划、建设及运营，不但要以现状客流作为主要依据，还要以近、远期预测客流作为依据。同时，城市轨道交通系统是整个城市交通系统的组成部分，因此轨道交通系统的客流预测也不能脱离整个城市交通系统的客流预测。

当前，城市交通客流预测一般有以下几种模式：一是采用城市交通规划中的"四阶段"预测模式，分析和预测城市道路网和轨道交通系统的客流量；二是运用趋势外推的方法预测未来新建轨道交通线路的客流量；三是以车站确定的吸引区域来计算各站点、断面、线路的客流量。

（1）四阶段客流预测模式。四阶段是指交通的产生、交通的分布、交通方式的分配和交通在相关网络中的分配。交通的产生是确定各发点的总发送客流和各到点的总到达客流；交通的分布是确定各到发点间的客流；交通方式的分配是确定轨道交通网络分摊的客流；交通在相关网络中的分配是确定轨道交通系统各线路的客流。这是一种在现状调查以及未来城市发展规划、土地利用基础上，定量预测城市远期客流的预测模式，能较好地反映城市客流与城市发展的关系，但当城市未能按发展规划实现时，预测的客流分布与将来实际客流分布就会存在较大差异。

（2）趋势外推客流预测模式。趋势外推是指根据道路交通量和公共汽车线路的现状客流量资料，按时间序列采用数学方法，利用有关参数求出轨道交通线路的客流。这是一种基于现状的预测方法，能较好地反映近期交通量的增长情况，但在预见轨道交通系统建成后城市交通分布变化上，趋势外推客流预测的结果可靠性稍差。

（3）车站吸引区域客流预测模式。车站吸引区域是以车站为圆心、一定的到达车站时间或到达车站距离为半径的圆来确定的。到达车站的时间或距离又可以分为步行、骑自行车和乘电车或汽车三种方式。因此，车站吸引区域客流预测模式又称为三次吸引客流预测模式。该种客流预测模式认为，在合理确定车站吸引区域的前提下，能借助有关公式计算出通过三种方式到站乘车的人数。这种客流预测模式不以线路为单位，而以车站吸引区域范围半径及吸引区域内土地利用的性质对客流的影响来预测客流。

轨道交通系统的客流预测结果应包括站间方向别到发客流量、全日和高峰小时的客流量、总客运量、各站乘降量、全日客流的时段和断面分布，以及总客运量占全市公共总运量比重等。

2）客流预测方法

客流预测的方法有许多种，但归纳起来无非是定量预测方法和定性预测方法两大类。定量预测方法又有时间序列客流预测方法和因果关系客流预测方法两类。定性预测方法中使用较多的有德尔菲（Delphi）法等。

（1）时间序列客流预测方法。该类客流预测方法的基本思路是根据客流从过去到现在的变化规律来预测未来的客流。这类方法的主要优点是需要数据少、运用简便，只要采用时间段的统计客流数据变动趋势没有大的异常波动，预测结果一般较好。这类方法的主要缺点是无法反映客流变动的原因，因而不能指明影响客流因素变动时客流的变化趋势与结果。常用的时间序列客流预测方法有移动平均法、指数平滑法、月度比例系数法、自回归分析法和随机时间序列预测模型等。

① 移动平均法是借助移动平均数修匀原始客流时间数列的变动，以描述其趋势的方法。所谓移动平均，就是按原始客流时间数列的一定项数计算移动平均数，逐项移动，边移动边平均，得出一组移动平均数，即由这组移动平均数构成的新的客流时间数列。新的客流时间数列可以把原始客流时间数列中的某些不规则变动，特别是周期性变动加以修匀，从而显示出客流长期变化的基本趋势。用移动平均法修匀原始客流时间数列比较客观，也比较容易得到客流变化的趋势。但移动平均法对原始客流时间数列两端的值无法进行修匀计算，因此每一次移动平均都会使数列变短，使进一步观察受到影响。另外，当原始客流时间数列的最后几项变动较大时，预测客流的可靠性会受到一定的影响。

② 指数平滑法也称为时间数列的指数平滑法，它也是通过修匀历史数据中的随机成分去预测未来。方法是它引入一个人为确定的系数以体现不同时期因素在整个预测中所占的权数。指数平滑法对实际客流时间序列的长度没有特别要求，资料较少时也能进行预测，但一般仅适用于原始客流时间变化较稳定的情况，只要正确选择加权指数也能对原始数据的影响做出合理反映。这种方法的局限性是不能考虑其他因素对客流变化的影响。

③ 月度比例系数法的基本思路是根据客流变化的月度循环特征和规律性，去预测未来月份的客流。它根据过去若干年的月度客流统计资料，计算出平均的每月客流在年度客流中所占的比例，进而在未来年度总预测客流已经得出的前提下，按比例系数计算该年度各月份的预测客流。使用月度比例系数法时，必须根据客流的实际变动不断对比例系数进

行重新计算并加以调整。

④ 自回归分析法，也称鲍克斯-詹金斯法，它是通过分析原始客流时间数列的不同自相关系数来选择适当的预测模型。当原始客流时间数列内的数值在某一固定间隔期具有较高档的相关系数时，即可运用此法。该方法在客流的短期预测方面具有一定的精度，因而得到广泛的应用，但该方法需要较多的历史数据和较深的数学知识，计算量大，计算复杂。

⑤ 随机时间序列预测模型是把时间序列作为随机变量的序列加以处理，认为时间序列是时间 T 的一组变量，其中单个时间序列值的出现具有不确定性，但整个时间序列却有固有的规律性，研究这些规律，进行简化，建立时间序列模型，即可用于预测。该方法的特点与自回归分析法类似，在客流的短期预测方面有较好的精度，但需要较深的数学知识，方法较复杂，同时需要较多的历史数据，计算工作量也较大。

（2）因果关系客流预测方法。由于客流的变动与经济的和非经济的因素之间存在密切的关系，并且这些因素之间又都是相互影响的，因此可以通过研究影响客流的因素来预测未来的客流。这类方法与时间序列客流预测方法的区别在于前者的自变量是时间，而后者的自变量是除时间以外的其他因素。这类方法的主要优点是能够考虑较多的对客流可能产生影响的因素，揭示引起客流变化的原因。同时在数据量足够多的情况下，常能得到较好的预测精度。这类方法的主要缺点是由于自变量的选择、有关参数的确定本身带有主观性和预测性，存在着预测的准确性会受到影响的可能性。常用的因果关系客流预测方法有回归预测法、引力模型和乘车系数法等。

① 回归预测法。回归预测法是通过回归分析，建立一个合适的因变量和自变量之间的函数关系，来近似地表达客流和影响客流因素之间的平均变化关系。它包括一元线性回归预测、一元非线性回归预测、多元线性回归预测和逐步回归分析预测等方法。当研究客流与一个影响客流因素之间的关系时，称为一元回归预测；当研究客流与多个影响客流因素之间的关系时，称为多元回归预测。如果客流在函数关系式中表现为自变量的一次函数，就称为线性回归预测，否则称为非线性回归预测。

② 引力模型。引力模型因数学关系式与物理学的万有引力定律近似而得名。在研究地区间人的流动问题时，研究者发现人的流动数量似乎都是正比于地区人口的总数而反比于地区间的距离，这种现象正如物体之间的引力关系，于是提出了引力模型来预测客流。在对早期提出的引力模型进行修正的基础上，现在使用的一些引力模型既考虑了对地区间客流有影响的人口等各种吸引因素，又考虑了对地区间客流有影响的距离阻力因素。引力模型简单易懂，但在利用该模型进行客流预测时，参数的确定往往比较困难。

③ 乘车系数法。这是一种传统的客流预测方法。乘车系数法是一种以总人口和人均乘车次数来预测乘客发送量的方法。乘车系数是一定吸引范围内乘客发送量与总人口的比值，它可根据历年资料和可能发生的变化进行确定。这种客流预测方法的局限性是乘车系数本身的变动有时难以预料。此外，在计算总人口时，间接吸引范围的人口确定也比较复杂。

（3）德尔菲法。在历史客流数据较少的情况下，借助预测者的专业知识和实际经验，并综合考虑多种影响因素对客流进行预测称为定性预测。德尔菲法就是目前采用较多的定

性预测方法之一，它又称为专家调查法。虽然参加定性预测的专家意见是一种主观判断，受到对问题认识差异的影响，但主观判断并不就是主观随意性，只要有相当数量对问题有研究的专家参加定性预测，尽管专家的预测结果不会完全一样，但会是围绕一个中心值波动，那么，这个中心值就是确定预测结果的客观基础。为了避免个人知识、经验和素质的局限性影响预测的精确度，德尔菲法选择一组专家作为征询意见的对象，同时为了防止互相影响而不能做到独立判断，专家的意见一般以匿名方式填写。调查的组织者将调查问卷寄给专家，征询他们的意见，在收到专家的意见后，将专家的意见进行归纳汇总形成新的调查问卷，然后对专家进行再征询，对经过归纳汇总的意见进行分析、判断和提出新的意见。经过这样多次反馈，当专家的意见逐步趋于一致，预测的结果也就基本形成。

5．城市轨道交通客流分析

城市轨道交通的客流是动态性质的，它因时因地而变化，但这种变化归根结底是有关地区的社会经济活动、生活方式以及轨道交通系统本身特点的反映。

在轨道交通系统运营过程中，对客流动态实行经常的监督和系统的分析，掌握客流现状与客流变化规律是轨道交通系统行车组织工作和客运组织工作得以顺利进行的前提。

分析轨道交通系统客流的动态性质及和运营组织的关系，客流主要有以下四种变化：

1）小时客流量在一日内的变化

小时客流量是用以确定城市轨道交通出入口、通道等设备容量的基础数据，尤其是在计算全日行车计划和车辆配备计划时。

小时客流量随城市生活的节奏变化在一日之内呈起伏波状图形，夜间客流量稀少，黎明前后渐增，上班或上学时间达到高峰，以后客流渐减，至下班或放学时间又出现第二个高峰，进入晚间客流又逐渐减少，如此起伏骤增骤减，显示了程度不同的客流规律。

全日分时最大断面客流量是确定轨道交通系统全日行车计划和车辆配备计划的基础数据。

车站单向高峰小时客流量是确定车站出入口、楼梯、售检票设备数量、计算站台、楼梯、通道宽度和配备车站定员的依据。当车站设备的数量、容量不够时，会给行车秩序、站厅秩序、乘车秩序和乘客的安全带来不利的影响。小时客流量的分析不准，也会给行车、乘降工作带来不利影响。必须指出，在高峰小时内客流分布也是不均衡的，一日内小时客流量的调查资料显示，还存在着一个 20min 左右的超高峰期，这个因素应加以注意。

2）全日客流量在一周内的变化

由于人的活动规律是以周为循环的，星期天（双休日）大多数人休息在家，在以通勤、通学客流为主的轨道交通线路上，客流量有所减少；而在连接商业网点、旅游景点的轨道交通线路上，客流量有所增加。全日客流量在一周之内呈有规律性的变化。从运营经济性考虑，应根据不同的客流量在一周内实行不同的全日行车计划。

另外，星期一的早高峰小时和周末（星期六或星期五）的晚高峰小时客流量，均高于一周内的其他相应高峰小时客流量。在节假日的前、后一天也存在类似客流量的增减。为适应这种短期内客流的变化，运营部门要制定相应的措施。

3）客流的不均衡性

（1）上下行客流的不均衡系数 α_1：

$$\alpha_1 = \frac{\max(A_{max}^{上} 、 A_{max}^{下})}{(A_{max}^{上} 、 A_{max}^{下})/2}$$

式中　$A_{max}^{上}$、$A_{max}^{下}$——上行、下行最大断面客流量（人）。

当 α_1 较大时，即在上下行方向最大断面客流量不均衡的情况下，直线走向的轨道交通线路要做到经济合理地配备运力比较困难，而在环形轨道交通线路上则常采用内外环线路安排不同运力的方法来解决，即在环线轨道交通上分别按上下行安排不同的运力与此相适应。

（2）断面客流的不均衡系数 α_2：

$$\alpha_2 = \frac{A_{max}}{\sum A_i / n}$$

式中　A_{max}——单向最大断面客流量（人）；

A_i——单向断面分时客流量（人）；

n——轨道交通所设区间数量。

当 α_2 较大时，即在断面客流量不均衡时，运营部门常采用在客流量较大的区段加开区段列车的措施，但在行车密度很大的情况下，加开列车会有一定难度，而且加开区段列车对运营组织和车站折返设备都会提出新的要求。

（3）分时客流的不均衡系数 α_3：

$$\alpha_3 = \frac{A_{max}}{\sum A_i / h}$$

式中　A_{max}——单向最大断面客流量（人）；

A_i——单向断面分时客流量（人）；

h——城市轨道交通全日营业小时数（h）。

当 α_3 较大时，即在分时客流不均衡时，为达到运输组织的合理，并实现运营的经济性的目的，运营部门可考虑采用小编组、高密度的行车组织方式，即在客流高峰时间段开行较多的列车以满足运输需求，而在客流低谷时间段则减少开行列车数以提高车辆平均满载率。

4）客流量的其他变化

首先是客流量的季节性变化，旅游旺季，由于城市中流动人口的增加，会给轨道交通系统带来较大的运输压力。此外，在节假日，逢到举行重大政治、商务集会或文体活动，以及一些经济因素等都会引起有关轨道交通线路的客流量激增。当客流量在短期内增加幅度较大时，轨道交通运营部门要针对某些作业组织环节、某些设备的运用方案做出局部性的调整措施，以适应一定时期的客流特征。

应该看到，除了上述客流的不均衡性外，轨道交通的各停车点的乘降客流量也是不均衡的。此外，新的交通设施投入运营，新的居住区形成规模等，又会使上述的不均衡增加

了起伏波动性。这种客流性质的变化是客流分析的重点，因为客流的变化对轨道交通运营组织带来了新的要求。

6．城市轨道交通客流计划

客流计划是对运输计划期间轨道交通线路客流的规划。它是全日行车计划、车辆配备计划和列车交路计划编制的基础。在新线投入运营的情况下，客流计划根据客流预测资料进行编制；在既有运营线路的情况下，客流计划根据客流统计资料和客流调查资料进行编制。客流计划的主要内容包括站间到发客流量，各站方向别上下车人数，全日、高峰小时和低谷小时的断面客流量，全日分时最大断面客流量等。

（二）技术模块

1．客流计划编制程序

客流计划以站间到发客流量资料作为编制基础，分步计算出各站上下车人数和断面客流量数据。表 2-1 所示是一条有 8 座车站轻轨线路的站间到发客流量斜表，根据站间到发客流量资料可以计算出各站上下车人数，如表 2-2 所示。根据各站上下车人数，按断面客流量计算公式又可计算出断面客流量，如表 2-3 所示。根据表 2-3 可绘制断面客流图，如图 2-1 所示。

表 2-1　站间到发客流斜表（人）

发\到	A	B	C	D	E	F	G	H	合计
A	—	7 019	6 098	7 554	4 878	9 313	12 736	23 798	71 396
B	6 942	—	1 725	4 620	3 962	6 848	7 811	16 538	48 446
C	5 661	1 572	—	560	842	2 285	2 879	4 762	18 561
D	7 725	4 128	597	—	458	1 987	2 822	4 914	22 631
E	4 668	3 759	966	473	—	429	1 279	3 121	14 695
F	9 302	7 012	1 986	2 074	487	—	840	5 685	27 382
G	12 573	9 327	2 450	2 868	1 345	1 148	—	2 133	31 844
H	22 680	14 753	4 707	5 184	2 902	5 258	2 015	—	57 499
合计	69 551	47 570	18 525	23 333	14 874	27 268	30 382	60 951	292 454

表 2-2　各站上下车人数（人）

下行上客数	下行下客数	车　　站	上行上客数	上行下客数
71 396	0	A	0	69 551
41 504	7109	B	6942	40 551
11 328	7823	C	7233	10 702
10 181	12 734	D	12 450	10 599
4829	10 140	E	9866	4734
6525	20 862	F	20 857	6406
2133	28 367	G	29 711	2015
0	60 951	H	57 499	0

表2-3　各区间断面客流量（人）

下　行	区　间	上　行
71 396	A ~ B	69 551
105 881	B ~ C	103 160
109 386	C ~ D	106 629
106 833	D ~ E	104 778
101 522	E ~ F	99 646
87 185	F ~ G	85 195
60 951	G ~ H	57 499

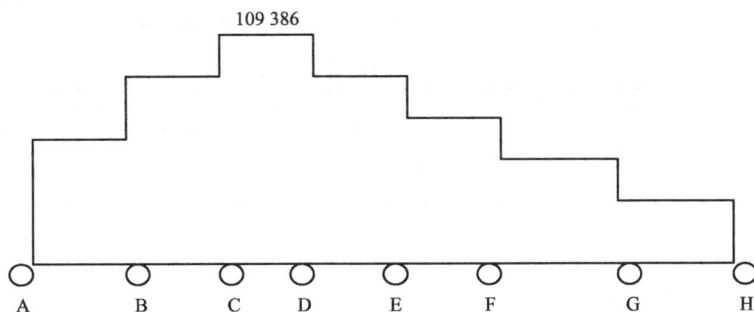

图2-1　断面客流图（下行）

2. 编制注意事项

在客流计划编制过程中，高峰小时的断面客流量可以通过高峰小时站间到发客流量资料来计算，也可以通过全日站间到发客流量资料来估算。当用全日站间到发客流量资料时，在求出全日断面客流量数据后，高峰小时的断面客流量按占全日断面客流量的一定比例来估算，比例系数的取值可通过客流调查来确定。全日分时最大断面客流量，可在求出高峰小时断面客流量的基础上，根据全日客流分布模拟图来确定。

（三）案例模块

客流计划以站间到发客流量资料作为编制基础，分步计算出各站上下车人数和断面客流量数据。

表2-4所示是一条有5座车站线路的站间OD矩阵，5座车站分别用字母A、B、C、D、E表示，其中从A到E的方向为下行方向。

表2-4　站间到发客流量OD矩阵（人）

发 ＼ 到	A	B	C	D	E	合计
A	—	3260	22 000	1980	1950	29 190
B	2100	—	21 900	2330	6530	32 860
C	5800	4900	—	3220	4600	18 520
D	5420	4100	3200	—	4390	17 110
E	1 200	4320	7860	3420	—	16 800
合计	14 520	16 580	54 960	10 950	17 470	114 480

根据站间到发客流量资料可以计算出各站上下车人数，如表 2-5 所示。根据各站上下车人数，按式（2-1）又可计算出断面客流量，如表 2-6 所示。根据表 2-6 可绘制断面客流图。

表 2-5   各站上下车人数（人）

下行下客数	下行下客数	车站	上行上客数	上行上客数
19 190	0	A	0	14 520
30 760	3 260	B	2100	13 320
7 820	43 900	C	10 700	11 060
4 390	7 530	D	12 720	3420
0	17 470	E	16 800	0

表 2-6   各区间断面客流量（人）

下行	区间	下行	下行	区间	下行
29 190	A ~ B	14 520	20 610	C ~ D	26 100
56 690	B ~ C	25 740	17 470	D ~ E	16 800

（四）实操模块

【实训任务】客流计划的编制。

【实训目的】了解客运计划的编制过程。

【实训要求】掌握客流调查方法、客流预测方法和客流计划编制程序。

【实训设备】相关资料。

【实训环境】理实一体化教室。

【实训指导】指导老师讲述客流调查法和客流计划的编制步骤，指导学生分组调查并做客流计划。

【实训练习题】客流调查方法，断面客流量计算方法。

【实训考评】综合考评、调查方法正确，数据的准确性，客流计划计算正确。

课后习题

一、简答题

1. 什么是客流计划？客流计划的主要内容是什么？

2. 客流会受到哪些因素的影响？

3. 什么是断面客流量？断面客流量应如何计算？

二、实训题

根据表 2-7 计算出断面客流量。

表 2-7   各站上下车人数（人）

下行上客数	下行下客数	车 站	上行上客数	上行下客数
82 306	0	A	0	67 478
40 062	8112	B	4775	76 477
12 342	7765	C	5546	11 432

续表

下行上客数	下行下客数	车　站	上行上客数	上行下客数
10 065	13 542	D	12 035	11 520
4 900	10 140	E	8977	4 567
6 525	21 326	F	20 864	6 547
2 233	27 691	G	27 685	2 051
0	61 320	H	56 438	0

任务二　全日行车计划认知

学习目标

（1）了解全日行车计划的意义；

（2）掌握全日行车计划的编制资料；

（3）掌握全日行车计划的编制方法。

学习任务

会收集相关资料，学习编制全日行车计划。

工具设备

客流调查资料，列车相关信息、线路满载率等。

教学环境

课堂教学加参观调查。

（一）理论模块

1．全日行车计划的意义

全日行车计划是营业时间内各个小时开行的列车对数计划，它规定了轨道交通线路的日常作业任务，是科学地组织运送乘客的办法。它又是编制列车运行图，计算运营工作量和确定车辆配备数的基础资料。全日行车计划是根据营业时间内各个小时的最大断面客流量、列车定员人数和车辆满载率，以及希望达到的服务水平综合考虑编制的。

2．全日行车计划编制资料

1）营业时间

轨道交通系统营业时间的安排主要考虑了两个因素：一是方便乘客，满足城市生活的需要，即考虑城市居民出行活动特点；二是满足轨道交通系统各项设备检修养护的需要。根据资料，世界主要城市轨道交通系统营业时间如表2-8所示。

表2-8　世界主要城市轨道交通系统营业时间

序　号	城市名称	始运年份/年	营业时间/h
1	伦敦	1863	20
2	华盛顿	1976	18

续表

序　号	城　市　名　称	始运年份/年	营业时间/h
3	纽约	1868	24
4	芝加哥	1892	24
5	布达佩斯	1896	19
6	巴黎	1900	20
7	柏林	1902	21
8	东京	1927	19.5
9	莫斯科	1935	19
10	北京	1969	18
11	上海	1993	18
12	香港	1979	19

2）全日分时最大断面客流量

此资料在客流计划中已有。

3）列车定员数

列车定员数是列车编组辆数和车辆定员数的乘积。

列车编组辆数以高峰小时最大断面的客流量作为基本依据。在一定的客流量情况下，采用缩短行车间隔时间，而不增加列车编组辆数的办法也能达到一定的运能，但在行车密度已经很大的情况下，为满足增长的客流需求，增加列车编组辆数往往成为采用的措施。这时，能否增加列车编组辆数，无疑和轨道交通系统保有的运用车辆数量有关。当然，增加列车编组辆数也不是无限度的，它会受到车站站台长度、车辆段停车线长度和数量等因素的限制。

车辆定员的多少取决于车辆的尺寸、车厢内座位布置方式和车门设置数。一般地说，在车辆限界范围内，车辆长宽尺寸越大载客越多，车厢内座位纵向布置较横向布置载客要多，车厢内车门区较座位区载客要多。

4）线路断面满载率

线路断面满载率是单位时间内，通常是早高峰小时，通过最大客流断面的车辆载客能力被利用的百分数。它的计算公式为

$$\beta = (P_{max}\,/\,c_{max}) \times 100\% \tag{2-2}$$

式中　β——线路断面满载率；

　　　P_{max}——单向最大断面客流量（人）；

　　　c_{max}——高峰小时线路输送能力（人）。

考虑线路断面满载率这个指标主要是为了在高峰小时，通过车辆在部分区间超载来提高列车利用率和运营的经济性。当然，满载率也是衡量乘客舒适程度的一个指标。

3．全日行车计划编制程序

（1）计算营业时间内各小时应开行列车数。

（2）计算行车间隔时间。

（3）最终确定全日行车计划。

（二）技术模块

1．全日行车计划编制程序

（1）计算营业时间内各小时应开行列车数。

（2）计算行车间隔时间。

（3）最终确定全日行车计划。

2．编制过程和方法

1）编制资料

（1）地铁某号线预测 2015 年早高峰小时（06:30 ~ 07:30）客流量为 39 000 人。

（2）全日各小时最大断面客流与最高峰小时比率如表 2-9 所示。

表 2-9　全日各小时最大断面客流与最高峰小时比率

时　　间	各小时最大断面客流与最高峰小时比率	时　　间	各小时最大断面客流与最高峰小时比率
5:00 ~ 5:30	17%	14:30 ~ 15:30	64%
5:30 ~ 6:30	42%	15:30 ~ 16:30	75%
6:30 ~ 7:30	100%	16:30 ~ 17:30	88%
7:30 ~ 8:30	66%	17:30 ~ 18:30	52%
8:30 ~ 9:30	50%	18:30 ~ 19:30	38%
9:30 ~ 10:30	39%	19:30 ~ 20:30	26%
10:30 ~ 11:30	40%	20:30 ~ 21:30	25%
11:30 ~ 12:30	48%	21:30 ~ 22:30	20%
12:30 ~ 13:30	56%	22:30 ~ 23:00	18%
13:30 ~ 14:30	56%		

（3）列车编组为 6 辆，车辆定员为 310 人。

（4）路断面满载率在高峰小时为 120%，在其他运营时间为 90%。

2）编制步骤

（1）根据全日各小时最大断面客流与最高峰小时比率，计算全日分时最大断面客流量数据，计算结果如表 2-10 所示。

（2）计算营业时间内各小时应开行的列车数，计算公式为

$$n_i = \frac{P_{\max}}{P_{车}} \beta$$

式中　n_i——全日分时开行列车数（列或对）；

　　　$P_{车}$——列车定员数（人）。

计算结果如表 2-11 所示。

（3）计算行车间隔时间，计算公式为

$$t_{间隔} = 3600 / n$$

式中　$t_{间隔}$——行车间隔时间（s）。

表2-10　全日分时最大断面客流量

时间	单向最大断面客流量（人）
5:00 ~ 5:30	3 120
5:30 ~ 6:30	16 770
6:30 ~ 7:30	39 000
7:30 ~ 8:30	25 350
8:30 ~ 9:30	19 500
9:30 ~ 10:30	15 210
10:30 ~ 11:30	15 600
11:30 ~ 12:30	18 330
12:30 ~ 13:30	21 840
13:30 ~ 14:30	21 840
14:30 ~ 15:30	24 960
15:30 ~ 16:30	26 520
16:30 ~ 17:30	33 930
17:30 ~ 18:30	21 840
18:30 ~ 19:30	14 820
19:30 ~ 20:30	10 530
20:30 ~ 21:30	10 140
21:30 ~ 22:30	7 800
22:30 ~ 23:00	3 120

表2-11　全日分时开行列车数

时间	分时开行列车数
5:00 ~ 5:30	2
5:30 ~ 6:30	10
6:30 ~ 7:30	18
7:30 ~ 8:30	16
8:30 ~ 9:30	12
9:30 ~ 10:30	10
10:30 ~ 11:30	10
11:30 ~ 12:30	11
12:30 ~ 13:30	14
13:30 ~ 14:30	14
14:30 ~ 15:30	15
15:30 ~ 16:30	16
16:30 ~ 17:30	16
17:30 ~ 18:30	14
18:30 ~ 19:30	9
19:30 ~ 20:30	7
20:30 ~ 21:30	7
21:30 ~ 22:30	5
22:30 ~ 23:00	2

（4）最终确定全日行车计划。计算所得的某段时间内的行车间隔时间可能会较长，行车间隔时间太长，将会增加乘客候车的时间，不利于吸引客流，因此，在编制轨道交通系统全日行车计划时应把方便乘客、提高服务质量作为一项重要因素给予考虑。在 9:00 ~ 21:00 的非高峰小时运营时间内为保持一定的服务水平，不能一味追求车辆满载而按计算的行车间隔时间作为开行列车数标准，最终确定的行车间隔时间标准一般不宜大于 6min，在其他时间，行车间隔时间标准也不宜大于 10min。另外，对全日行车计划中的高峰小时行车间隔时间应验证是否符合列车在折返站的出发间隔时间。根据以上原则，最终确定全日行车计划和早高峰小时运输能力如表 2-12 和表 2-13 所示。

表2-12　全日行车计划

营业时间	列车对数	行车间隔/ (min : s)	营业时间	列车对数	行车间隔/ (min : s)
5:00 ~ 5:30	3	10:00	12:30 ~ 14:30	28	4:20
5:30 ~ 6:30	10	6:00	14:30 ~ 15:30	15	4:00
6:30 ~ 7:30	18	3:20	15:30 ~ 17:30	32	3:45
7:30 ~ 8:30	16	3:45	17:30 ~ 18:30	14	4:20
8:30 ~ 9:30	12	5:00	18:30 ~ 21:30	30	6:00
9:30 ~ 11:30	20	6:00	21:30 ~ 22:30	6	10:00
11:30 ~ 12:30	11	5:25	22:30 ~ 23:00	3	10:00
			合　计	218	

表 2-13　早高峰小时运输能力

单向最大断面客流量	39 000 人	行车间隔时间	3min20s
列车编组辆数	6 辆	开行列车对数	18 对
列车定员数	1860 人	单向最大运输能力	40 170 人

编制完毕的地铁某号线 2015 年全日行车计划全天开行列车 218 对，其中早高峰小时开行列车 18 对，行车间隔时间为 3min20s，晚高峰小时开行列车 16 对，行车间隔时间为 3min45s，早高峰小时单向最大运输能力为 40 170 人。全日客运量按早高峰小时全线各站乘车人数总和占全日客运量的一定比例估算，比例系数的取值可通过客流调查来确定。

（三）案例模块

1．基础资料

（1）营业时间。轨道交通系统营业时间的安排主要考虑了两个因素：一是方便乘客，满足城市生活的需要，即考虑城市居民出行活动特点；二是满足轨道交通系统各项设备检修养护的需要。

（2）全日分时最大断面客流量。

（3）列车定员数。列车定员数是列车编组辆数和车辆定员数的乘积。列车编组辆数以高峰小时最大断面的客流量作为基本依据。在一定的流量情况下，采用缩短行车间隔时间，而不增加列车编组辆数的方法也能达到一定的运能，但在行车密度已经很大的情况下，为满足增长的客流需求，增加列车编组辆数往往成为采用的措施。这时能否增加列车编组辆数，与轨道交通系统保有的运用车辆数量有关。当然，增加列车编组辆数也不是无限度的，它会受到车站站台长度、车辆段停车线长度和数量等因素的限制。

车辆定员的多少取决于车辆的尺寸、车厢内座位布置方式和车门设置数。一般地说，在车辆限界范围内，车辆长宽尺寸越大载客越多，车厢内座位纵向布置较横向布置载客要多，车厢内车门区较座位区载客要多。

（4）设计实际满载率。满载率是指实际载客量与设计载客容量之比，是衡量乘客舒适程度的一个指标，反映着系统的服务水平。

2．编制程序

（1）根据全日各小时最大断面客流与最高峰小时比率，计算全日分时最大断面客流量数据，计算结果见表 2-10。

（2）计算营业时间内各小时应开行的列车数，计算公式为

$$n_i = \frac{P_{\max}}{P_{车}}\beta$$

式中　n_i——全日分时开行列车数（列或对）；

$P_{车}$——列车定员数（人）。

计算结果见表 2-11。

（3）计算行车间隔时间，计算公式为

$$t_{间隔} = 3600 / n$$

式中　$t_{间隔}$——行车间隔时间（s）。

3．编制资料

根据资料计算最大断面客流量，并确定全日行车计划。

（1）某城市轨道线路示意图如图 2-2 所示，线路运营时间为 5:30 ～ 23:30。

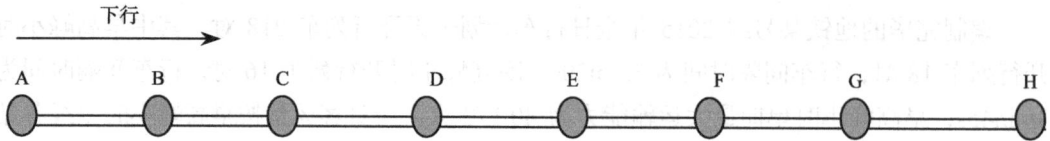

图 2-2　某城市轨道线路示意图

（2）高峰小时的客流资料：A ～ H 站站间到发客流量如表 2-14 所示。

表 2-14　A~H 站站间到发客流量

发 ＼ 到	A	B	C	D	E	F	G	H	合计
A	0	5830	5200	6200	3505	8604	9620	17 658	56 617
B	6890	0	1420	4575	3694	5640	6452	14 566	43 237
C	4580	1212	0	423	724	2100	2430	3511	14 980
D	6520	2454	523	0	423	1247	1434	3569	16 170
E	3586	1860	866	513	0	356	1211	2456	10 848
F	7625	6320	1724	2413	385	0	750	4857	24 074
G	9654	8214	2130	4547	1234	960	0	1463	28 202
H	15 607	12 500	4 324	5234	2567	5427	2401	0	48 060
合计	54 462	38 390	16 187	23 905	12 532	24 334	24 298	48 080	242 188

该线路早高峰出现在 7:30 ～ 9:30，客运量约占全日客流总量的 23%；晚高峰时段出现在 17:30 ～ 19:30，客运量约占全日客流总量的 19.5%；全日最大高峰小时出现在 7:30 ～ 8:30 之间，出行总量约占全日出行总量的 13%。其他时间段比例如表 2-15 所示。

表 2-15　各小时最大断面客流与最高峰小时比率

时　间	各小时最大断面客流与最高峰小时比率	时　间	各小时最大断面客流与最高峰小时比率
5:30 ～ 6:30	2.5%	14:30 ～ 15:30	3.5%
6:30 ～ 7:30	4%	15:30 ～ 16:30	4.5%
7:30 ～ 8:30	13%	16:30 ～ 17:30	6.5%
8:30 ～ 9:30	9%	17:30 ～ 18:30	11.5%
9:30 ～ 10:30	7%	18:30 ～ 19:30	8%
10:30 ～ 11:30	5%	19:30 ～ 20:30	4%
11:30 ～ 12:30	6%	20:30 ～ 21:30	3%
12:30 ～ 13:30	4%	21:30 ～ 22:30	1%
13:30 ～ 14:30	6%	22:30 ～ 23:00	0.5%

（3）列车编组 6 辆，车辆定员 310 人。

（4）线路满载率在高峰小时取 120%，其他时间取 90%。

4．计划编制过程

1）根据资料计算各站上下车人数（见表2-16）

表2-16 各站上下车人数（人）

下行上客数	下行下客数	车 站	上行上客数	上行下客数
71 396	0	A	0	69 551
41 504	7019	B	6942	40 551
11 328	7823	C	7233	10 702
10 181	12 734	D	12 450	10 599
4829	10 140	E	9866	4734
6525	20 862	F	20 857	6406
2133	28 367	G	29 711	2015

2）计算各区间断面客流量（见表2-17）

表2-17 各区间断面客流量（人）

下 行	区 间	上 行
71 396	A～B	69 551
105 881	B～C	103 160
109 386	C～D	106 629
106 833	D～E	104 778
101 522	E～F	99 646
87 185	F～G	85 195
60 951	G～H	57 499

3）计算全日分时最大断面客流量

C～D断面下行方向109 386人次，得出全日客流量109 386/0.13＝841 431人次。故全日分时最大断面客流量如表2-18所示。

表2-18 全日分时最大断面客流量（人）

时 段	客 流 量	时 段	客 流 量
5:30～6:30	21 036	14:30～15:30	29 405
6:30～7:30	33 657	15:30～16:30	37 864
7:30～8:30	109 386	16:30～17:30	54 693
8:30～9:30	84 143	17:30～18:30	96 765
9:30～10:30	58 900	18:30～19:30	67 314
10:30～11:30	42 072	19:30～20:30	33 657
11:30～12:30	50 486	20:30～21:30	25 243
12:30～13:30	33 657	21:30～22:30	8414
13:30～14:30	50 486	22:30～23:00	4207

4）计算全日行车计划（见表2-19）

行车间隔以不大于10min，不小于2min为宜，对计算结果可稍做调整。早高峰小时运

输能力如表 2-20 所示。

表 2-19　全日行车计划

营业时间	列车对数	行车间隔/（min:s）	营业时间	列车对数	行车间隔/（min:s）
5:30～6:30	10	6:00	14:30～15:30	14	4:30
6:30～7:30	16	3:45	15:30～16:30	18	3:20
7:30～8:30	35（30）	2:00	16:30～17:30	25	2:24
8:30～9:30	27	2:13	17:30～18:30	（31）30	2:00
9:30～10:30	27	2:13	18:30～19:30	22	2:24
10:30～11:30	20	3:00	19:30～20:30	16	3:45
11:30～12:30	23	2:36	20:30～21:30	12	5:00
12:30～13:30	16	3:45	21:30～22:30	（4）6	10:00
13:30～14:30	23	2:36	22:30～23:00	（2）6	10:00
			合　计		

表 2-20　早高峰（7:30～8:30）小时运输能力

单向最大断面客流量	109 386 人	行车间隔时间	2min
列车编组辆数	6 辆	开行列车对数	30 对
列车定员数	1860 人	单向最大运输能力	95 940 人次

（四）实操模块

【实训任务】编制全日行车计划。

【实训目的】学会收集相关资料并会编制行车计划。

【实训要求】掌握行车计划的编制要领。

【实训设备】相关资料。

【实训环境】理实一体化教室。

【实训指导】指导老师讲述所需资料及计划编制步骤，学生按要求编制。

【实训练习题】可以改变案例中的相关数据，练习制订全日行车计划。

【实训考评】编制资料合理，计划编制正确。

【操作运用案例】编制全日行车计划

1．实训项目教师工作活页

实训项目教师工作活页　　　　　　　　　　　　　　　NO：_____

实训项目	编制全日行车计划		
学　　时	4	班　级	略
实训场所	城市轨道交通理实一体化教室		
工具设备			
教学目标	专业能力	（1）掌握断面客流量的计算方法	
		（2）掌握全日分时断面客流量的计算及确定方法	
		（3）掌握全日行车计划的编制方法	
		（4）掌握运输能力的分析及计算	

教学目标	方法能力	（1）能综合运用专业知识，通过利用专业书籍、查阅文献和资料获得相关专业知识与信息
		（2）能根据实训项目学习任务确定实训方案
	社会能力	（1）能在实习训练活动中保持刻苦钻研的学习态度
		（2）能与小组成员和教师就学习中的问题进行交流和沟通
		（3）能与他人协调配合，具有较好的合作能力和团队精神
		（4）锻炼查找资料和收集资料的能力
教学活动	略（详见教学活动设计）	
教学评价	学生活动： （1）以8~10人小组为单位执行实训任务，根据本组同学在实训过程中的能力表现及结果进行自评和组内互评 （2）其他小组根据成果展示活动中的表现结果进行互评 教师活动： （1）教师组织学生开展互评活动 （2）对学生做出综合评价	
教学资料	（1）城市轨道交通运输设备教材 （2）地铁公司资料 （3）实训项目学生学习活页（附页）	
指导教师		教学时间 年 月 日

2．实训项目学生学习活页

实训项目学生学习活页   NO：_____

实训项目　编制全日行车计划

班级：_____ 姓名：_____ 学号：_____ 时间：_____

一、实训目标

1．专业能力目标

（1）掌握断面客流量的计算方法；

（2）掌握全日分时断面客流量的计算及确定方法；

（3）掌握全日行车计划的编制方法；

（4）掌握运输能力的分析及计算。

2．方法能力目标

（1）能综合运用专业知识，通过利用专业书籍、查阅文献和资料获得相关知识与信息；

（2）能根据实训项目学习任务确定实训方案。

3．社会能力目标

（1）能在实习训练活动中保持刻苦钻研的学习态度；

（2）能与小组成员和教师就学习中的问题进行交流和沟通；

（3）能与他人协调配合，具有较好的合作能力和团队精神。

（4）锻炼查找资料和收集资料的能力。

二、知识总结

1．断面客流量的统计与计算。

2. 掌握全日行车计划的编制方法。

3. 掌握运输能力的分析与计算方法。

三、操作运用

1. 根据客流资料，统计断面客流量。

2. 统计全日分时断面客流量。

3. 编制行车计划。

4. 计算输送能力指标。

四、实训小结

_____

_____

_____

五、成绩评定

1. 学生评价

评价等级	A—优	B—良	C—中	D—及格	E—不及格
学生自评					
组内互评					
他组互评					

2. 教师评价

评价等级	A—优	B—良	C—中	D—及格	E—不及格
专业能力					
方法能力					
社会能力					
评价结果					

3. 综合评价

评价等级	A—优	B—良	C—中	D—及格	E—不及格
评价结果					

注：按照学生自评占10%、组内互评占10%、他组互评占20%、教师评价占60%的比例计分。其中，A—100分，
　　B—85分，C—75分，D—60分，E—50分。

4. 评价量规

等 级	行为表现描述
A	能圆满、高效地完成实训任务的全部内容
B	能顺利完成实训任务的全部内容
C	能完成实训任务的全部内容，但需要一些帮助和指导
D	自己只能完成实训任务的部分内容，但在现场的指导下，已经能完成任务的全部内容
E	不能完成实训任务的全部内容

（五）拓展模块

下面介绍列车开行方案影响因素及分析。

1. 客流量及客流性质

客流量及客流性质反映了乘客的出行需求，是制定乘客列车开行方案的基础，即所谓"按流开车"。由于乘客对列车的选择具有主动性，因此只有充分考虑乘客的出行需求、出行心理及特点，掌握客流特征，才能确定良好的列车开行方案，最大化列车吸引的客流，更好地满足乘客出行需求。

2. 地铁的效益

企业在生产产品、供给服务时，考虑的最多的就是这个产品或者服务能为企业带来多大的效益，运输企业也是如此，所以地铁的收益是影响开行方案的一个重要因素，它等于运营收入与运营成本之差。地铁部门开行列车的运营收入主要是客票收入。客票收入是列车运营的主要收入，其大小取决于地铁在各运行区间的载客量及地铁票价。运营成本分为变动成本和固定成本两部分。其中，变动成本包括列车公里费用、列车的停站费用和乘客的中转组织费用。列车公里费用是指列车运行单位公里的费用消耗，包含列车的折旧费、能耗、材料费、维修费、人员工资津贴等。固定成本包括车辆、线路等固定资产折旧、维持固定人员工资等。列车停站增加了铁路所需列车车底总数量、列车起停引起额外的能耗、占用线路通过能力的费用、乘务组费用以及车站额外费用的增加等。

3. 乘客旅行时间的消耗

乘客的旅行时间影响乘客的满意度，对列车开行方案中的诸多方面会产生影响，是制定乘客列车开行方案所要考虑的重要因素。为了减少乘客的旅行时间，提高乘客的满意度，需要对影响乘客旅行时间的各因素进行统筹考虑。乘客的旅行时间消耗主要分为乘客的候车时间消耗、乘客因列车停站的时间消耗、乘客在列车运行过程中的时间消耗和乘客换乘时间消耗。对于一个理性的乘客而言，往往要提前了解列车的发车时间，不会提前太多时间到达车站候车。因此乘客的候车时间基本上为常数，在开行方案的优化过程中可以不考虑。

乘客因列车停站的时间消耗是指由于列车的中途停站而使车上乘客增加的时间消耗，其大小主要与乘客选择的乘车方案中列车的停站方案有关。成都地铁一号线的列车停站方案采取站站停模式。乘客在列车运行过程中的时间消耗是乘客旅行过程中的主要时间消耗，与列车在各区间运行的平均技术速度和区间里程有关，在运行路径确定的情况下，各区间的里程无法改变，因此要减少乘客在列车运行过程中的时间消耗只能提高列车在区间内运行的技术速度。换乘时间是指乘客由于换乘列车而消耗的时间，主要与可选择换乘的列车的开行密度有关。

4．列车定员

列车定员即为列车的最大载客量，可利用列车的编组数量与车辆定员人数的乘积进行计算，车辆的定员人数一般为常量，因此列车的编组数量是影响列车定员的主要因素，进而对开行方案中的列车对数产生影响。列车的编组辆数需从各年度的客流大小、输送能力要求、线路纵断面技术条件、运营管理服务水平要求以及工程投资等多方面综合研究。

5．车站能力及区间通过能力

在制定开行方案时，列车的开行数量、运行径路等有时候会受到铁路基础设施设备能力的限制，主要反映在车站能力和区间通过能力上。车站能力主要是指车站的始发列车能力和接发列车能力。车站始发列车的能力除受到发线数目的影响外，主要是受车站整备折返能力的限制，当车站始发能力不足时，可延长或缩短列车运行区段，以避开车站能力的限制。车站接发列车的能力主要受限于到发线数目，即在一定时间内在车站停站的列车不应超过一常数。区间通过能力是指在采用一定的机车车辆和一定的行车组织方法条件下，区间的各种固定设备，在单位时间内（通常是指一昼夜）所能通过的最多列车数或对数。其大小主要决定于区间正线数、区间长度、线路纵断面、机车类型、信号、连锁、闭塞设备的种类。

📎 课后习题

一、简答题

1．什么是全日行车计划？全日行车计划是根据什么确定的？

2．最终确定全日行车计划应考虑哪些因素？

3．什么是线路断面满载率？

二、实训题

1．某城市轨道线路及其车辆设计的载客量为每列 300 人，早高峰时段通过最大客流断面的实际载客量为每列平均 360 人，求出线路断面满载率。

2．已知某城轨线路设计载客能力为每列车定员 310 人，9:30～10:30 时段线路断面满载率为 60%，该小时最大客流断面乘客数量为 15 600 人，计算该小时应开行的列车数。

任务三　车辆配备计划认知

📖 学习目标

（1）车辆配备计划的意义；

（2）车辆保有量；

（3）运用车、在修车、备用车的数量计算。

📔 学习任务

学会计算运用车辆数、在修车辆数、备用车辆数。

工具设备

相关运营资料等。

教学环境

多媒体教室或模拟环境。

（一）理论模块

1. 车辆配备计划的意义

车辆配备计划是为完成全日行车计划而制订的车辆保有数安排计划。根据车辆配备计划推算运用车辆数、在修车辆数和备用车辆数，确定在一定类型的设备和行车组织方法条件下，为完成一定的运输任务而必须保有的车辆。

2. 车辆保有量的概念

为完成运输任务，城市轨道交通各线路上应保有的车辆数是运用车辆数、在修车辆数和备用车辆数之和。

1）运用车辆数

运用车辆数是为完成日常运输任务而必须配备的技术状态良好的车辆数，运用车辆的需要量与高峰小时开行的列车对数、列车的旅行速度及在折返站的停留时间各项因素有关，计算公式为：

$$N = n_{高峰}\theta_{列}m / 60 \tag{2-3}$$

式中　　N——运用车辆数（辆）；

$n_{高峰}$——高峰小时开行列车数（对）；

$\theta_{列}$——列车周转时间（min）；

m——列车编组辆数（辆）。

列车周转时间是指列车在线路上往返一次所消耗的全部时间。它包括列车在区间运行，列车在中间站停车供乘客乘降，以及列车在折返站作业的全过程。

$$\theta_{列} = \sum t_{运} + \sum t_{站} + \sum t_{折停} \tag{2-4}$$

式中　　$\sum t_{运}$——列车在线路上往返一次各区间运行时间的和（min）；

$\sum t_{站}$——列车在线路上往返一次各中间站停站时间的和（min）；

$\sum t_{折停}$——列车在折返站停留时间的和（min）。

当列车在折返站的出发间隔时间大于高峰小时的行车间隔时间时，需在折返线上预置一个列车进行周转，此时运用车辆数需相应增加。

2）在修车辆数

在修车辆是指处于定期检修状态的那部分车辆。车辆的定期检修是一项有计划的预防性维修制度。车辆检修概念包括车辆检修级别和车辆检修周期。车辆的检修级别和周期是根据车辆设计的技术性能、各部件在正常情况下的使用寿命以及车辆运用的环境等因素进行确定的。通过对车辆的不同部件制定不同的技术标准、检修级别和检修周期，到期进行

车辆的检修，使车辆在经过定期检修后，能在整个检修周期内保持良好的技术状态。

车辆的检修周期是关系在修车辆数计算和配属车辆数计算以及车辆段建设规模和车辆段作业组织的重要技术指标。轨道交通车辆的检修级别通常分为日检、双周检、双月检、定修、架修和大修 6 种。表 2-21 所示是某地铁线路的车辆检修周期和检修停时。

表 2-21　某地铁线路的车辆检修周期和检修停时

检修级别	时间间隔	走行千米数	检修停时
日检	1 日	—	—
双周检	2 周	4000	4h
双月检	2 月	20 000	2 日
定修	1 年	100 000	10 日
架修	5 年	500 000	25 日
大修	10 年	1000 000	40 日

注：确定检修周期时，时间间隔和走行千米数取小者。

在以时间间隔作为确定检修周期的情况下，根据每种检修级别的年检修工作量和每种检修级别的检修停时，就可以推算在修车辆数。

3）备用车辆数

轨道交通系统为了适应客流变化，确保完成临时紧急的运输任务，以及预防运用车辆发生故障，必须把若干技术状态良好的车辆储备起来，这部分车辆称为备用车辆。备用车辆的数量可控制在运用车辆数的 10%左右。

（二）技术模块

（1）运用车辆数计算公式为

$$N_运 = n_{高峰}\theta_列 m / 60$$

式中　N——运用车辆数（辆）；

$n_{高峰}$——高峰小时开行列车数（对）；

$\theta_列$——列车周转时间（min）；

m——列车编组辆数（辆）。

（2）在修车辆数计算公式为

$$N_修 = N_{双周} + N_{双月} + N_{定修} + N_{架修} + N_{大修}$$

（3）备用车辆数计算公式为

$$N_备 = N_运 \times 10\%$$

（三）案例模块

制订一车辆配备计划：

某城市轨道交通 1 号线高峰小时开行列车数为 30 对，列车编组辆数 6 辆，车辆周转时间为 50min，目前架修车为 2 辆，定修车为 5 辆，双月检在检车为 6 辆，双周检在检车为 6 辆。确定该线路应如何配备车辆。

（四）实操模块

【实训任务】制订某个轨道运营线的动车组配备计划。

【实训目的】了解车辆配备计划的编制方法。

【实训要求】掌握运用车辆数、在修车辆数、备用车辆数的计算方法。

【实训设备】某运营实例或相关资料。

【实训环境】理实一体化教室。

【实训指导】指导老师讲述车辆运用问题及现状，指导学生据此编制一车辆运用计划。

【实训练习题】什么是备用车？备用车辆数的计算公式是什么？

【实训考评】编制资料使用正确，计算步骤正确，结论合理。

【操作运用案例】编制动车组配备计划

1．实训项目教师工作活页

实训项目教师工作活页　　　　　　NO：_____

实训项目	编制动车组配备计划			
学　　时	4	班　　级		略
实训场所	城市轨道交通理实一体化教室			
工具设备				
教学目标	专业能力	（1）掌握运用车等计算方法 （2）掌握备用车知识 （3）掌握动车组检修计划知识		
	方法能力	（1）能综合运用专业知识，通过利用专业书籍、查阅文献和资料获得相关专业知识与信息 （2）能根据实训项目学习任务确定实训方案		
	社会能力	（1）能在实习训练活动中保持刻苦钻研的学习态度 （2）能与小组成员和教师就学习中的问题进行交流和沟通 （3）能与他人协调配合，具有较好的合作能力和团队精神 （4）锻炼查找资料和收集资料的能力		
教学活动	略（详见教学活动设计）			
教学评价	学生活动： （1）以8~10人小组为单位执行实训任务，根据本组同学在实训过程中的能力表现及结果进行自评和组内互评 （2）其他小组根据成果展示活动中的表现结果进行互评 教师活动： （1）教师组织学生开展互评活动 （2）对学生做出综合评价			
教学资料	（1）城市轨道交通运输设备教材 （2）地铁公司资料 （3）实训项目学生学习活页（附页）			
指导教师		教学时间		年　月　日

2．实训项目学生学习活页

实训项目　编制动车组配备计划

班级：_____　姓名：_____　学号：_____　时间：_____

一、实训目标

1．专业能力目标

（1）掌握运用车计算方法；

（2）掌握备用车知识；

（3）掌握动车组检修计划。

2．方法能力目标

（1）能综合运用专业知识，通过利用专业书籍、查阅文献和资料获得相关知识与信息；

（2）能根据实训项目学习任务确定实训方案。

3．社会能力目标

（1）能在实习训练活动中保持刻苦钻研的学习态度；

（2）能与小组成员和教师就学习中的问题进行交流和沟通；

（3）能与他人协调配合，具有较好的合作能力和团队精神；

（4）锻炼查找资料和收集资料的能力。

二、知识总结

1．统计运用车。

2．掌握检修车统计方法。

3．掌握备用车统计方法。

4．掌握动车组检修计划知识。

三、操作运用

1．根据运行图资料，计算运用车数。

2．计算备用车。

3. 编制动车组运用方案。

4. 以某地铁公司实例,讲述动车组检修计划。

四、实训小结

_____

_____

_____

五、成绩评定

1. 学生评价

评价等级	A—优	B—良	C—中	D—及格	E—不及格
学生自评					
组内互评					
他组互评					

2. 教师评价

评价等级	A—优	B—良	C—中	D—及格	E—不及格
专业能力					
方法能力					
社会能力					
评价结果					

3. 综合评价

评价等级	A—优	B—良	C—中	D—及格	E—不及格
评价结果					

注:按照学生自评占 10%、组内互评占 10%、他组互评占 20%、教师评价占 60%的比例计分。其中,A—100分,
B—85分,C—75分,D—60分,E—50分。

4. 评价量规

等　级	行为表现描述
A	能圆满、高效地完成实训任务的全部内容
B	能顺利完成实训任务的全部内容
C	能完成实训任务的全部内容,但需要一些帮助和指导
D	自己只能完成实训任务的部分内容,但在现场的指导下,已经能完成任务的全部内容
E	不能完成实训任务的全部内容

课后习题

一、简答题

1. 简述车辆配备计划的意义。

2. 简述车辆保有量的概念。

3．列车周转时间会受到哪些因素的影响？

二、实训题

1．某城市轨道交通 2 号线高峰小时开行列车数为 28 对，列车编组辆数为 6 辆，车辆周转时间为 60min，求其应保有多少运用车辆数。

2．如何加快列车周转时间？其对车辆运用有什么影响？

任务四　列车交路计划认知

学习目标

（1）列车交路计划的意义；
（2）列车交路计划的分类；
（3）列车折返方式的选择。

学习任务

（1）会根据运营客流特点，合理决定列车交路；
（2）根据列车交路计划，设计列车折返方式。

工具设备

多媒体教学设备。

教学环境

多媒体教室或车辆段参观。

（一）理论模块

1．列车交路计划的意义

在轨道交通线路的各个区段客流量不均衡的情况下，采用合理的列车交路安排是运输计划的一个重要组成部分。列车交路计划规定了列车的运行区段、折返车站和按不同列车交路运行的列车对数。

合理的列车交路既能提高列车和车辆运用效率，避免运能虚浮，降低运营成本，又能给予乘客较大的方便。因此，采用不同列车交路相结合的列车运行方式，能使行车组织做到经济合理。

2．列车交路的种类

列车交路可分成长交路、短交路和长短交路三种。

长交路是指列车在线路上全线运行；短交路是指列车在线路的某一区段内运行，在指定的车站上折返；长短交路是指线路上两种交路并存的列车运行。图 2-3（a）所示是长交路列车运行的图解，从行车组织的角度看，要较短交路列车运行组织简单，对中间站折返设备要求也不高，但在各区段客流量不均衡的情况下，会产生部分区段运能的浪费。图 2-3（b）所示是短交路列车运行的图解，将长交路改为短交路，能适应不同客流区段的运输需求，运营也比较经济，但要求中间折返站具有两个方向的折返能力以及具有方便的换乘条件，从乘客的角度看，服务水平有所降低。图 2-3（c）所示是长短交路列车运行的图解，长短交路混跑的组织方案，既能满足运输需求，又能提高运营效益。因此，在线路各区段客流量不均衡的情况下，可以采用以大交路为主，小交路为辅的列车交路计划，组织列车在线路上按不同的密度行车。同样，当高峰期间客流在空间上分布比较均匀，而低谷期间客流在空间上分布相差悬殊时，也可以在低谷时间采用长短交路列车运行方案，组织开行部分在中间站折返的短交路列车。

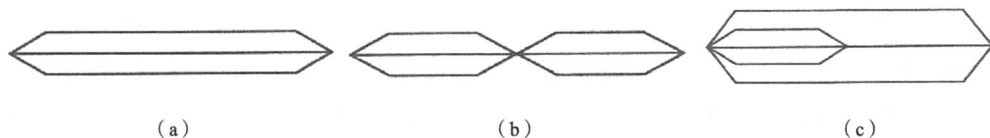

图 2-3　列车交路图

3．列车折返方式

列车运行到终点站或在短交路和长交路情况下运行到中间折返站需要进行折返作业。列车折返方式根据折返线的布置分站前折返和站后折返两种方式。

1）站前折返方式时的折返线布置

站前折返方式是列车经由站前渡线折返。

图 2-3（a）所示是列车在终点站经由站前渡线折返，图 2-3（b）所示是短交路运行时列车在中间站经由站前渡线折返。在采用站前折返方式时，列车空车走行少，折返时间较短；上下车乘客能同时上下车，可以缩短停站时间。此外，站线和折返线相结合，能节省投资费用。站前折返的缺点是出发列车和到达列车存在着进路交叉，影响行车安全；上下车乘客同时上下车，在客流量大的情况下，站台秩序会受到影响。

列车到发作业产生交叉干扰的条件是进路有交叉，并且占用进路的时间相同，两个条件必须同时具备才构成真正的进路交叉。在行车密度很大的情况下，采用站前折返方式，要完全消除到发列车的交叉干扰难度较大。

2）站后折返方式时的折返线布置

图 2-4（a）所示是列车经由站后环形线折返，图 2-4（b）所示是列车经由站后尽端折返线折返，图 2-4（c）所示是列车经由站后渡线折返，常用于列车在中间站进行中途折返。

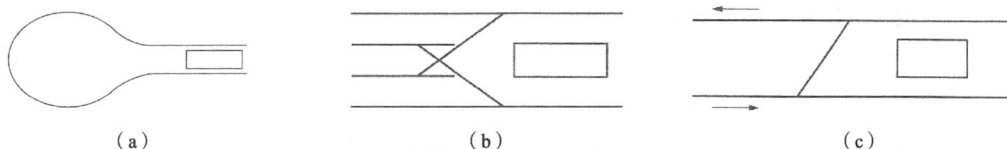

图 2-4　站后折返时折返线布置

采用站后折返方式能避免采用站前折返时存在的缺点；出发列车与到达列车不存在进路交叉，行车安全；而且列车进出站速度高，有利于提高旅行速度，因此，站后折返方式

被广泛采用。站后折返方式的主要缺点是列车折返时间较长。

环形线折返设备能保证最大的通过能力，节约设备费用与运营成本。但它也存在一些缺点，例如，由于列车在小半径曲线上运行造成单侧钢轨磨耗、折返线不能停放检修列车和难以进一步延长、若用明挖法施工增大了开挖范围，等等。所以在线路的终点站常采用尽端线折返设备。采用尽端线折返设备，列车既可以折返，也可以临时停留检修。

（二）技术模块

1．列车交路计划的确定

在轨道交通线路的各个区段客流量不均衡的情况下，采用合理的列车交路安排是运输计划的一个重要组成部分。列车交路计划规定了列车的运行区段、折返车站和按不同列车交路运行的列车对数。合理的列车交路计划既能提高列车和车辆的运用效率，避免运能虚浮，降低运营成本，又能给予乘客较大的方便。因此，采用不同列车交路相结合的列车运行方式，能使行车组织做到经济合理。

从行车组织的角度看，长交路要较短交路列车运行组织简单，对中间站折返设备要求也不高，但在各区段客流量不均衡情况下，会产生部分区段运能的浪费。将长交路改为短交路，能适应不同客流区段的运输需求，运营也比较经济，但要求中间折返站具有两个方向的折返能力以及具有方便的换乘条件，从乘客的角度看，服务水平有所降低。长短交路混跑的组织方案，既能满足运输需求，又能提高运营效益。因此，在线路各区段客流量不均衡情况下，可以采用以大交路为主、小交路为辅的列车交路计划，组织列车在线路上按不同的密度行车。同样，当高峰期间客流在空间分布上比较均匀，而低谷期间客流在空间上分布相差悬殊时，也可以在低谷时间采用长短交路列车运行方案，组织开行部分在中间站折返的短交路列车。

长交路一般适用于每条轨道交通线路，尤其是在全线客流量比较均衡的情况下，效果较好。

短交路适用于轨道交通线某一段客流比较密集的部分，由于乘客流量比较大，给车站组织工作和乘客上车带来困难时，可以考虑在该区段加开短交路列车。这样既可以节省全线开行同样数量列车的资源浪费，又可以缓解部分区段的交通压力。但是在行车组织工作上增加了困难。

一般依据具体情况，可以选择长短交路混跑的方案。

2．列车折返方式的优选办法

列车运行到终点站或在短交路和长短交路情况下运行到中间折返站需要进行折返作业。折返线形式很多，常用的如图2-5所示。

列车折返方式根据折返线的布置可分为站前折返和站后折返两种方式。

（1）站前折返方式。站前折返方式是列车经由站前折返线或渡线折返，在采用站前折返方式时，列车空车走行少，折返时间较短；上下车乘客能同时上下车，可以缩短停站时间。此外，站线和折返线相结合，能节省投资费用。站前折返的缺点是出发列车和到达列车存在着进路交叉，影响行车安全；上下车乘客同时上下车，在客流量大的情况下，站台秩序会受到

影响。列车到发作业产生交叉干扰的条件是进路有交叉，并且占用进路的时间相同，两个条件必须同时具备才构成真正的进路交叉。在行车密度很大的情况下，采用站前折返方式，要完全消除到发列车的交叉干扰难度较大。

（2）站后折返方式。站后折返方式是列车到站后清客，空车经由站后折返线或渡线折返。采用站后折返方式能避免采用站前折返时存在的缺点，出发列车与到达列车不存在进路交叉，行车安全；而且列车进出站速度高，有利于提高旅行速度，因此，站后折返方式被广泛采用。站后折返方式的主要缺点是列车折返时间较长。

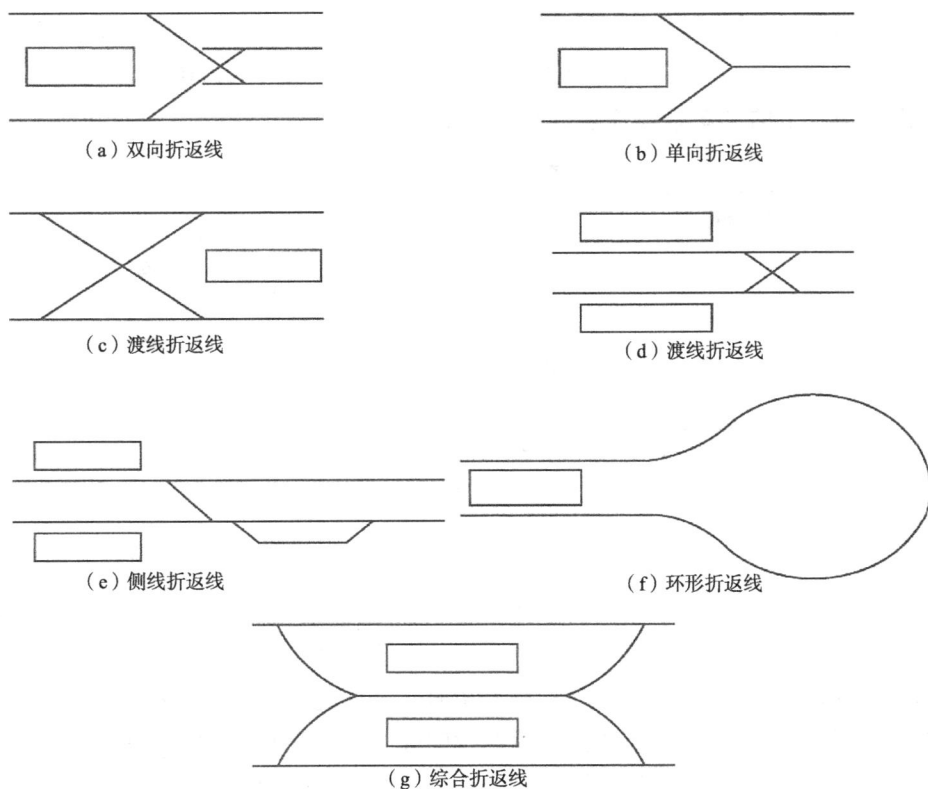

（a）双向折返线　　　　　　　　　　　（b）单向折返线

（c）渡线折返线　　　　　　　　　　　（d）渡线折返线

（e）侧线折返线　　　　　　　　　　　（f）环形折返线

（g）综合折返线

图 2-5　折返线形式

环形线折返设备能保证最大的通过能力，节约设备费用与运营成本。但它也存在一些缺点，例如，由于列车在小半径曲线上运行造成单侧钢轨磨耗、折返线不能停放检修列车和难以进一步延长、若用明挖法施工增大了开挖范围，等等。所以在线路的终点站常采用尽端线折返设备。采用尽端线折返设备，列车既可以折返，也可以临时停留检修。

列车交路计划的确定应建立在对线路各区段客流量进行统计分析的基础上，充分考虑行车组织与客运组织的条件，进行可行性研究后加以确定。首先，区段客流分析是列车交路计划确定的主要因素之一，也就是根据客流在时间上、空间上所表现出的不均衡性加以研究分析，作为列车交路计划确定的依据。其次，行车条件决定了交路计划实现的可能性，城市轨道交通的线路设置由其运营特点，不可能采取每个车站具备列车进行调车作业功能线路设置方式，交路计划的实现只能在两个设有调车或折返线路的车站之间进行，同时还必须注意列车交路是否会影响到行车组织的其他环节。例如，是否会影响行车间隔、车站后续列车的接车等。再次，客运组织是列车交路计划确定的必要客观条件，由于列车交路计划的实行可能导致列车终到站的变化，相关车站的乘客乘降作业、列车清客、客运服务工作都会随之不断调整，对客运组织水平的要求比较高，若客运组织不力可能会直接影响列车运行图的执行情况，因此，确定交路计划应对客运组织的条件一并加以考虑。

（三）案例模块

实例：A 站列车折返方式

A 站为某线路一中间站，属岛式站台车站，设两条折返线。列车从左向右运行方向为上行方向，正常情况下列车占用上行站台车站，采用站后折返方式折返。

1．正常情况下的列车折返作业（见图 2-6）

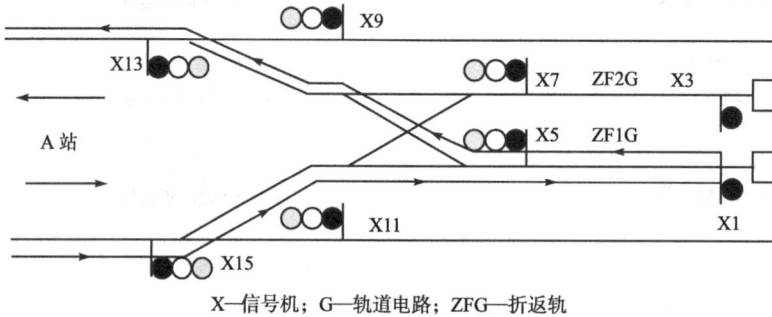

X—信号机；G—轨道电路；ZFG—折返轨

图 2-6　A 站正常情况下折返示意图

（1）当采用自动站间闭塞时，列车占用 A 站上行站台，由车站行车值班员办理折返线进路 X15-X5；列车在 A 站上行站台客运作业完成后，司机准备进行折返作业；进折返线进路 X15-X5 排列完毕，站台上自动站间闭塞指示灯显示稳定绿色灯光，X15 道岔防护信号即显示稳定绿色灯光，司机以限制人工驾驶模式（不超过 25km/h 的速度）通过道岔区段，开车进入折返线 ZF1G；列车占用折返线 ZF1G，A 站行车值班员办理出折返线进路 X5-X13；列车在折返线 ZF1G 停车标处停稳后，司机立即进行倒台作业；出折返线进路 X5-X1 排列完毕，司机凭 X5 道岔防护信号机显示稳定绿色灯光，以限制人工驾驶模式通过道岔区段，将列车开行至 A 站下行站台停车标处停车。

（2）当有 ATP 防护采用中央控制时，列车的折返作业由控制中心行车调度员办理。列车占用 A 站上行站台时，控制中心行车调度员办理进折返线进路 X15-X5；列车在 A 站上行站台客运作业完成后，司机准备进行折返作业；进折返线进路 X15-X5 排列完毕，站台上发车指示器显示稳定白色灯光，列车收到速度码，X15 道岔防护信号机显示稳定绿色灯光，司机以限制人工驾驶模式通过道岔区段，开车进入折返线 ZF1G；列车占用折返线 ZF1G 时，控制中心行或调度员办理出折返线进路 X5-X13；列车在折返线 ZF1G 停车标处停稳后，司机立即进行倒台作业；出折返线进路 X5-X13 排列完毕，司机凭 X5 道岔防护信号机显示稳定绿色灯光及列车收到的速度码，以限制人工驾驶模式通过道岔区段，将列车开行至 A 站下行站台停车标处停车。

当有 ATP 防护由车站控制时，由 A 站行车值班员负责办理折返进路，作业过程同中央控制时列车折返作业。

2. 特殊情况下列车折返作业（见图 2-7）

当列车进行下行线转线上行线折返作业时，属于非正常下的转线作业，控制中心行车调度员需发布调度命令。列车折返以 ZF1G 为折返线。

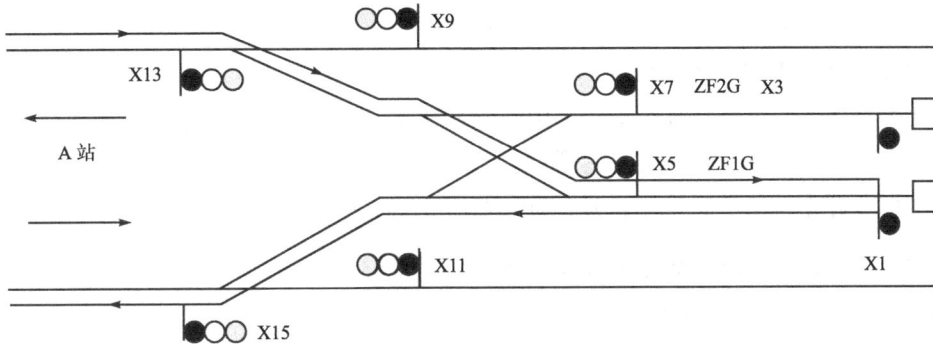

图 2-7　A 站特殊情况下折返示意图

（1）当采用自动站间闭塞时列车折返作业。列车占用 A 站下行站台（进路 X13-X9 出清）时，车站行车值班员办理折返线进路 X13-X5；列车在 A 站下行站台停车标处停稳后，进行客运作业，客运作业完成后，司机立即进行倒台作业；A 站行车值班员把该站反方向转线作业调度命令发给司机，司机准备进行折返作业；进路 X13-X5 排列完毕后，列车司机凭 A 站行车值班员的引导手信号，X13 道岔防护信号机显示稳定绿色灯光，以限制人工驾驶模式通过道岔区段，开车进入折返线 ZF1G；列车出清进折返线进路 X13-X5，占用折返线 ZF1G 时，A 站行车值班员办理出折返线进路 X5-X15；列车在折返线 ZF1G 停车标处停稳后司机立即进行倒台作业；出折返线进路 X5-X15 排列完毕，司机凭 X5 倒插防护信号机显示稳定绿色灯光，以限制人工驾驶模式通过道岔区段，将列车开行至 A 站上行站台；A 站行车值班员使用引导手信号接车，列车按引导速度进站并在站台停车标处停车。

（2）有 ATP 防护时列车折返作业。中央控制情况下，列车占用 A 站下行站台（进路 X13-X9）时，控制中心行车调度员办理进折返线进路 X13-X5；列车在 A 站下行站台停车标处停稳后，进行客运作业，客运作业完成后，司机立即进行倒台作业；A 站行车值班员把该站反方向转线作业调度命令交给司机，司机准备进行折返作业；进路 X13-X5 排列完毕后，列车司机凭 A 站行车值班员的手信号和列车收到的速度码，X13 倒插防护信号机显示稳定绿色灯光，以限制人工驾驶模式通过道岔区段，开车进入折返线 ZF1G 停车标处停稳；列车出清折返线进路 X13-X5，占用 ZF1G 时，A 站行车值班员办理出折返线进路 X5-X15；列车在折返线 ZF1G 停车标处停稳后，司机立即进行倒台作业；出折返线进路 X5-X15 排列完毕，司机凭 X5 道岔防护信号机显示稳定绿色灯光及列车收受到的速度码，以限制人工驾驶模式通过道岔区段，将列车开行至 A 站上行站台；A 站行车值班员使用引导手信号接车，列车按引导速度进站并在站台停车标处停车。

当有 ATP 防护由车站控制时，由 A 站行车值班员负责办理折返进路，作业过程同中央控制时列车折返作业。

（四）实操模块

【实训任务】制订某个轨道运营线的列车交路计划。

【实训目的】了解列车交路计划的编制方法。

【实训要求】掌握列车交路计划的制订及各种折返方式的折返办法和优缺点。

【实训设备】某地铁运营实例或相关资料。

【实训环境】理实一体化教室。

【实训指导】指导老师讲述车辆运用问题及现状，指导学生据此编制一列车交路计划。

【实训练习题】列车折返方式有哪些？各有什么特点？

【实训考评】编制资料使用正确，计算步骤正确，结论合理。

【操作运用案例】编制动车组配备计划

1．实训项目教师工作活页

实训项目教师工作活页　　　　　　　　　　　NO：_____

实训项目	编制动车组配备计划			
学　　时	4	班　　级		略
实训场所	城市轨道交通理实一体化教室			
工具设备				
教学目标	专业能力	（1）掌握运用车等计算方法 （2）掌握备用车知识 （3）掌握动车组检修计划知识		
	方法能力	（1）能综合运用专业知识，通过利用专业书籍、查阅文献和资料获得相关专业知识与信息 （2）能根据实训项目学习任务并确定实训方案		
	社会能力	（1）能在实习训练活动中保持刻苦钻研的学习态度 （2）能与小组成员和教师就学习中的问题进行交流和沟通 （3）能与他人协调配合，具有较好的合作能力和团队精神 （4）锻炼查资料和收集资料的能力		
教学活动	略（详见教学活动设计）			
教学评价	学生活动： （1）以8~10人小组为单位执行实训任务，根据本组同学在实训过程中的能力表现及结果进行自评组内互评 （2）其他小组根据成果展示活动中的表现结果进行互评 教师活动： （1）教师组织学生开展互评活动 （2）对学生做出综合评价			
教师资料	（1）城市轨道交通运输设备教材 （2）地铁公司资料 （3）实训项目学生学习活页（附页）			
指导教师		教学时间		年　　月　　日

2．实训项目学生学习活页

实训项目　编制动车组配备计划

班级：_____　姓名：_____　学号：_____　时间：_____

一、实训目标

1．专业能力目标

（1）掌握运用车计算方法。

（2）掌握备用车知识。

（3）掌握动车组检修计划。

2．方法能力目标

（1）能综合运用专业知识，通过利用专业书籍、查阅文献和资料获得相关知识与信息。

（2）能根据实训项目学习任务确定实训方案。

3．社会能力目标

（1）能在实习训练活动中保持刻苦钻研的学习态度。

（2）能与小组成员和教师就学习中的问题进行交流和沟通。

（3）能与他人协调配合，具有较好的合作能力和团队精神。

（4）锻炼查资料和收集资料的能力。

二、知识总结

1．统计运用车。

2．掌握检修车统计方法。

3．掌握备用车统计方法。

4．掌握动车组检修计划知识。

三、操作运用

1．根据运行图资料，计算运用车数。

2. 计算备用车。

3. 编制动车组运用方案。

4. 以某地铁公司实例, 讲述动车组检修计划。

四、实训小结

_____

_____

_____

五、成绩评定

1. 学生评价

评价等级	A—优	B—良	C—中	D—及格	E—不及格
学生自评					
组内互评					
他组互评					

2. 教师评价

评价等级	A—优	B—良	C—中	D—及格	E—不及格
专业能力					
方法能力					
社会能力					
评价结果					

3. 综合评价

评价等级	A—优	B—良	C—中	D—及格	E—不及格
评价结果					

注: 按照学生自评占10%、组内互评占10%、他组互评占10%、教师评价60%的比例计分。其中, A—100分, B—85分, C—75分, D—60分, E—50分。

4. 评价量规

等　级	行为表现描述
A	能圆满、高效地完成实训任务的全部内容
B	能顺利完成实训任务的全部内容
C	能完成实训任务的全部内容, 但需要一些帮助和指导
D	自己只能完成实训任务的部分内容, 但在现场的指导下, 已经能完成任务的全部内容
E	不能完成实训任务的全部内容

课后习题

一、简答题

1. 什么是长交路、短交路和长短交路？

2. 列车折返方式有哪些？各有什么优缺点？

3. 长交路、短交路和长短交路分别适用于什么情况的线路？

二、实训题

简要说明图 2-8 所示列车折返的过程。

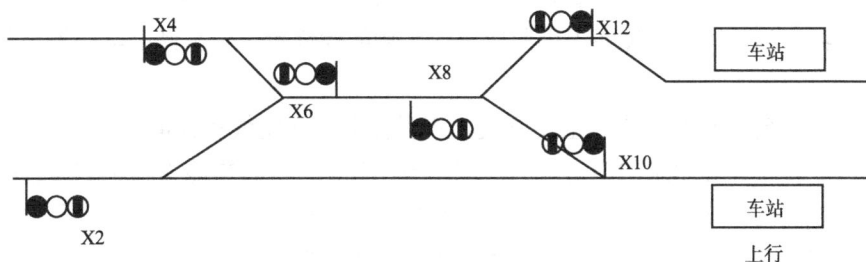

图 2-8 列车折返

任务五 通过能力分析

为了实现运输生产过程，完成客运任务，轨道交通系统必须具备一定的运输能力。运输能力是通过能力和输送能力的总称。

学习目标

（1）理解通过能力的概念；

（2）掌握通过能力的计算原理；

（3）熟悉通过能力的计算方法。

学习任务

理解并会分析通过能力。

工具设备

多媒体教学设备。

教学环境

多媒体教室。

（一）理论模块

1. 通过能力的概念及影响因素

通过能力是指在采用一定的车辆类型、信号设备和行车组织方法条件下，轨道交通系

统线路的各项固定设备在单位时间内（通常是高峰小时）所能通过的列车数。通过能力的正确计算和合理确定，在轨道交通系统的新线规划设计、日常运输能力安排以及既有线改造过程中都是一个重要的问题。

1）通过能力

通过能力主要按照下列固定设备进行计算。

（1）线路。其通过能力主要取决于信号系统的构成、列车运行控制方式、车辆的技术性能、进出站线路的平纵断面情况、列车停站时间标准和行车组织方法等。

（2）列车折返设备。其通过能力主要取决于车站折返线的布置方式、信号和联锁设备的种类、列车在折返站停站时间标准，以及列车在折返站内运行速度。

（3）车辆段设备。其通过能力主要取决于车辆的检修台位、车辆停留线等设备的数量和容量。

（4）供电设备。其通过能力主要取决于牵引变电所的座数和容量。

根据以上设备计算出来的通过能力可以是各不相同的，其中能力最小的设备限制了整个线路的通过能力，该项设备的能力即为线路的最终通过能力。由此可见，通过能力实质上取决于固定设备的总和能力，因此，各项固定设备的能力应力求相互协调与配合，避免造成某些设备的能力闲置。

2）列车运行控制分析

从列车运行控制的角度进行分析，列车自动防护子系统是列车自动控制系统的核心，是一个确保列车运行安全的子系统。该子系统能根据追踪运行列车间的间隔距离、前行列车的运行速度及其他参数，确定后行列车的运行限制速度，并与列车的当前速度进行比较，如果超速，列车自动防护设备会自动改变牵引工况进行制动，以确保安全。此外，在有联锁设备的车站，该子系统还能确保只有在道岔和信号联锁状态正确、进路有效的情况下，才允许列车进入或通过车站。由于列车自动防护子系统能连续地、自动地对列车运行进行控制，使列车能在安全的情况下以较高的速度运行，因而能有效提高线路能力。

3）闭塞分区长度确定

（1）在双线自动闭塞、调度集中控制的线路设备条件下，当两列车在区间追踪运行时，追踪运行两列车之间的间隔时间取决于追踪运行列车之间的间隔距离及列车的运行速度，而追踪运行的列车之间的间隔距离又取决于闭塞分区的数目和长度。在三显示信号下，两列车相隔两个闭塞分区，带有防护区段的三显示两列车相隔四个闭塞分区，四显示信号下两列车相隔三个闭塞分区。这样可保证续行列车在始终能看到绿灯的情况下运行。至于闭塞分区的长度，应满足大于或等于列车制动距离加上一个安全距离和大于或等于列车最大长度的要求。闭塞分区的长度通常可按下式计算：

$$l_{分} = 0.0386 f v_{\max}^2 / b_{\max}$$

式中　$l_分$——闭塞分区长度；

　　　f——安全系数，经验取值为 1.35 ~ 1.5；

　　　$v_{\max}$——列车最高运行速度（km/h）；

　　　$b_{\max}$——紧急制动平均减速度（m/s²）。

（2）在安装列车自动控制系统或列车自动防护系统的线路设备下，区间线路分成若干的闭塞分区。一般情况下，每一个闭塞分区有一个轨道电路，轨道电路是信息传输的通道，利用轨道电路可以探测前行列车尾部与续行列车头部之间的距离和传送由地面控制设备发向车载设备的限速命令。根据列车自动控制程序对列车位于闭塞分区始点时的最高速度和到达闭塞分区终点时的目标速度规定，可按下式计算各闭塞分区的长度：

$$l_{分} = t_{空}v_{进} + (v_{进}^2 - v_{出}^2)/2b_{max}$$

式中　$t_{空}$——制动空走时间（s）；

　　　$v_{进}$——列车位于闭塞分区始点时的最高速度（km/h）；

　　　$v_{出}$——列车到达闭塞分区终点时的目标速度（km/h）；

　　　b_{max}——紧急制动平均减速度（m/s^2）。

2．通过能力的计算原理

决定通过能力的固定设备主要有线路（包括区间和车站）、终点站列车折返设备、车辆段设备和牵引供电设备。当分别对上述 4 项固定设备的通过能力进行计算后，其中能力最小的设备限制了整个线路的通过能力，该项设备的通过能力即为线路的最终通过能力。在各项固定设备中，限制线路通过能力的固定设备通常是线路和终点站列车折返设备。

轨道交通线路通常是采用双线，列车在区间实行追踪运行，并在每一个车站停车供乘客乘降。而为了降低车站的造价，轨道交通线路一般不设置车站配线，列车是在车站正线上办理客运作业。根据行车及客运作业和车站线路设备的这种特点，列车停站时间成为影响线路通过能力的重要因素之一。因此，在计算固定设备的通过能力时，没有必要再去分别计算区间通过能力和车站通过能力，而应把区间和车站看成是一个整体予以综合分析，计算线路的通过能力。

（二）技术模块

1．线路通过能力的计算

（1）线路通过能力计算的一般公式。在列车追踪运行的情况下，计算线路通过能力的一般公式为

$$n_{max} = 3600/h$$

式中　n_{max}——线路在小时内能够通过的最大列车数（列）；

　　　h——追踪列车间隔时间（s）。

（2）追踪列车间隔时间计算。显然线路通过能力的关键是追踪列车间隔时间的计算。在行车组织方法一定的条件下，列车追踪运行时，续行列车的运行位置及速度决定于前行列车的运行位置，因此，追踪列车间隔时间的计算应从分析追踪运行列车间的最小空间间隔开始。由于列车是以排队方式进站停车办理作业，在把区间和车站作为一个整体进行研究时，计算追踪列车间隔时间的最小空间间隔应如图 2-9 所示，当前行列车出清了车站闭塞分区，在确保行车安全的条件下，续行列车以列车运行图规定的速度恰好位于某一通过信号机或闭塞分区分界点的前方。按追踪运行列车先后经过车站必须保持的最小空间间隔计算得到的间隔时间，即为追踪列车间隔时间。

由图 2-9 可知，续行列车从初始位置至前行列车所处位置，需经历进站运行、制动、停车和加速出站 4 项作业过程，即追踪列车间隔时间应由 4 个单项作业时间组成，计算公式为

$$h = t_运 + t_制 + t_站 + t_加$$

式中　$t_运$——列车从经过某一通过信号机或闭塞分区分界点时起至开始制动时的运行时间（s）；

　　　$t_制$——列车从开始制动时起至在站内停车时止的常用制动时间（s）；

　　　$t_站$——列车运行图规定的列车停站时间（s）；

　　　$t_加$——列车从在车站起动加速时起至出清车站闭塞分区时止的时间（s）。

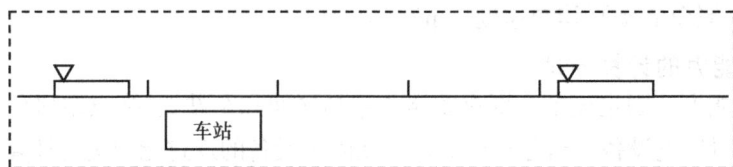

图 2-9　追踪列车先后经过车站时的运行位置

2. 折返设备通过能力的计算

（1）列车折返设备通过能力计算的一般公式。列车折返设备通过能力应按不同的列车折返方式分别进行计算。根据终点站折返布置的不同，列车折返方式有站后折返和站前折返两种。站后折返是列车利用站后尽端折返线进行折返，站前折返是列车经由站前渡线进行折返。计算列车折返设备通过能力的一般公式为

$$n_{折返} = 3600 / h_发$$

式中　$n_{折返}$——列车折返设备在小时内能够折返的最大列车数（列）；

　　　$h_发$——折返列车在终点站的最小出发间隔时间（s）。

（2）最小出发间隔时间计算。折返列车在终点站最小出发间隔时间的长短反映了列车在终点站的折返迅速程度，是决定列车折返设备通过能力大小的基本参数，也是影响轨道交通系统通过能力的主要因素之一。应该说明，由于折返列车在终点站的最小出发间隔时间的计算公式是在列车利用站后尽端折返线进行折返和站前双渡线侧向到达直向出发进行折返两种情况下进行推导的，因而它们的应用有一定的条件。

① 利用站后尽端折返线进行折返。列车在终点站的折返作业过程如图 2-10 所示：上行到达列车进站，停靠车站站台（a），在规定的列车停站时间内乘客下车完毕，列车由车站正线进入尽端折返线（b），调车进路可以预办；列车在折返线停留至规定时间后，能够进入下行车站正线、停靠车站站台（c）的前提条件是前一列下行列车出发并已经驶离车站闭塞分区，同时道岔开通下行车站正线和调车信号开放。显然，在采用站后折返方式时，当上行到达列车在折返线规定的停留时间结束后，即能进入下行车站正线，此时有最小的折返列车出发间隔时间。可以证明在采用站后折返方式时，折返列车在终点站的最小出发间隔时间在数值上等于前后两列折返列车由折返线进入车站出发正线的时间间隔，即

$$h_发 = t_站 + t_{离去} + t_{作业} + t_{确认} + t_{出线}$$

式中　$t_{站}$——终点站列车停站时间（s）；

　　　$t_{离去}$——出发列车驶离车站闭塞分区的时间（s）；

　　　$t_{作业}$——车站为折返线停留列车办理调车进路的时间，包括道岔区段进路解锁延迟
时间、排列进路时间和开放调车信号时间（s）；

　　　$t_{确认}$——司机确认信号时间（s）；

　　　$t_{出线}$——列车从折返线至车站出发正线的走行时间（s）。

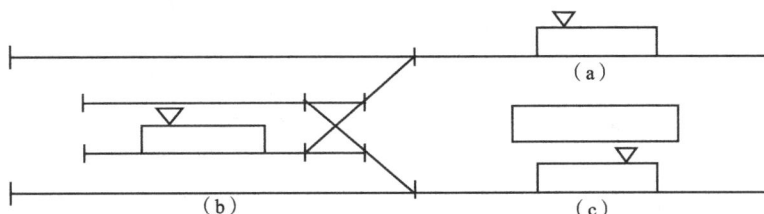

图 2-10　站后折返时列车折返作业过程

　　② 利用站前双渡线进行折返。列车在终点站的折返进路可以有侧向到达、直向出发
和直向到达、侧向出发两种情形。但从列车进站应减速、出站需加速考虑，侧向到达、直
向出发是采用站前双渡线折返时较为合理的列车进出站运行组织办法。此时，列车在终点
站的折返作业过程如图 2-11 所示：上行到达列车由进站信号机处（a）侧向进站，停靠下
行车站正线（b），在规定的列车停站时间内乘客上下车完毕；然后由车站出发驶离车站闭
塞分区（c），并为下一列进站折返列车办妥接车进路。由图 2-12 可知，在采用站前双渡线
进行折返时，当进站列车位于进站信号机外方确认信号距离处时，即能进入下行车站正线，
这时有最小的折返列车出发间隔时间，即

$$h_{发} = t_{确认} + t_{进站} + t_{站} + t_{离去} + t_{作业}$$

式中　$t_{进站}$——列车从进站信号机处至车站正线的走行时间（s）；

　　　$t_{作业}$——车站为进站列车办理接车进路的时间，包括道岔区段进路解锁延迟时间、排
列进路时间和开放进站信号时间（s）。

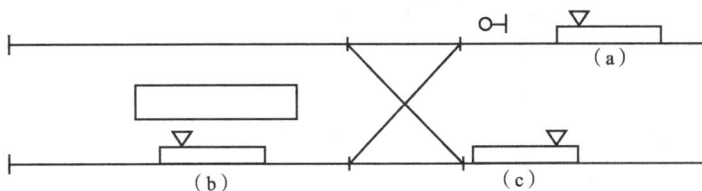

图 2-11　站前折返时列车折返作业过程

3. 通过能力的最终确定

　　在计算完所有固定设备的通过能力后，其中能力最薄弱的环节限制了整个系统的通过
能力，即为最终的通过能力。

（三）案例模块

　　某一城市轨道交通轨 1 号线部分运营资料如下：列车从经过前一通过信号机或闭塞分

区分界点时起至开始制动时的运行时间 $t_运$ 为 100s；列车从开始制动时起至在站内停车时止的常用制动时间 $t_制$ 为 10s；列车运行图规定的列车停站时间 $t_站$ 为 30s；列车从在车站起动加速时起至出清车站闭塞分区时止的时间 $t_加$ 为 10s；且列车采用尽端式折返，折返列车出发间隔时间 $h_发$ 为 3min，且车辆段设备和供电设备对其能力不造成限制，试分析其通过能力。

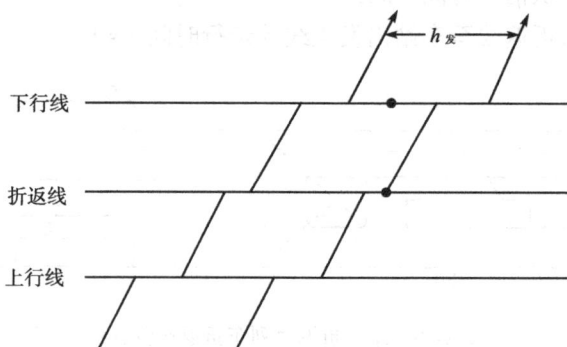

图 2-12   站前折返时列车出发间隔时间

（1）求其线路通过能力。

$$h = 100 + 10 + 30 + 10 = 150s$$
$$n_{max} = 3600 / h = 3600/150 = 24 \text{ 对/小时}$$

（2）求其折返设备通过能力。

$$n_折返 = 3600 / h_发 = 3600/3 \times 60 = 20 \text{ 对/小时}$$

（3）通过能力的最终确定：因折返设备通过能力较小，限制了整个系统的通过能力，所以系统最终通过能力为 20 对/小时。

（四）实操模块

【实训任务】根据已知数据，分析某一线路通过能力。

【实训目的】了解通过能力分析的过程。

【实训要求】充分理解通过能力的概念，清楚通过能力的计算原理。

【实训设备】原始数据及相关计算资料。

【实训环境】理实一体化教室。

【实训指导】指导老师讲解分析任务步骤及分析结果要求，学生按步骤进行每个通过能力分析并得出最终结论。

【实训练习题】通过能力会受到哪些固定设备的影响？

【实训考评】通过能力分析步骤正确，结论正确。

课后习题

一、简答题

1．通过能力的概念和意义是什么？

2．通过能力是由哪些固定设备决定的？

3. 通过能力的计算原理是什么？

二、实训题

利用站前双渡线进行折返时，如图 2-11 所示，上行到达列车由进站信号机处（a）侧向进站，停靠下行车站正线（b），用时 60s，在规定的列车停站时间 30 s 内乘客上下车完毕；然后由车站出发驶离车站闭塞分区（c），用时 20s；随后，车站为下一列进站折返列车办妥接车进路，用时 60 s；期间司机确认信号显示的时间共为 10s。求其折返设备通过能力。

任务六　输送能力分析

学习目标

（1）了解输送能力的概念；
（2）了解输送能力分析的意义；
（3）了解输送能力的计算方法。

学习任务

理解并会分析输送能力。

工具设备

多媒体教学设备。

教学环境

多媒体教室或现场参观。

（一）理论模块

1．输送能力的概念

输送能力是指在一定的车辆类型、信号设备、固定设备和行车组织方法条件下，按照现有活动设备和乘务人员数量，轨道交通系统在单位时间内（通常是高峰小时、一昼夜或一年）所能运送的乘客人数。

2．输送能力的意义

通过能力反映的是线路能开行的列车数，它是输送能力的基础。输送能力是运输能力的最终体现，它反映了在开行列车数一定的前提下，线路所能运送的乘客人数。在通过能力一定的条件下，线路的最终输送能力还与车站设备的设计容量存在密切关系。这些设备包括站台、楼梯、自动扶梯、出入口和通道等。

3．输送能力的计算

轨道交通线路的输送能力是衡量其服务水平和技术水平的重要指标。

轨道交通线路在单位时间内所能运送的乘客人数，在线路通过能力一定的条件下，主要取决于列车编组辆数和车辆定员人数。

$$P = n_{max} m P_{车}$$

式中　P——线路在小时内最大输送能力（人）；

　　　$P_{车}$——车辆定员数（人）。

4．影响输送能力的因素

1）列车编组辆数

列车编组辆数确定的主要依据是预测的规划年度早高峰小时最大断面客流量，计算公式为

$$m=\frac{P_{\max}}{n_{高峰}P_{车}}$$

此外，在确定列车编组辆数时还应考虑如下制约因素：

（1）站台长度限制。在大多数的线路上，当列车编组达到 8 辆时，列车长度将和站台长度相等。

（2）对线路通过能力的影响。当列车长度接近站台长度时，要求列车在车站指定位置准确停车，通常要增加停车附加时间。并且，由追踪列车间隔时间的分析计算可知，列车长度也是一个影响变量。

（3）经济合理性。采用长编组列车，车辆满载率在非运营高峰时间内一般较低。

2）车辆定员人数

车辆定员人数由车辆的座位人数和站位人数组成。站位面积为车厢面积减去座位面积，站位人数可按每平方米 6 人计算，显然，轨道交通线路车辆的尺寸大小、坐席布置方式是决定车辆定员人数多少的主要因素。如表 2-22 所示为部分城市地铁系统的车辆尺寸和车辆定员情况。

表 2-22　部分城市地铁系统的车辆尺寸和车辆定员人数情况

城市	洛杉矶	新加坡	香港	上海	莫斯科
车宽/m	3.08	3.2	3.11	3.00	2.71
车长/m	22.78	23.65	22.85	24.14	19.21
座位/人	68	62	48	62	47
站位/人	164	258	279	248	187
定员/人	232	320	327	310	234
制造国	意大利	日本	英国	德国	前苏联

（二）技术模块

输送能力的分析计算及最终确定步骤。

（1）计算通过能力。

（2）确定列车编组辆数。列车编组辆数确定的主要依据是预测的规划年度早高峰小时最大断面客流量，计算公式如下：

$$m=\frac{P_{\max}}{n_{高峰}P_{车}}$$

（3）确定车辆定员人数。车辆定员人数由车辆的座位人数和站位人数组成。站位面积为车厢面积减去座位面积，站位人数可按每平方米 6 人计算。

（4）最终计算输送能力：

$$P=n_{\max}mP_{车}$$

（三）案例模块

某轨道交通 3 号线运营数据显示，其通过能力为每小时 30 对；据预测其高峰小时单向最大断面客流量为 39 000 人，实际高峰小时开行的列车数量为 25 对，其使用车型车辆定员数为 280 人，列车平均满载率为 90%，计算其输送能力。

（1）通过能力 n 为 20 对/小时。

（2）确定列车编组辆数：

$$m=\frac{P_{\max}}{n_{高峰}P_{车}}=390\ 00/25\times280=6\ 辆$$

（3）确定车辆定员人数：实际车辆载客人数平均为

$$280\times90\%=252\ 人$$

（4）最终计算输送能力：

$$P=n_{\max}mP_{车}=25\times6\times252=37\ 800\ 人$$

（四）实操模块

【实训任务】输送能力分析。

【实训目的】了解输送能力分析的意义及办法。

【实训要求】掌握输送能力的概念及计算原理。

【实训设备】某运营实例资料或数据。

【实训环境】理实一体化教室。

【实训指导】指导老师讲述输送能力分析步骤及所需资料，学生按要求做分析计算。

【实训练习题】输送能力的影响因素有哪些？

【实训考评】分析步骤正确、结论正确。

课后习题

一、简答题

1．输送能力的概念和意义是什么？

2．输送能力会受到哪些因素的影响？

3．输送能力的计算步骤有哪些？

二、实训题

某轨道交通 3 号线运营数据显示，其通过能力为每小时 30 对；据预测其高峰小时单向最大断面客流量为 38 900 人，实际高峰小时开行的列车数量为 26 对，其使用车型车辆定员数为 280 人，列车平均满载率为 90%，计算其输送能力。

任务七　运输能力加强

学习目标

（1）理解运输能力加强的意义；

（2）会分析运输能力加强的时机；

（3）提出合理的运输能力加强的措施。

学习任务

掌握运能—运量适应分析和运输能力加强的措施。

工具设备

多媒体教学设备。

教学环境

多媒体教室或现场参观。

（一）理论模块

1．运输能力加强的意义

在既有轨道交通系统运营过程中，线路能力通常是相对固定的。但随着城市经济的不断发展，以及市民出行需求的不断增加，客流则往往呈逐年增长的态势，这种情况下，线路能力不足的问题就会逐渐凸现出来。线路能力的不足意味着增加开行列车受到限制，列车过分超载，又难免降低轨道交通系统的客运服务质量，而车站上下车乘客的拥挤，又常常会使列车在车站上延长停站时间，打乱列车运行图，使已经非常紧张的线路能力不能得到有效利用。因此，为了适应客流的增长，轨道交通系统应及时和有计划地采取加强运输能力的措施，不断提高运输能力。

应该指出，虽然人们通常总是在线路运输能力接近饱和时来研究加强运输能力的措施，但在有些情况下，尽管线路运输能力还有一定的后备，通过采用新的技术设备或加强现有的技术设备，可以达到提高服务水平、降低运输成本、提高劳动生产率、改善劳动条件和加强行车安全的目的，因而也是必要的和合理的。

运能—运量适应分析：在主要解决运输能力不足的情况下，是否需要采取加强运输能力的措施，应通过运能—运量适应性分析来确定，即根据轨道交通线路的高峰小时现有运输能力，能否适应一定规划年度高峰小时需要运输能力来确定。关于高峰小时现有运输能力的计算确定，已在前面部分中进行过分析讨论，并提出了计算确定的原理和方法。至于高峰小时需要运输能力，可以根据预测的一定规划年度高峰小时最大断面客流量进行计算确定。

2．运输能力加强的途径

运输能力加强主要有修建新线、增加行车密度和增加列车定员三条途径。

（1）修建新线。新线路的建成运营能使单线线路成为双线线路或使双线线路成为多线线路，逐步形成轨道交通网络，这样无疑能使运输能力有较大的提高，满足城市公共客运交通的需求，提高轨道交通系统的客运服务水平。

（2）增加行车密度。由于修建新线会遇到资金、土地及环保等一系列的困难或限制，并且修建新线也不是在任何客流条件下都是合理经济的。因此，增加既有线行车密度是提高既有线运输能力的基本途径。增加行车密度的通过能力提高值可由下式表示：

$$\Delta n_{max} = 3600(1/h'' - 1/h')$$

式中　$\Delta n_{\max}$——增加行车密度后的小时通过能力提高值（列或对）；

　　　$1/h''$——增加行车密度后的追踪列车间隔时间（s）；

　　　$1/h'$——增加行车密度前的追踪列车间隔时间（s）。

（3）增加列车定员。通过增加列车编组辆数、采用大型车辆或优化车辆内部布置来增加列车定员，是提高既有线运输能力的又一途径。但地铁列车的扩大编组往往受到站台长度的限制；而街面运行轻轨列车的编组辆数太多，则会在平交道口产生影响其他交通的问题。增加列车定员的输送能力提高值可由下式表示：

$$\Delta P = n_{\max}(P''_{列} - P'_{列})$$

式中　ΔP——增加列车定员后的小时输送能力提高值（人）；

　　　$P''_{列}$——增加列车定员后的列车定员数（人）；

　　　$P'_{列}$——增加列车定员前的列车定员数（人）。

根据各国轨道交通系统的运营实践，在扩能的途径方面，加强既有线运输能力通常是增加行车密度和增加列车定员二者并举，并以增加行车密度为主。

（二）技术模块

1．加强运输能力措施的类型

运输能力是通过能力与输送能力的总称，而通过能力又主要由线路通过能力和列车折返能力二者中的能力较小者所决定。加强运输能力的措施有多种多样，各种加强运输能力措施能解决的内容也不一样，但尽管如此，加强运输能力的措施大体上还是可以分为运输组织措施和设备改造措施两大类。

运输组织措施是指运用比较完善的行车组织方法，更好和更有效地使用既有技术设备，无须大量投资就能使运输能力达到提高的措施，例如，优化列车运行图、扩大列车编组、合理规定列车停站时间、科学组织列车折返作业过程、改善列车乘务制度和采用各种在短时期内能提高通过能力的措施，等等。

设备改造措施是指需要大量投资来加强技术设备的措施。随着科学技术的进步，必须不断地以先进的技术设备来装备轨道交通系统，以加强轨道交通运输的物质技术基础，提高运输能力。这些措施包括进一步修建线路、改造既有线路与车辆段、采用先进的信号和列车运行控制系统以及购买新型车辆等。

根据各国轨道交通系统的运营实践，在扩能的措施方面，加强既有线运输能力通常是运输组织措施和设备改造措施二者并用，但在线路行车密度已经很大的情况下，要较大幅度地提高运输能力，往往需要通过采用设备改造措施来实现。

2．加强线路通过能力的措施

线路通过能力是由追踪列车间隔时间的大小决定的，而追踪列车间隔时间是追踪运行的续行列车从某一初始位置至前行列车所处位置所经历的时间总和，即续行列车的进站运行、制动停车、停站作业和加速出站4个单项作业的时间总和。因此，根据追踪列车间隔时间计算的原理，可以通过缩短列车的运行时间、加减速附加时间和停站时间等措施来最终达到缩短追踪列车间隔时间，加强线路通过能力的目的。

（1）在既有单线或双线基础上建成双线或四线。采用该措施能大幅度提高线路通过能力，但修建四线的情况在国外也不多见。

（2）改造线路平、纵断面。采用该措施能提高行车速度，进而提高线路通过能力。但改造线路平、纵断面受到经济性、施工困难、影响日常行车等因素的制约。因此，该措施在旧式有轨电车线路改造为轻轨线路时多见采用，而在既有轻轨或地铁线路情况下，则更倾向于采取用新型车辆来适应线路条件的做法。

（3）客流量较大中间站修建侧线。采用该措施使侧式站台变成岛式站台，单向运行列车能在站台两侧轮流停靠，这样可以缩短构成追踪列车间隔时间的列车停站时间部分，较大幅度提高线路通过能力。该措施一般适用于地面线路情况。

（4）客流量较大中间站增建站台。该措施通常是在岛式站台情况下采用，使停站列车的两侧均有站台，乘客能从两侧上下车或上下车分开，缩短列车停站时间，提高线路通过能力。此外，在增建站台时也可根据客流需求同步修建侧线，并且该措施一般也适用于地面线路情况。

（5）使用新型车辆。新型车辆的含义包括车辆运行性能改善和安装车载控制设备等。车辆运行性能主要包括车辆构造速度、车辆起动平均加速度和制动平均减速度等运行参数，车载控制设备主要有车载制动控制和车载道岔自动转换设备等。车辆运行性能改善和安装车载控制设备能提高列车运行速度，缩短追踪列车间隔时间。

（6）改进车辆设计。车辆上的新设计通常是针对缩短列车停站时间、增加车辆定员和提高乘车舒适程度等进行的。就缩短列车停站时间、提高线路通过能力而言，国外已设计制造出 6 车门车辆，以缩短乘客上下车总时间。

（7）采用先进的列车运行控制系统。对安装自动闭塞、三显示带防护区段的信号设备以及采用调度集中控制方式的线路，该措施能较大幅度提高线路通过能力。轨道交通线路采用的先进的列车运行控制系统，常见的有列车自动控制系统（ATC），它由列车自动防护（ATP）、列车自动监控（ATS）和列车自动操纵（ATO）三个子系统组成；在实践中，也有单独采用基于计算机控制的 ATP 子系统的情况，它的主要功能是使列车的调速制动实现连续化、自动以达到提高列车运行速度及缩短追踪列车间隔时间的目的。

（8）改用移动闭塞。在列车追踪运行过程中，移动闭塞能使后行列车与前行列车始终保持一个自动控制程序规定的最小安全间隔距离，而不是原先固定闭塞时规定必须间隔若干个闭塞分区所形成的安全间隔距离。因此，用移动闭塞取代固定闭塞，能缩短追踪列车间隔时间。

（9）分割车站区域轨道电路。通过分割车站区域轨道电路，增加了一个前行列车离去速度监督等级。

（10）采用跨站停车的列车运行组织方式。该措施将全线车站分成 A、B、C 三类，线路上 A、B 类车站按间隔分布确定，C 类车站按每隔四五座车站选择一站，所有追踪运行列车均应在 C 类车站停车作业，但在 A、B 两类车站分别停车作业。该措施减少了列车停站次数，能提高线路通过能力，同时也压缩了旅行时间。但由于去 A 或 B 类车站的乘客需在 C 站换乘，乘客会感到不太方便。

（11）加强站台乘车组织。乘客为了到站后能减少出站走行距离和避免出站验票人多时的时间延误，往往喜欢在靠近出站口的位置候车，而列车内乘客分布的不均匀又造成列车在车站的停站时间延长。采用该措施就是通过站台客运员的组织，使列车内的乘客尽可能分布均匀，以减少列车停站时间、提高线路通过能力。

3．加强列车折返能力的措施

在行车密度比较高的情况下，线路终点站的列车折返能力往往会成为限制通过能力的薄弱环节。影响列车折返能力的主要因素，在站后折返情况下有固定终点站列车停站时间、出发列车驶离车站闭塞分区时间、车站为折返线列车办理调车进路时间、列车从折返线至出发站线的走行时间等；在站前折返情况下有列车从进站信号机至到达站线的走行时间、固定终点站列车停站时间、出发列车驶离车站闭塞分区时间、车站为进站列车办理接车进路时间等。针对上述各种影响因素，加强列车折返能力的措施主要有以下几种。

（1）在终点站修建环形折返线。折返站的这种站场配置能缩短乘客上下车总时间、消除列车在折返线等待前行列车腾空站线的时间，提高终点站的列车折返能力。

（2）增建侧式站台。采用该措施形成一岛一侧式出发站台组合，可以缩短乘客上车总时间，加速列车的折返周转。该措施一般适用于地面线路情况，由于土建工程量较大，是否必须采用应在与其他扩能方案的运营经济性比较后确定。采用该措施后能减少列车等待进路空闲情况，缩短列车的折返时间。

（3）优化折返站的道岔与轨道电路设计。例如，将渡线道岔按两个单动道岔进行设计和将站内轨道电路进行分割等。采用这些措施后，能减少等待进路空闲情况，缩短列车折返时间。

（4）折返站采用自动信号设备。采用该措施后，道岔转换、排列进路、信号开放及进路解锁等能根据列车折返运行情况自动进行。这样，列车在折返作业过程中，能减少办理调车或接车进路时间，从而达到加速列车折返的目的。

（5）在折返线上预置一列车周转。在前行列车已经腾空出发站线，而续行列车还未进入折返线或在折返线停留过程中，此时采用该措施能提高列车折返能力。

（6）改变折返方式。通过采用不同的折返方式来缩短折返列车在终点站的出发间隔时间。

（7）调整列车乘务组劳动组织。该措施通过列车司机与车长的职责互换，消除司机在折返线的更换驾驶室走行时间消耗，缩短列车在折返线的作业停留时间，这样可以避免前行列车已经腾空出发站线，而续行列车还在折返线停留过程中，提高列车折返能力。

4．加强输送能力的措施

在通过能力一定的条件下，决定输送能力的因素是列车编组辆数和车辆载客人数。因此，加强输送能力的措施主要有以下几项。

（1）增加列车编组辆数。采用该措施能较大幅度提高输送能力，但列车扩大编组受到站台长度、运营经济性等因素制约。

（2）采用大型车辆。由于大型车辆定员多，大型车辆是目前新建客流较大的轨道交通线路，尤其是地铁线路的优选车型。

（3）优化车辆内部布置。该措施的基本出发点是在车辆尺寸一定的条件下，通过将双坐椅改为单坐椅或将纵向的固定坐椅改为折叠坐椅，来增加车辆载客人数，达到增加列车定员的目的。改为折叠坐椅后，在高峰运输期间可翻起坐椅，增加车内站立人数，同时也提高了平均乘车舒适程度。

（三）实操模块

【实训任务】运输能力加强的措施分析。

【实训目的】了解运能—运量适应分析的意义及办法。

【实训要求】掌握运输能力加强的各种措施和方法。

【实训设备】某运营实例资料或数据。

【实训环境】理实一体化教室。

【实训指导】指导老师讲述运输能力分析步骤及所需资料，学生按要求做分析并提出加强能力措施。

【实训练习题】运输能力加强的途径有哪些？

【实训考评】分析步骤正确、结论正确。

【操作运用案例】加强运输能力的措施制定

1．实训项目教师工作活页

实训项目教师工作活页　　　　　　　　　　NO：_____

实训项目		加强运输能力的措施制定			
学　　时		2	班　　级		略
实训场所		城市轨道交通理实一体化教室			
工具设备					
教学目标	专业能力	（1）掌握通过能力加强的途径和方法 （2）掌握客流量的统计方法			
	方法能力	（1）能综合运用专业知识，通过利用专业书籍、查阅文献和资料获得相关专业知识与信息 （2）能根据实训项目学习任务确定实训方案			
	社会能力	（1）能在实习训练活动中保持刻苦钻研的学习态度 （2）能与小组成员和教师就学习中的问题进行交流和沟通 （3）能与他人协调配合，具有较好的合作能力和团队精神 （4）锻炼查找资料和收集资料的能力			
教学活动		略（详见教学活动设计）			
教学评价		学生活动： （1）以8～10人小组为单位执行实训任务，根据本组同学在实训过程中的能力表现及结果进行自评和组内互评 （2）其他小组根据成果展示活动中的表现结果进行互评 教师活动： （1）教师组织学生开展互评活动 （2）对学生做出综合评价			
教学资料		（1）城市轨道交通运输设备教材 （2）地铁公司资料 （3）实训项目学生学习活页（附页）			
指导教师			教学时间		年　　月　　日

2．实训项目学生学习活页

实训项目　加强运输能力的措施制定

班级：_____　姓名：_____　学号：_____　时间：_____

一、实训目标

　　1．专业能力目标

　　（1）掌握通过能力加强的途经方法；

　　（2）掌握客流量的统计方法。

　　2．方法能力目标

　　（1）能综合运用专业知识，通过利用专业书籍、查阅文献和资料获得相关知识与信息；

　　（2）能根据实训项目学习任务确定实训方案。

　　3．社会能力目标

　　（1）能在实习训练活动中保持刻苦钻研的学习态度；

　　（2）能与小组成员和教师就学习中的问题进行交流和沟通；

　　（3）能与他人协调配合，具有较好的合作能力和团队精神；

　　（4）锻炼查找资料和收集资料的能力。

二、知识总结

　　1．通过能力的分析与计算。

　　2．通过能力加强的措施分析。

　　3．客流量统计计算方法。

三、操作运用

　　1．统计客流量。

　　2．掌握通过能力加强的常见方法。

　　3．以实训题为实例，计算并分析通过能力加强的方法及措施。

续表

四、实训小结

_____

_____

_____

五、成绩评定

1. 学生评价

评价等级	A—优	B—良	C—中	D—及格	E—不及格
学生自评					
组内互评					
他组互评					

2. 教师评价

评价等级	A—优	B—良	C—中	D—及格	E—不及格
专业能力					
方法能力					
社会能力					
评价结果					

3. 综合评价

评价等级	A—优	B—良	C—中	D—及格	E—不及格
评价结果					

注：按照学生自评占 10%、组内互评占 10%、他组互评占 20%、教师评价占 60%的比例计分。其中，A—100 分，
　　B—85 分，C—75 分，D—60 分，E—50 分。

4. 评价量规

等　　级	行为表现描述
A	能圆满、高效地完成实训任务的全部内容
B	能顺利完成实训任务的全部内容
C	能完成实训任务的全部内容，但需要一些帮助和指导
D	自己只能完成实训任务的部分内容，但在现场的指导下，已经能完成任务的全部内容
E	不能完成实训任务的全部内容

课后习题

一、简答题

1. 输送能力加强的途径有哪些？

2. 通过能力加强的途径有哪些？

3. 运输能力加强的合理时机如何确定？

二、实训题

某轨道交通 3 号线运营数据显示，其通过能力为每小时 30 对；现有通过能力为每小时 23 对，其车辆编组为 6 辆，车辆定员为 56 人，据调查高峰小时最大断面客流量以每年 200 人的速度增加，试确定其通过能力的加强时机和加强措施。

项目三　列车自动运行控制系统认知

在确保安全的前提下，为了实现列车快速和高密度运行，要缩短列车运行时间的间隔，将自动运行和运行管理有机结合起来，进一步提高运输能力和服务能力，关键在于发展列车自动控制技术。列车自动控制技术将现代工业自动控制技术、计算机技术与信号、数据、通信、传感和信息传输技术有机结合起来，应用于列车智能化控制。该系统是在机车信号和列车自动停车装置的基础上发展起来的，其基本原理是通过列车及其后续列车之间的距离和进路条件，在后续车站之间不间断地显示允许的速度（信号），并利用该信号显示自动控制后续列车的运行。该系统由于取消了传统的地面信号，将机车信号提升为主体信号指示和控制列车运行的速度，因此能可靠地防止因司机失误而冒进或追尾等事故的发生。

任务一　列车自动控制系统（ATC）认知

学习目标

（1）了解城市轨道交通 ATC 的基本组成和作用；

（2）了解城市轨道交通 ATC 的种类。

学习任务

（1）认知列车运行自动驾驶系统（ATO）。

（2）认知列车运行自动防护系统（ATP）。

（3）认知列车运行自动监督系统（ATS）。

工具设备

（1）ATO 模拟系统。

（2）现场实际观摩。

教学环境

ATO 模拟系统实训室教学加企业实训。

（一）理论模块

1. ATC 的基本组成

城市轨道交通信号系统通常由列车自动控制系统（Automatic Train Control，ATC）组成，ATC 系统包括三个子系统：

（1）列车运行自动驾驶系统（Automatic Train Operation，ATO）。

（2）列车运行自动防护系统（Automatic Train Protection，ATP）。

（3）列车运行自动监督系统（Automatic Train Supervision，ATS）。

三个子系统通过信息交换网络构成闭环系统，实现地面控制与车上控制结合、现地控制与中央控制结合，构成一个以安全设备为基础，集行车指挥、运行调整以及列车驾驶自动化等功能为一体的列车自动控制系统。

2．列车自动控制系统（ATC）分类

（1）按闭塞布点方式可分为固定式和移动式。

（2）按机车信号传输方式可分为连续式和点式。

（3）按各系统设备所处地域可分为控制中心子系统、车站及轨旁子系统、车载设备子系统、车场子系统。

3．固定闭塞 ATC 系统

固定闭塞 ATC 系统是指基于传统轨道电路的自动闭塞方式，闭塞分区按线路条件经牵引计算来确定，一旦确定将固定不变。列车以闭塞分区为最小行车间隔，ATC 系统根据这一特点实现行车指挥和列车运行的自动控制。固定闭塞 ATC 系统按控制方式又可分为速度码模式（阶梯式）和目标距离码模式（曲线式）。

1）速度码模式（阶梯式）

北京地铁和上海地铁 1 号线分别引进的英国西屋公司和美国 GRS 公司的 ATC 系统均属速度码模式 ATC 系统，该系统属 20 世纪七八十年代的产品，技术成熟、造价较低，但因闭塞分区长度的设计受限于最不利线路条件和最低列车性能，不利于提高线路运输效率。固定闭塞速度码模式 ATC 系统是基于普通音频轨道电路，轨道电路传输信息量少，对应每个闭塞分区只能传送一个信息代码，从控制方式可分成入口控制和出口控制两种，从轨道电路类型划分可分为有绝缘和无绝缘轨道电路两种。

以出口防护方式为例，如图 3-1 所示，轨道电路传输的信息即该区段所规定的出口速度命令码，当列车运行的出口速度大于本区段的出口命令码所规定的速度时，车载设备便对列车实施惩罚性制动，以保证列车运行安全。由于列车监控采用出口检查方式，为保证列车安全追踪运行，需要一个完整的闭塞分区作为列车的安全保护距离，限制了线路通过能力的进一步提高和发挥。能提供此类产品的公司有英国 WSL 公司、美国 GRS 公司、法国 ALSTOM 公司、德国西门子公司等。

2）目标距离码模式（曲线式）

目标距离码模式一般采用音频数字轨道电路或音频轨道电路加电缆环线或音频轨道电路加应答器，具有较大的信息传输量和较强的抗干扰能力。通过音频数字轨道电路发送设备或应答器向车载设备提供目标速度、目标距离、线路状态（曲线半径、坡道等数据）等信息，车载设备结合固定的车辆性能数据计算出适合于列车运行的目标距离速度模式曲线（最终形成一段曲线控制方式），保证列车在目标距离速度模式曲线下有序运行。不仅增强了列车运行的舒适度，而且列车追踪运行的最小安全间隔缩短为安全保护距离，有利

于提高线路的通过能力。例如，上海地铁 2 号线引进美国 US&S 公司、明珠线引进法国 ALSTOM 公司和广州地铁 1、2 号线引进德国西门子公司的 ATC 系统均属此类。

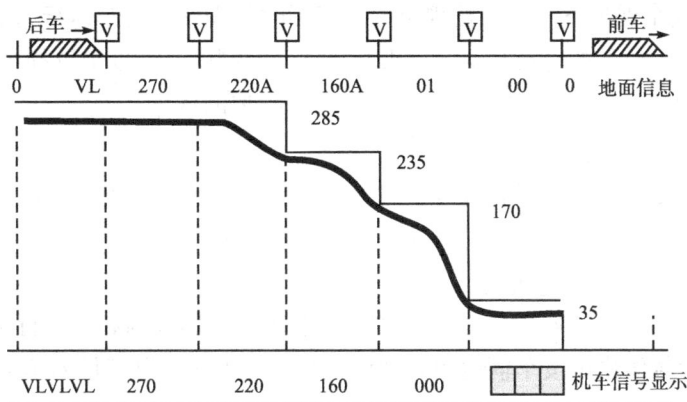

图 3-1　出口防护曲线

4. 移动闭塞 ATC 系统

移动闭塞方式的 ATC 系统通常采用无线通信、地面交叉感应环线、波导等媒体，向列控车载设备传递信息。列车安全间隔距离是根据最大允许车速、当前停车点位置、线路等信息计算得出的，信息被循环更新，以保证列车不间断收到即时信息。

移动闭塞 ATC 系统是利用列车和地面间的双向数据通信设备，使地面信号设备可以得到每一列车连续的位置信息，并据此计算出每一列车的运行权限，动态更新发送给列车，列车根据接收到的运行权限和自身的运行状态，计算出列车运行的速度曲线，实现精确的定点停车，实现完全防护的列车双向运行模式，更有利于线路通过能力的充分发挥（见图 3-2）。

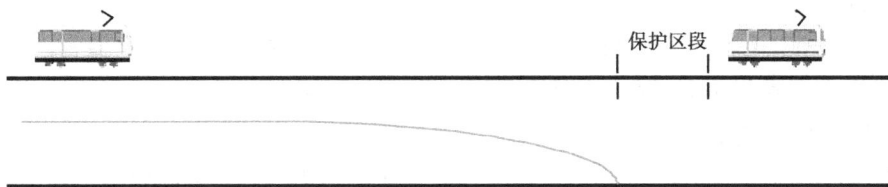

图 3-2　移动闭塞

移动闭塞 ATC 系统在我国还未有应用实例，国外能提供此类系统的公司有阿尔卡特公司交叉感应电缆作为传输媒介的 ATC 系统，在加拿大温哥华"天车线"和香港 KCRC 西部铁路等应用，技术比较成熟，但交叉感应轨间电缆给线路日常养护带来不便；美国哈蒙公司基于扩频电台通信的移动闭塞 ATC 系统应用在旧金山 BART 线，其系统结构、系统运用尚不成熟；阿尔斯通公司基于波导传输信息的移动闭塞 ATC 系统正在新加坡西北线试验段安装调试。

（二）技术模块

下面介绍信号系统运营模式。

1．ATS 自动监控模式

正常情况下 ATS 系统自动监控在线列车的运行，自动向联锁设备下达列车进路命令，列车在 ATP 的安全保护下由司机按规定的运行图时刻表驾驶列车运行。控制中心行车调度员仅需监督列车和设备的运行状况。每天开班前，控制中心调度员选择当日的行车运行图/时刻表，经确认或做必要的修改，作为当日行车指挥的依据。

2．调度员人工介入模式

调度员可通过工作站发出有关行车命令，对全线列车运行进行人工干预。调整列车运行计划包括对列车实施"扣车"、"终止站停"、改变列车进路、增减列车等。

3．列车出入车场调度模式

车辆调度员根据当日列车运行图/时刻表编制车辆运用计划和场内行车计划，并传至控制中心。车场信号值班员按车辆运用计划设置相应的进路，以满足列车出入段作业要求。

4．车站现地控制模式

除设备集中站外，其他车站不直接参与运营控制，车站联锁和车站 ATS 系统结合实现车站和中央两级控制权的转换。在中央 ATS 设备故障或经车站值班员申请，中央调度员同意放权后，可改由车站现地控制。

在现地控制模式下，车站值班员可直接操纵车站联锁设备，可将部分信号机置于自动模式状态，也可将全部信号机设为自动模式状态，控制中心行车调度员应通过通信调度系统与列车驾驶员、车站值班员保持联系。

5．车场控制模式

列车出入场和场内的作业均由场值班员根据用车计划，直接排列进路。车场与正线之间设置转换轨，出入场线与正线间采用联锁照查联系保证行车安全。

6．列车运行控制模式

列车在正线、折返线上运行作业时，常用 ATO 自动驾驶模式和 ATP 监督人工驾驶模式，限制人工驾驶和非限制人工驾驶模式均为非常用模式。

7．列车折返模式

列车在 ATP 监督人工驾驶模式下折返时，列车由人工驾驶自到达股道牵出至折返线，由司机转换驾驶端，并折返至发车股道。

在 ATO 有人驾驶模式下折返时，列车能以较合理的速度从到达股道牵出至折返线，由司机转换驾驶端和起动列车，然后从折返线进入发车股道。

任务二　列车自动监控系统（ATS）认知

学习目标

（1）了解城市轨道交通 ATS 的基本功能；

（2）了解城市轨道交通 ATS 运行模式；

（3）掌握 ATS 出现故障如何处理。

（一）理论模块

ATS 系统由控制中心、车站、车场及车载设备组成。ATS 系统在 ATP 系统的支持下完成对列车运行的自动监控，实现以下基本功能。

（1）通过 ATS 车站设备，能够采集轨旁及车载 ATP 提供的轨道占用状态、进路状态、列车运行状态以及信号设备故障等控制和监督列车运行的基础信息。

（2）根据联锁表、计划运行图及列车位置，自动生成输出进路控制命令，传送至车站联锁设备，设置列车进路、控制列车停站时分。

（3）列车识别跟踪、传递和显示功能。系统能自动完成正线区段内列车识别号（服务号、目的地号、车体号）跟踪，列车识别号可由中央 ATS 自动生成或调度员人工设定、修改，也可由列车经车—地通信向 ATS 发送识别号等信息。

（4）列车计划与实际运行图的比较和计算机辅助调度功能。能根据列车运行实际的偏离情况，自动生成调整计划供调度员参考或自动调整列车停站时分，控制发车时间。

（5）ATS 中央故障情况下的降级处理，由调度员人工介入设置进路，对列车运行进行调整，由 ATS 车站完成自动进路或根据列车识别号进行自动信号控制，由车站人工进行进路控制。

（6）在计算机辅助下完成对列车基本运行图的编制及管理，并具有较强的人工介入能力。通过设在车辆段的终端，向车辆段管理及行车人员提供必要的信息，以便编制车辆运用计划和行车计划。

（7）列车运行显示屏及调度台显示器，能对轨道区段、道岔、信号机和在线运行列车等进行监视，能在行调工作站上给出设备故障报警及故障源提示。

（8）能在中央专用设备上提供模拟和演示功能，用于培训及参观。能自动运行报表统计，并根据要求显示打印。

（9）能在车站控制模式下与计算机联锁设备结合，将部分或所有信号机置于自动模式状态。

（10）向通信无线、广播、乘客向导系统提供必要的信息。

（二）技术模块

ATS 系统是城市轨道交通系统的指挥中枢，其系统的可靠性和高可用性对保证整个交通系统的运营效率至关重要。当系统中的某些单元出现故障或运营过程中出现异常情况时，系统必须具备相应的应对策略。ATS 系统采用高可靠性的软件和硬件并采取冗余手段来保证系统的可靠性，此外，系统还应具备从高级的自动运行进路设置调整模式到低级的完全人工运营模式降级运行的功能，即使在最恶劣的情况下，ATS 也可通过人工来指挥运营。

通常，ATS 系统可在以下几种不同的进路设置模式下运行。

（1）自动进路设置调整模式。这是自动化程度最高的模式，在此模式下，ATS 系统控制、监视列车运行的整个过程，ATS 系统将根据计划时刻表和车站进路表自动设置列车进路，ATS 系统完成所有的自动进路和自动列车调整功能。

（2）降级模式下的进路设置模式。在此模式下，系统仍将自动完成所有的自动进路和调度功能，但不具自动运行调整能力。运营列车将一直使用预先设置的运行等级和站停时间运行。

（3）人工介入设置进路模式。在此模式下，ATS 系统只负责执行部分自动进路设置功能，由调度员人工介入设置进路对列车运行进行调整，由 ATS 车站完成自动进路或根据列车识别号进行自动信号控制，由车站人工进行进路控制。列车投入运行和退出系统都由操作员人工完成。

（4）完全人工模式。在此模式下，ATS 系统不能执行自动功能，由列车调度员负责进路设置、站停及运行控制等系统功能的安排。系统运行不同模式间的切换由调度员人工完成。在此模式下，调度员需保证系统具备适当的运行条件。

在任何情况下，人工控制都具有最高的控制优先级，以保证在系统故障时调度人员可随时进行人工干预。

（三）案例模块

下面以某地铁公司为例，介绍如何处理 ATS 故障。

（1）行调应授权给联锁站控制。

（2）联锁站值班员确认 LOW 工作站上的 RTU 降级模式是否激活，当"RTU 降级模式激活"时，保持原状态。若"RTU 降级模式未激活"时，联锁站应在确认列车进站停稳后人工在 LOW 工作站上取消运营停车点，当联锁区 RTU 降级模式未激活时，则在 LOW 工作站上设置进路。

（3）ATS 设备故障时，行调通知司机在显示屏上输入当时车次号，到换向运行时，输入新的目的地码和车次号，直至行调通知停止输入为止。

（4）行调收回控制权时止。

（5）铺画列车运行图，至 ATS 设备恢复正常，收回控制权时止。

（6）当车站在 LOW 工作站上取消不了运营停车点时，应立即报告行调，由行调转告司机，用 RM 模式驾驶列车出站，直至转换为 ATO 模式；当车站取消运营停车点而列车目标速度仍为零，且超过 30s 时，车站值班员应报告行调，由行调指示司机开车。ATO 驾驶恢复正常时，应向行调报告。

（7）当 ATS 的自动排进路或联锁系统（SICAS）的追踪进路不能自动排列时，应由人工介入，在 MMI 上或在 LOW 工作站上人工排列进路。

（8）当 ATS 设备发生故障时，行调使用 CLOW 监督全线列车运行状态。

【操作运用案例】ATS 的基本操作

1．实训项目教师工作活页

实训项目教师工作活页　　　　　　　　　　　　　　NO：_____

实训项目	ATS 的基本操作		
学　　时	8	班　　级	略
实训场所	城市轨道交通调度指挥实训室		
工具设备			

续表

教学目标	专业能力	（1）掌握 ATS 基本操作 （2）掌握接发列车基本技能 （3）掌握列车运行图基本技能
	方法能力	（1）能综合运用专业知识，通过利用专业书籍、查阅文献和资料获得相关专业知识与信息 （2）能根据实训项目学习任务确定实训方案
	社会能力	（1）能在实习训练活动中保持刻苦钻研的学习态度 （2）能与小组成员和教师就学习中的问题进行交流和沟通 （3）能与他人协调配合，具有较好的合作能力和团队精神 （4）锻炼查找资料和收集资料的能力
教学活动	略（详见教学活动设计）	
教学评价	学生活动： （1）以 8～10 人小组为单位执行实训任务，根据本组同学在实训过程中的能力表现及结果进行自评和组内互评 （2）其他小组根据成果展示活动中的表现结果进行互评 教师活动： （1）教师组织学生开展互评活动 （2）对学生做出综合评价	
教学资料	（1）城市轨道交通运输设备教材 （2）地铁公司资料 （3）实训项目学生学习活页（附页）	
指导教师	教学时间	年　月　日

2．实训项目学生学习活页

实训项目学生学习活页　　　　　NO：_____

实训项目　ATS 的基本操作

班级：_____　姓名：_____　学号：_____　时间：_____

一、实训目标

1．专业能力目标

（1）掌握 ATS 基本操作方法；

（2）掌握列车运行图基本知识；

（3）掌握接发列车基本要求。

2．方法能力目标

（1）能综合运用专业知识，通过利用专业书籍、查阅文献和资料获得相关知识与信息；

（2）能根据实训项目学习任务确定实训方案。

3．社会能力目标

（1）能在实习训练活动中保持刻苦钻研的学习态度；

（2）能与小组成员和教师就学习中的问题进行交流和沟通；

（3）能与他人协调配合，具有较好的合作能力和团队精神；

（4）锻炼查找资料和收集资料的能力。

二、知识总结

1．ATS 基本操作方法。

2．列车运行图的绘制方法和要素。

3．接发列车方法。

三、操作运用

1．演练 ATS 基本操作技巧。

2．根据列车运行图，调整列车运行。

3．人工排列进路。

四、实训小结

_____

_____

_____

五、成绩评定

1．学生评价

评价等级	A—优	B—良	C—中	D—及格	E—不及格
学生自评					
组内互评					
他组互评					

2．教师评价

评价等级	A—优	B—良	C—中	D—及格	E—不及格
专业能力					

续表

方法能力					
社会能力					
评价结果					

3. 综合评价

评价等级	A—优	B—良	C—中	D—及格	E—不及格
评价结果					

注：按照学生自评占10%、组内互评占10%、他组互评占20%、教师评价占60%的比例计分。其中，A—100分，B—85分，C—75分，D—60分，E—50分。

4. 评价量规

等　级	行为表现描述
A	能圆满、高效地完成实训任务的全部内容
B	能顺利完成实训任务的全部内容
C	能完成实训任务的全部内容，但需要一些帮助和指导
D	自己只能完成实训任务的部分内容，但在现场的指导下，已经能完成任务的全部内容
E	不能完成实训任务的全部内容

任务三　列车自动防护系统（ATP）认知

学习目标

（1）了解城市轨道交通 ATP 的基本功能；

（2）了解城市轨道交通 ATP 的工作原理；

（3）掌握 ATP 出现故障如何处理。

（一）理论模块

1. 工作原理

ATP 是一种带速度控制的列车自动防护系统，是线路上信号设备的补充，它是由地面信号和车载设备共同组成的闭环高安全系统，是地面联锁向车载设备的延伸而实现的行车方式，以安全—故障原则作为最重要的技术条件。列车通过 ATP 设备接收运行该区段的最高速度指示，并保证列车不超过此速度运行，从而保证了后续列车与先行列车之间的安全间隔距离。

在 ATP 计算机内，储存了必要的线路固定工程数据，如区间的线路布置、坡度、轨道电路长度、限速等。ATP 计算机根据已有的数据和当时的线路运行情况，按照一定的算法计算列车的最大允许速度，如图 3-3 所示。

前行列车 1 的位置或危险点经轨道电路传递给运行在线路区间的后续列车 2（见图3-3），对列车 2 而言，列车 1 的位置就是危险点，列车 2 可计算出到危险点的最大允许速度。列车 1 向前运动，则列车 2 的安全停车点（车站停车点不属于安全停车点）也随之变化，列车 2 实时计算到停车点的速度—距离曲线，如果列车实际速度高于最大允许速度，那系统就应先报警，若在规定时间内未将速度降到允许速度以下，则实施紧急制动。

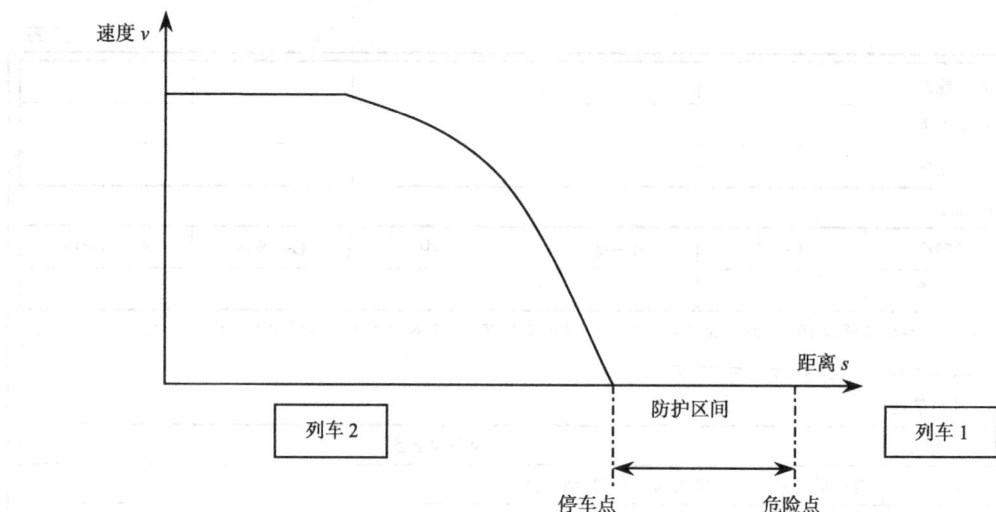

图 3-3　ATP 工作原理示意图

2．ATP 基本功能

ATP 系统由地面设备、车载设备组成，监督列车在安全速度下运行，确保列车一旦超过规定速度，立即施行制动，实现以下功能。

（1）自动连续地对列车位置进行检测，并向列车发送必要的速度、距离、线路条件等信息，以确定列车运行的最大安全速度。提供列车速度保护，在列车超速时提供常用制动或紧急制动，保证前行与后续列车之间的安全间隔，满足正向行车时的设计行车间隔和折返间隔。对反向运行列车能进行 ATP 防护。

（2）确保列车进路正确及列车的运行安全。确保同一径路上的不同列车之间具有足够的安全距离，以及防止列车侧面冲突。

（3）防止列车超速运行，保证列车速度不超过线路、道岔、车辆等规定的允许速度。

（4）为列车车门的开启提供安全、可靠的信息。

（5）根据联锁设备提供的进路上轨道区间运行方向，确定相应轨道电路发码方向。

（6）任何车—地通信中断以及列车的非预期移动（含退行）、任何列车完整性电路的中断、列车超速（含临时限速）、车载设备故障等均将产生安全性制动。

（7）实现与 ATS 的接口和有关的交换信息。

（8）系统的自诊断、故障报警、记录。

（9）列车的实际速度、推荐速度、目标速度、目标距离等信息的记录和显示。具有人工或自动轮径磨耗补偿功能。

（二）技术模块

ATP 系统的基本要求应符合下列规定：

（1）ATP 系统应由列车自动防护的轨旁设备、车载设备和控制区域内的联锁设备组成。

（2）地铁必须配置 ATP 系统，其系统安全失效率指标应优于 10^{-9}/h。ATP 系统内部设备之间的信息传输通道也必须符合故障—安全原则。

（3）闭塞分区的划分或列车运行安全间隔，应通过列车运行模拟确定。为保证行车安全，在安全防护地点运行方向的后方应设安全防护距离或防护区段，安全防护距离应通过计算确定。

（4）地铁的 ATP 系统应采用连续式控制方式，宜采用速度—距离制动模式。列车位置检查可采用轨道电路、轨道环路等方式实现。

（5）地铁宜采用计算机联锁设备，也可采用继电联锁设备。

（三）案例模块

下面以某地铁公司为例，介绍如何处理 ATP 故障。

（1）当列车在区间发生 ATP 车载设备故障时，行调命令司机以 URM 模式（限速40km/h）驾驶列车至前方站；列车到达前方站还不能修复时（或在车站发生故障），由行调命令司机和车站，并由车站值班员（或值班站长）上驾驶室添乘（员工车除外）沿途协助司机瞭望，监控速度表，列车按规定速度运行（最高运行速度为 65km/h），不准超速。遇到超速时，提醒司机控制速度，必要时，立即按压紧急停车按钮。该列车运行到前方终点站退出服务。

（2）行调应随时注意 ATP 车载设备故障的列车运行情况，严格控制确保列车与列车之间的最小间隔在两个区间以上，遇到两列车进入同一个区间时，应采取紧急措施扣停后面的列车。

（3）列车在运行中因道岔显示故障造成紧急停车（停在岔区）时，车站报告行调，通知信号检修人员，并及时安排站台站务带钩锁器到现场将道岔锁定后，行调通知司机限速15km/h 离开岔区。

任务四 列车自动操纵系统（ATO）认知

学习目标

（1）了解城市轨道交通 ATO 的基本功能；

（2）了解城市轨道交通 ATO 的特性；

（3）掌握 ATO 出现故障如何处理。

（一）理论模块

1．ATO 的特性

ATO 作为列车自动控制系统中的一个重要子系统，利用车载固化信息和地面信息实现对列车牵引、制动的控制，使列车经常处于最佳运行状态，提高乘客的舒适度、列车准点率，节约能源。ATO 是提高城市轨道交通列车运行水平（准点、舒适、节能）的重要技术，但它的功能是依靠 ATC 各子系统协调工作、共同完成的。ATO 并不是故障—安全系统，它的运行速度始终低于 ATP 的防护速度，且它的运行任务是由 ATS 根据需求实时给出的，缺少 ATP 和 ATS 子系统，ATO 将无法正常工作。

（1）高效性。ATO 能提高通过能力，在采用一定的车辆类型、信号设备和行车组织方法条件下，提高轨道交通系统线路的各项固定设备在单位时间内（通常是 1h）所能通过的列车数。

（2）准时性。城市轨道交通系统是按照一定的时刻表运行的，每一列车都有其运行时分，若误点运行，将会打乱整个城市轨道交通系统的运行作业。这就要求 ATO 能自动快速地调整列车运行时分，使整个系统有序地运行。

（3）停车精度。城市轨道交通站台长度固定，停车位置不准确将影响乘客上下车，尤其是在设有屏蔽门的站台，这一问题更明显。停车精度还有可能影响列车与地面的通信，这要求 ATO 在停车前能快速精确地调整速度。

（4）舒适性。为了提高舒适性，列车加减速的绝对值不能过大，加减速的变化不能过于频繁。

（5）节能。要求列车以尽量合理的速度运行，并尽量减少制动。

2. ATO 的功能

ATO 子系统是控制列车自动运行的设备，由车载设备和地面设备组成。在 ATP 系统的保护下，根据 ATS 的指令实现列车运行的自动驾驶、速度的自动调整、列车车门控制。

（1）自动完成对列车的起动、牵引、巡航、惰行和制动的控制，以较高的速度进行追踪运行和折返作业，确保达到设计间隔及旅行速度。

（2）在 ATS 监控范围的入口及各站停车区域（含折返线、停车线）进行车—地通信，将列车有关信息传送至 ATS 系统，以便于 ATS 系统对在线列车进行监控。

（3）控制列车按照运行图运行，达到节能及自动调整列车运行的目的。

（4）ATO 自动驾驶时实现车站站台定点停车控制、舒适度控制及节省能源控制。

（5）能根据停车站台的位置及停车精度，自动对车门进行控制。

（6）与 ATS 和 ATP 结合，实现列车自动驾驶、有人或无人驾驶。

（二）技术模块

下面介绍列车驾驶模式。

1. ATO 自动驾驶模式

列车起动后，在 ATP 设备安全保护下，车载 ATO 设备自动控制列车加速、巡航、惰行、制动，并控制列车在车站的停车位置，开关车门，司机仅需监督 ATP/ATO 车载设备运行状况。

2. ATP 监督下的人工驾驶模式（SM 模式）

列车起动后，车载 ATP 设备根据地面提供的信息，自动生成连续监督列车运行的一次速度模式曲线，实时监督列车运行。司机根据 ATP 显示的速度信息驾驶列车，当列车运行速度接近限制速度时，提出报警；当列车运行速度超过限制速度时，ATP 车载设备将对列车实施制动。

3. 限制人工驾驶模式（RM 模式）

司机以不超过车载 ATP 的限制速度行车，列车运行安全由司机负责，当列车超过该限

制速度时，ATP 车载设备则对列车实施制动。

4．非限制人工驾驶模式（URM 模式）

在车载 ATP 设备故障状态下运用，ATP 将不对列车运行起监控作用。列车运行安全由司机、调度员、车站值班员共同负责。

5．列车自动折返驾驶模式（AR 模式）

（1）AR 模式仅在某些特定特区使用。

（2）对于站前折返，列车进入到达线站台即完成了折返作业，最后由此发车。

（3）对于站后折返，列车以允许的速度从到达停车线自动驾驶进入和驶出折返线，最后进入发车股道。

（4）当列车进入折返线停车时，列车自动转换前后驾驶室的控制权，原列车的后驾驶室控制列车前进。

（三）案例模块

如果车载 ATO 设备发生故障，则无法实现列车运行的自动控制，不能在自动驾驶条件下实现根据 ATS 指令自动走行控制、站台精确停车、自动开关车门、列车自动折返以及自动调整运行等功能，不易达到规定的设计间隔和旅行速度。

该故障下的控制方式：

（1）司机将驾驶模式转换为 SM 模式，然后按转换后的驾驶模式驾驶。

（2）调度员应尽早安排备用列车，在备用列车替换运营前，故障车仍按 SM 模式继续载客驾驶前进。

课后习题

1．列车自动控制系统（ATC）主要由哪几部分组成？各组成部分的主要功能有哪些？

2．ATP 系统的主要功能有哪些？

3．简述 ATS 的基本功能和操作。

项目四 城市轨道交通车站行车工作组织

车站日常运输工作的目标是合理运用技术设备，按列车运行图接发列车，保质保量地完成运输任务，确保行车安全与乘客安全。车站行车组织工作在实现上述目标的过程中起着核心作用。

车站行车组织工作主要包括车站行车管理基础、车站接发列车工作、车站列车折返作业、车站工作站（LOW）故障应急处理作业等。

任务一 车站行车管理基础认知

学习目标

（1）了解城市轨道交通车站控制模式；

（2）了解城市轨道交通车站控制模式间的转换；

（3）了解城市轨道交通车站控制权的移交及规定；

（4）了解站内线路道岔的管理、维护及手摇道岔；

（5）了解车站施工作业管理。

学习任务

认知轨道交通车站的控制模式及相互转换、车站内道岔的管理与使用及车站施工作业管理。

工具设备

ATC 系统，LOW 局域操作员工作站、手摇把、钩锁器、道岔及转辙机、施工作业管理系统等。

教学环境

城市轨道交通控制中心实验实训室或理实一体化教室，城市轨道交通车站控制实验实训室或理实一体化教室或现场。

一、车站控制模式与控制权的转换

城市轨道交通 ATC 系统包括下列控制等级：控制中心自动控制模式、控制中心自动控制时的人工介入或利用 CTC 系统的人工控制模式、车站自动控制模式、车站人工控制模式。每种模式说明了操作对给定车站所采取的控制等级，然而一个系统在同一时间只能处于一种模式。

控制等级应遵循的原则是车站人工控制优先于控制中心人工控制，控制中心人工控制优先于控制中心的自动控制或车站自动控制。

（一）理论模块

1. 车站的控制模式

1）控制中心自动控制模式（CA）

在控制中心自动控制模式下，列车进路命令由 ATS 进路自动设定系统发出，其信息来源是时刻表及列车运行自动调整系统。控制中心调度员可以对列车运行自动调整系统进行人工干预，使列车按调度员意图进行。

2）控制中心自动控制时的人工介入控制或利用 CTC 系统的人工控制模式（CM）

在控制中心自动控制时，控制中心调度员也可以关闭某个联锁区内部分信号机或某一指定列车的自动进路设定，直接在控制中心的工作站上对列车进路进行控制，在关闭联锁区自动进路设定时，控制中心调度员可以发出命令，利用联锁设备自动进路控制功能，随着前行列车的运行，自动排列一条后续列车的固定进路。在自动进路功能出现故障的情况下，调度员也可以人工设置进路。

在 CM 模式中，车站人工控制系统转到 ATS 系统，一旦车站工作于该模式，则由 ATS 系统启动控制而不由车站控制计算机启动控制。而车站控制计算机继续接受表示，更新显示和采集数据。

3）车站自动控制模式

在控制中心设备故障或通信线路故障时，控制中心将无法对联锁车站的远程控制终端进行控制，此时将自动进入列车自动监控后备模式，由列车上的车次和发送系统发出的带列车去向的车次信息，通过远程控制终端自动产生进路命令，由联锁设备的自动功能来自动设定进路，即随着列车运行，自动排列一条固定进路。

4）车站人工控制模式

当 ATS 因故不能设置进路（不论人工方式还是自动进路方式），或由于某种运营上的需要而不能由控制中心控制时，可改为现地操纵模式。在现地操纵台由人工排列进路。

车站自动控制和车站人工控制也可合称车站控制（LC）。当车站工作于 LC 模式时，不能由 ATS 系统启动控制。然而，ATS 系统将继续收到表示，更新显示和采集数据。对车站控制计算机而言，这是唯一可用的控制模式。

2. 改为车站控制的情况

凡发生下列情况之一时，根据行车调度员发出的调度命令，所有控制均由车站控制或

集中站局部控制。

（1）控制中心对管辖范围内的行车设备失去控制作用。

（2）改按非基本闭塞法行车时。

（3）列车运行或调车有关作业，必须由车站办理时。

（4）清扫道岔时。

（二）技术模块

1．车站控制模式间的转换

1）中控转换至站控

当中央控制设备出现故障或特殊作业需要（如单独操控道岔时），需要将车站控制权下放到车站，一般由车站行车值班员申请，当行车调度员同意后进行操作。

当转换模式时，不用考虑特别检查联锁条件，自动运行功能不受影响。

即使转换至车站工作，联锁显示还应该传输至控制中心ATS，仅由车站操作站的打印机执行对显示和命令的记录。

2）强制转换至站控

强制转换至站控是在一种非正常情况下进行的，当中央设备出现故障或车站发现危及行车安全情况时，强制使用的一种方法。在没有收到控制中心ATS发出的命令时，也可以转换至车站操作。通过一个已经登记的转换操作可以转换至车站操作，并且联锁系统的所有转换操作仅能由车站操作员执行。

3）站控转换至中控

当特殊作业完成或设备恢复，需要将车站控制权上交控制中心，一般由车站行车值班员申请，当行车调度员同意后进行操作。

只有当车站操作已经发出释放的命令，才能转换到控制中心ATS操作，然后控制中心ATS确认它。因此，所有转换操作只有控制中心操作员才能有效实施。在这种情况下，只有正常的转换操作才能被接受。随着转换至控制中心ATS操作，控制中心ATS可以执行所有允许的操作。但是只有车站操作才能有效实施以下转换操作：当车站操作故障，在没有车站操作的释放命令的情况下，也可以转换至控制中心ATS操作。

当站控转换为中控时，设备和工作处于正常状态，有的设备还要求进路已经取消，道岔处于解锁状态。

2．控制权转换规定

（1）控制权转换前，行车调度员应与车站行车值班员核对列车车次及位置。

（2）应确保在执行中的控制命令连续执行。

（3）控制权下放后，行车调度员应监护车站办理进路情况。在中心设备不能显示或不能正确显示现场情况时，应指定报点站报告列车到发情况。

（4）由于设备故障控制权下放，在将控制权收回中心办理前，行车调度员须会同维修人员进行试验，确认设备已恢复正常，方可将控制权收回控制中心。

（5）具备中心控制条件后，行车调度员必须在20min内将控制权收回控制中心。

（三）案例模块

这里说明车站控制权的移交操作。

1．接收控制

车站行车值班员向行车调度员申请后，或行车调度员要求下放，车站行车值班员同意后才能实现接收控制。行车值班员操作控制中心的自动列车监控系统 ATS "交出控制" 按钮后，车站行车值班员在 LOW 上操作 "接收控制" 按钮，就接通现地操作，即 LOW 上可以操作联锁命令，车站的标记变绿。操作指令、显示的记录将由现地操作员所在位置的打印机上完成。ATS 的自动运行功能还会因此而受影响。当中央 ATS 故障时，车站不需要操作 "接收控制" 命令即可自动完成控制权的交换。

2．强行站控

强行站控命令具有优先权，不需要得到 ATS 的同意，直接在现地工作站上操作 "强行站控" 命令，就可接通现地操作，车站标记变绿。其他与接收控制一致。

3．交出控制

车站行车值班员向行车调度员申请后，或行车调度员要求上交，车站行车值班员同意后才能实现交出控制。车站行车值班员通过在 LOW 上操作 "交出控制" 按钮，将操作权交给中央 ATS，由行调进行控制。只有行车调度员在中央 ATS 接收到现地工作站传来的解释命令后，在 ATS 中央操作 "接收控制" 才能接通，车站标记绿闪，所有在联锁允许的操作命令只能在中央 ATS 上操作实现。但与安全相关的操作仍只能在现地操作上完成。当现地工作站故障时，ATS 不需要操作 "接收控制" 命令可自动完成控制权的交换。命令和现象如表 4-1 所示。

表 4-1　车站控制权移交命令和现象

按 钮 名 称	命 令 含 义	命 令 类 型	现 象
交出控制	向 OCC 交出控制权	常规操作命令	车站标记绿闪
接收控制	从 OCC 接收控制权	常规操作命令	车站标记变绿
强行站控	车站强行从 OCC 取得控制权	常规操作命令	车站标记变绿

（四）实操模块

【实训任务】车站控制权的转换。

【实训目的】了解车站控制的模式和转换的操作方法。

【实训要求】掌握控制中心和车站控制权的移交操作。

【实训设备】OCC 中的 ATC 系统、车站 LOW 局域操作员工作站等。

【实训环境】城市轨道交通控制中心实验实训室或理实一体化教室，城市轨道交通车站控制实验实训室或理实一体化教室。

【实训指导】指导老师讲述车站控制模式的转换原则和车站控制权的移交操作，指导学生分批进行车站控制权的移交操作练习。

【实训练习题】车站各种控制模式的使用时机，车站控制权的移交的规定。

【实训考评】综合考评车站三种控制移交的操作是否符合规定。

【操作运用案例】接发列车控制权转换

1. 实训项目教师工作活页

实训项目教师工作活页　　　　　　　　　　　　　　　　NO：_____

实训项目		接发列车控制权转换		
学　　时		4	班　　级	略
实训场所		城市轨道交通调度指挥实训室		
工具设备				
教学目标	专业能力	（1）掌握 OCC 列车运行调度集中系统的运用 （2）掌握 OCC 人工干预调度指挥系统功能 （3）掌握车站 LOW 工作站接发列车基本技能 （4）掌握列车运行控制权转换要求		
	方法能力	（1）能综合运用专业知识，通过利用专业书籍、查阅文献和资料获得相关专业知识与信息 （2）能根据实训项目学习任务确定实训方案		
	社会能力	（1）能在实习训练活动中保持刻苦钻研的学习态度 （2）能与小组成员和教师就学习中的问题进行交流和沟通 （3）能与他人协调配合，具有较好的合作能力和团队精神 （4）锻炼查找资料和收集资料的能力		
教学活动		略（详见教学活动设计）		
教学评价		学生活动： （1）以 8～10 人小组为单位执行实训任务，根据本组同学在实训过程中的能力表现及结果进行自评和组内互评 （2）其他小组根据成果展示活动中的表现结果进行互评 教师活动： （1）教师组织学生开展互评活动 （2）对学生做出综合评价		
教学资料		（1）城市轨道交通运输设备教材 （2）地铁公司资料 （3）实训项目学生学习活页（附页）		
指导教师			教学时间	年　　月　　日

2. 实训项目学生学习活页

实训项目学生学习活页　　　　　　　　　　　　　　　　NO：_____

实训项目　接发列车控制权转换

班级：_____　姓名：_____　学号：_____　时间：_____

一、实训目标

　1. 专业能力目标

　（1）掌握 OCC 列车运行调度集中系统的运用；

　（2）掌握 OCC 人工干预调度指挥系统功能；

　（3）掌握车站 LOW 工作站接发列车基本技能；

　（4）掌握列车运行控制权转换要求。

续表

2．方法能力目标

（1）能综合运用专业知识，通过利用专业书籍、查阅文献和资料获得相关知识与信息；

（2）能根据实训项目学习任务确定实训方案。

3．社会能力目标

（1）能在实习训练活动中保持刻苦钻研的学习态度；

（2）能与小组成员和教师就学习中的问题进行交流和沟通；

（3）能与他人协调配合，具有较好的合作能力和团队精神；

（4）锻炼查找资料和收集资料的能力。

二、知识总结

1．掌握调度集中系统基本知识。

2．OCC 人工干预列车运行的方法及条件。

3．LOW 工作站接发列车方法。

4．接发列车控制权转换的条件。

三、操作运用

1．演练列车运行调度指挥自动控制系统。

2．操作 LOW 工作站。

3．演示控制权转换的方法及条件。

四、实训小结

续表

五、成绩评定

1．学生评价

评价等级	A—优	B—良	C—中	D—及格	E—不及格
学生自评					
组内互评					
他组互评					

2．教师评价

评价等级	A—优	B—良	C—中	D—及格	E—不及格
专业能力					
方法能力					
社会能力					
评价结果					

3．综合评价

评价等级	A—优	B—良	C—中	D—及格	E—不及格
评价结果					

注：按照学生自评占 10%、组内互评占 10%、他组互评占 20%、教师评价占 60%的比例计分。其中，A—100分，
B—85分，C—75分，D—60分，E—50分。

4．评价量规

等　　级	行为表现描述
A	能圆满、高效地完成实训任务的全部内容
B	能顺利完成实训任务的全部内容
C	能完成实训任务的全部内容，但需要一些帮助和指导
D	自己只能完成实训任务的部分内容，但在现场的指导下，已经能完成任务的全部内容
E	不能完成实训任务的全部内容

二、车站道岔管理

（一）理论模块

1．道岔定位

什么叫道岔"定位"。道岔除了使用、清扫、检查或修理外，经常向某一线路开通的位置，叫做道岔的定位；向另一条线路开通的位置叫做道岔的反位。道岔的定位是道岔管理的重要环节，是正确准备进路的辅助工作。

2．道岔 10 种不正常现象

（1）道岔两尖轨互相脱离时。

（2）尖轨与基本轨在静止状态上不密贴。

（3）尖轨被轧伤，轮缘有爬上尖轨的危险。

（4）在尖轨顶面宽 50mm 及其以上的断面处，尖轨顶面较基本轨顶面低至 2mm 及其以上时。

（5）基本轨垂直磨损，在正线上超过 6mm，在段管线上超过 8mm，其他线路上不超过 10mm。

（6）在辙叉心宽 40mm 的截面处，辙叉心垂直磨损，在正线上超过 6mm，在段管线上超过 8mm，在其他线上超过 10mm。

（7）辙叉心作用面至护轮轨头部外侧的距离小于 1931mm，或翼轨作用面至主护轮轨头部外侧的距离小于 1343mm 时。

（8）尖轨或基本轨损坏时。

（9）辙叉心损坏时。

（10）护轨螺栓折损时。

3．道岔的日常维护保养规定

（1）车站的道岔由车站行车值班员负责维护保养，当班值班员要对包干的道岔（正、反位）保养一次，遇雨、雪、冰冻天气应视情况及时上油。

（2）车站行车值班员擦拭道岔须经得行车调度员同意，控制台处于站控状态下道岔单锁，确认对讲机与行车调度员通话正常后，才可以离开车站控制室，擦拭工作在 30min 完成，不得影响其他施工作业。

（3）擦拭完毕后，车站行车值班员应对站内所有道岔检测一次，确认后才可上交控制权，并在《道岔擦拭登记簿》上做好记录，遇有异常情况及时向行车调度员汇报，并及时报修。

（4）各车站要制定《道岔清扫制度》，道岔落实包干，每周至少上油一次，每半月擦拭一次，站长要不定期对道岔进行检查评比。

4．道岔的擦拭规定

（1）道岔必须由专人定期擦拭。目的是保证道岔的正常使用。

（2）擦拭道岔，必须与行车调度员联系，办理车站的控制方式转换后，即站控后，才能进行道岔的擦拭。

（3）道岔擦拭时，车站的控制室要有专人监护，不准随意操纵道岔控制按钮，若需转换道岔，室内监护人员与现场擦拭人员应进行联系，说明道岔号码及定反位，现场擦拭人员离开道岔后，才能扳动道岔；擦拭道岔时，无关人员不得进入道岔区，以免误动和误伤。

（4）擦拭道岔人员在擦拭前，应准备好工具，一律穿绝缘鞋，携带防护用具和木楔。

（5）擦拭完毕，要认真清理现场，确认无妨碍列车运行和道岔转动的物品。

（6）试验完好，与行车调度员办理控制权上交手续，并填写《道岔擦拭登记簿》。

（7）清扫时间一般不超过 30min。

5．强行转岔

如果某一区段被占用或出现故障，用强行转换道岔命令即可转换道岔。使用强行转换道岔命令的条件：

（1）道岔区段逻辑占用。

（2）道岔没有挤岔。

（3）记录了转岔命令。

该操作为安全相关操作，操作员在操作前必须明确列车没有在故障区域或者不在道岔尖轨上并且人员在安全区域，否则将有可能造成安全事故。

6．通过车站 ATS 设备自动转换

通过列车进路系统，实现了进路的自动排列。这可以节约调度员大量的操作工作量。

（二）技术模块

下面介绍道岔管理。

（1）在车站控制模式中，行车值班员负责道岔的管理，行车值班员在 LOW 上对道岔进行操作。LOW 上的道岔结构如图 4-1 所示，显示意义如表 4-2 所示。

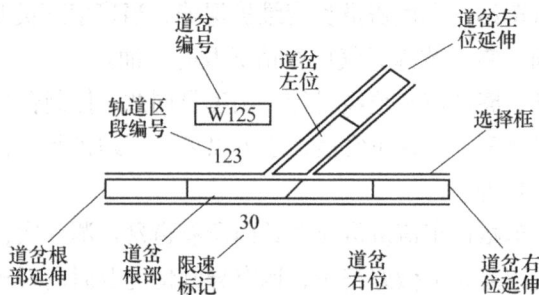

图 4-1　LOW 上的道岔结构

表 4-2　LOW 上道岔的显示意义

元　素	状　态	显　示
道岔编号框	显示	没有被进路征用
	不显示	被进路征用锁闭
岔体	黄色	常态、空闲、没有被进路征用
	绿色	空闲、被进路征用
	浅绿色	空闲、被进路征用为保护区段
	红色	占用、物理占用
	粉红色（中部）	占用、逻辑占用
	深蓝色（中部）	已被封锁，拒接通过该区段排列进路
	灰色	无数据
道岔位置	有颜色显示	在左位或右位
	道岔左位闪烁（短闪）	道岔左位转不到位（左位无表示）
	道岔右位闪烁（短闪）	道岔右位转不到位
	道岔左右位及延伸部分闪烁（长闪）	道岔挤岔
道岔编号	白色	道岔无锁定
	红色	道岔单独锁定
	稳定	正常
	闪烁	出现 kick-off 储存故障

在 LOW 上对道岔进行操作，必须用鼠标的左键单击 LOW 主窗口上的道岔元件或道岔编号，此时所选元件被打上灰色底色，然后在对话窗口中的命令显示栏（在 LOW 的左下角）用鼠标的左键单击所需的命令，最后用鼠标的左键单击对话窗口中的"执行"按钮即可。

（2）非集中操纵的道岔（中央、车站控制模式失效时）由行车值班员或站务员（能胜任此项工作）在现场就地操纵。人工排列进路的作业程序：

① 作业人员进入轨行区必须请示行调并得到行调许可。

② 车控室值班人员应按图 4-2 向准备进路人员布置任务。

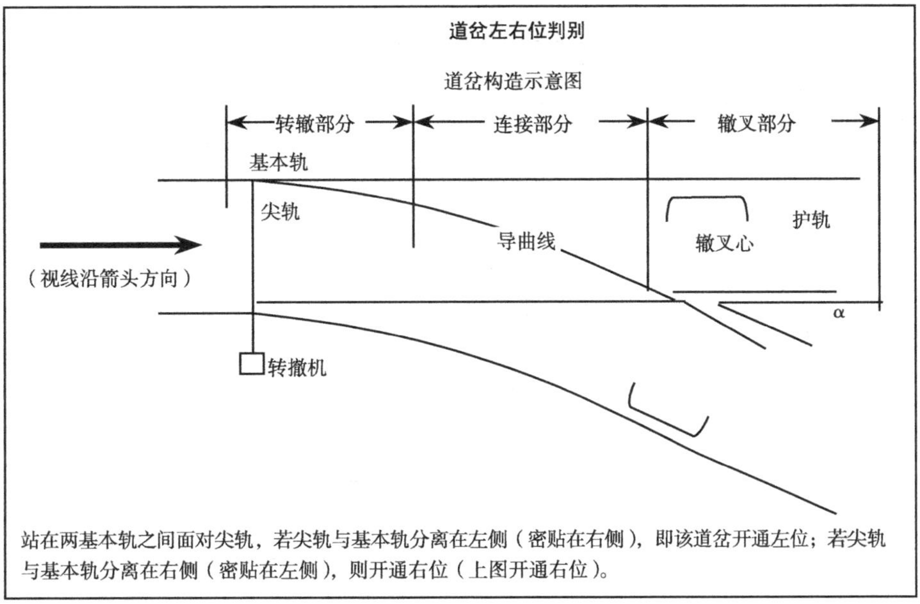

图 4-2　人工准备进路任务布置图

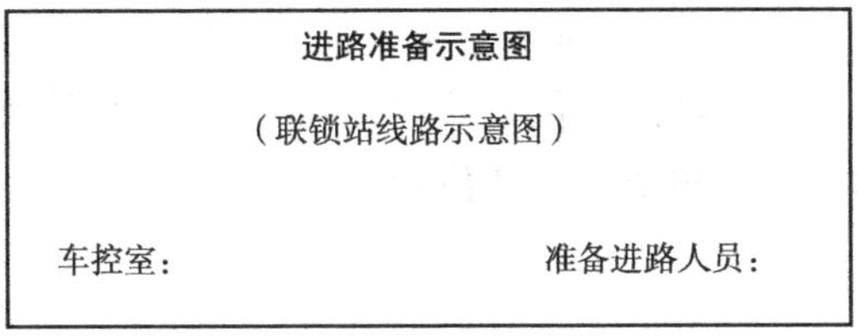

③ 值班员和站务员两人携带有关物品：信号灯/旗、手摇把、道岔钥匙、端墙门钥匙、钩锁器、扳手、对讲机、无线调度电台、手电筒，两个要着荧光衣，戴手套。

④ 下线路前得到行调允许，人工准备进路必须从距列车最远的道岔开始，从远到近依次排列。

⑤ 现场确认道岔，需要转向时应一人操作，一人防护、确认。操作者用工具按正确程序打开盖孔板（需先切断电源），手摇道岔，准备好进路，另一人确认道岔位置正确后加锁。

⑥ 确认进路上各道岔的开通位置时，相互用对讲机联络，同时用手信号显示正确情况。

⑦ 当上（下）行线路的进路准备妥当并出清线路后，报告站控室（对讲机工作盲区可由行调中转），再准备下（上）行线路进路。

⑧ 值班站长接到进路准备妥当、线路出清的汇报后，立即做好相应线路的接车或发车准备工作并报告行调。

⑨ 人工摇动道岔时须严格执行"六步曲"程序，执行互控、他控程序。

第一，看：看道岔开通位置是否正确，是否需要改变位置。

第二，开：切断电源，打开盖孔板及钩锁器的锁，拆下钩锁器。

第三，摇：摇道岔转向所需的位置，在听到"咔嚓"的落槽声后停止。

第四，确认：手指尖轨，"尖轨密贴开通叉位"并和另一人共同确认。

第五，加锁：另一人在确认道岔位置开通正确后，用钩锁器锁定道岔尖轨。

第六，汇报：向站控室汇报道岔开通位置。

（三）案例模块

道岔清扫保养程序如表 4-3 所示。

表 4-3　道岔清扫保养程序

项　　目	扳　倒　员	车站行车值班员
联系行车调度员		办理控制权的下放，实现站控
确认道岔位置		定（反）位锁闭
现场作业	垫木 铲油汀 擦油滑板 磨锈斑 擦油滑板 涂油 清扫 检查	
确认道岔位置		
试排		
汇报		

（四）实操模块

【实训任务】道岔的人工转换。

【实训目的】了解手摇道岔的工作过程。

【实训要求】掌握关于手摇道岔的有关规定等。

【实训设备】转辙机牵引的道岔、手摇把、钩锁器等。

【实训环境】城市轨道交通车站控制实验实训室或理实一体化教室或现场。

【实训指导】指导老师讲述利用手摇把摇动道岔的方法，指导学生分批进行手摇把摇动道岔的练习。

【实训练习题】手摇道岔的时机。

【实训考评】综合考评手摇道岔的过程是否按要求进行（手摇道岔的"六步曲"规定），检查道岔是否开通正确，是否密贴。

【操作运用案例】手摇道岔

1. 实训项目教师工作活页

实训项目教师工作活页　　　　　　　　　　NO：_____

实训项目		手摇道岔			
学　时		4	班　级		略
实训场所		城市轨道交通调度指挥实训室			
工具设备					
教学目标	专业能力	（1）掌握单开道岔基本构造 （2）掌握手摇道岔工具的使用方法 （3）掌握手摇道岔基本技能			
	方法能力	（1）能综合运用专业知识，通过利用专业书籍、查阅文献和资料获得相关专业知识与信息 （2）能根据实训项目学习任务确定实训方案			
	社会能力	（1）能在实习训练活动中保持刻苦钻研的学习态度 （2）能与小组成员和教师就学习中的问题进行交流和沟通 （3）能与他人协调配合，具有较好的合作能力和团队精神 （4）锻炼查找资料和收集资料的能力			
教学活动		略（详见教学活动设计）			
教学评价		学生活动： （1）以 8～10 人小组为单位执行实训任务，根据本组同学在实训过程中的能力表现及结果进行自评和组内互评 （2）其他小组根据成果展示活动中的表现结果进行互评 教师活动： （1）教师组织学生开展互评活动 （2）对学生做出综合评价			
教学资料		（1）城市轨道交通运输设备教材 （2）地铁公司资料 （3）实训项目学生学习活页（附页）			
指导教师			教学时间		年　　月　　日

2. 实训项目学生学习活页

实训项目学生学习活页　　　　　　　　　　NO：_____

实训项目　手摇道岔

班级：_____　姓名：_____　学号：_____　时间：_____

一、实训目标

　1. 专业能力目标

　（1）掌握单开道岔基本构造；

　（2）掌握手摇道岔工具的使用方法；

　（3）掌握手摇道岔基本技能。

2．方法能力目标

（1）能综合运用专业知识，通过利用专业书籍、查阅文献和资料获得相关知识与信息；

（2）能根据实训项目学习任务确定实训方案。

3．社会能力目标

（1）能在实习训练活动中保持刻苦钻研的学习态度；

（2）能与小组成员和教师就学习中的问题进行交流和沟通；

（3）能与他人协调配合，具有较好的合作能力和团队精神；

（4）锻炼查找资料和收集资料的能力。

二、知识总结

1．掌握单开道岔基本构造。

2．掌握钩锁器、手摇把使用方法。

3．掌握手摇道岔基本技能。

三、操作运用

1．默画单开道岔结构示意图。

2．演练手摇道岔基本方法。

3．讲解安全注意事项。

四、实训小结

续表

五、成绩评定

1. 学生评价

评价等级	A—优	B—良	C—中	D—及格	E—不及格
学生自评					
组内互评					
他组互评					

2. 教师评价

评价等级	A—优	B—良	C—中	D—及格	E—不及格
专业能力					
方法能力					
社会能力					
评价结果					

3. 综合评价

评价等级	A—优	B—良	C—中	D—及格	E—不及格
评价结果					

注：按照学生自评占 10%、组内互评占 10%、他组互评占 20%、教师评价占 60%的比例计分。其中，A—100 分，B—85 分，C—75 分，D—60 分，E—50 分。

4. 评价量规

等级	行为表现描述
A	能圆满、高效地完成实训任务的全部内容
B	能顺利完成实训任务的全部内容
C	能完成实训任务的全部内容，但需要一些帮助和指导
D	自己只能完成实训任务的部分内容，但在现场的指导下，已经能完成任务的全部内容
E	不能完成实训任务的全部内容

三、车站施工作业管理

城市轨道交通采用了大量的自动化先进设备，白天运营期间行车密度大，存在设备的维修、更换及线路等较大的施工作业量，因此施工作业通常是在夜间的停止运营期间进行。由于城市轨道交通施工作业牵涉面广，企业外人员参与作业的人员较多，对次日的行车作业存在安全隐患，故必须加强施工组织管理。

（一）理论模块

车站范围施工作业的规定：在车站范围内进行不影响行车的施工作业，此类施工作业若由公司内部单位进行施工，须经车站批准；若由外部单位施工，须经涉外单位生产管理的职能部门同意，与有关车站协调，经车站批准后方可进行。

（二）技术模块

1．施工组织实施

1）确定施工负责人

一般城市轨道交通企业施工项目必须有施工负责人，其职责是：负责办理该组作业请销点手续；负责该组作业人员、设备的安全管理；负责作业过程的组织指挥；负责及时与车站联系作业有关事项；组织设置、撤销作业安全防护设施（接触网停电及挂地线由电调组织）；负责恢复施工所涉及设备的正常状态；负责出清作业区域。

2）施工批准权限

根据施工作业地点和作业性质，施工前必须办理相应批准手续才能动工。

3）施工请点及销点规定

施工作业必须向行车调度员请点生效后方可开始动工，施工完毕后线路出清必须向行车调度员销点。

（1）请点规定。施工负责人须持施工作业令原件（非作业请点站登记可用施工作业令复印件或传真件）

（2）销点规定。销点与请点的过程相反。施工负责人负责施工区域的出清后销点。

特别值得提出的是需异地销点的施工作业的销点。需异地销点时，施工负责人（责任人）应在《车站施工登记表》备注栏中注明异地销点的地点和人数。登记进入施工的车站要及时通知异地销点的车站值班员。当施工作业结束后，施工负责人向登记的销点站登记销点，销点站经与施工负责人核对销点的施工内容、施工人数、地点，并向请点站核对无误后，准予销点。请点站负责向行调报告销点。

4）施工安全防护规定

施工作业的一个重要内容是对施工区域进行安全防护，确保施工作业的人身安全。轨道交通施工事故有很大一部分是由于施工防护疏漏造成的。因此对于在施工作业过程中由谁具体负责设置施工防护应有明确规定。一般情况下，当接触网停电检修或需接触网停电配合挂地线时，由供电操作人员负责在作业地段两端挂接地线；站内线路施工，由施工负责人在车站两端轨道上设置红闪灯防护；站间线路施工，除施工部门设置防护外，车站还负责该施工地段两端车站的端墙门平行位置的轨道中央设置红闪灯防护。

2．施工作业组织

1）入站及站外周界施工作业流程

入站施工前由施工负责人持《施工作业申请表》到施工的车站，车站当班值班站长根据车站运营及安全情况合理安排施工，并在车站的《施工登记簿》上进行登记请点，值班站长了解施工内容，根据车站具体情况对施工人员进行有针对性的安全教育，如：站台施工不得越过黄色安全线，与接触网保持安全距离等，并要求施工现场负责人在《入站施工协议》上签字。

2）入轨及轨旁施工作业流程

施工负责人于施工前持《施工作业申请表》到施工车站，值班站长对照批复的施工计划确认无误后，在车站的《施工登记簿》上登记请点并在《施工控制卡》上签字确认，进行联系方式的确认，然后由车站向 OCC 汇报。

（1）在车站《施工登记簿》上登记时，在"备注"中注明即将从哪个车站何时离开现场。

（2）施工人员开始作业后，A站行车值班员与B站行车值班员联系，B站行车值班员记录在B站《施工登记簿》上，并在"备注"中标明施工从A站入。

（3）若施工中出现问题，施工负责人与A站行车值班员联系。

（4）施工结束时，施工人员确认线路出清及设备使用良好，从B站办理销点手续。

（5）B站行车值班员打电话给A站行车值班员说明施工已结束，施工人员已经离开施工现场，并由A站行车值班员向行调报告。

3．接触网停电施工作业操作步骤

（1）当车站本日有接触网停电进行施工作业的计划时，应确认无其他必须带电施工与该接触网停电施工冲突的情况。

（2）运营结束后施工人员到相应车站办理施工申请手续，行车值班员核对施工计划，确认需接触网停电后，向行车调度员申请接触网停电施工。

（3）行车调度员通知电力调度员指挥办理停电事宜，行车调度员在确认接触网停电后发布准许施工的命令。

（4）施工结束后施工负责人到车站登记注销施工并申请接触网送电，行车值班员确认后签字，注销该施工并报告行车调度员。

（5）行车调度员发布施工注销号码，注销该施工后通知电力部门办理接触网送电操作。

4．影响通信设备施工作业操作步骤

（1）施工人员到车站办理申请手续，行车值班员核对施工计划，向施工负责人再次核实影响哪些通信设备，再根据行车区域施工办理手续，向行车调度员申请施工并说明受影响的通信设备。

（2）行车调度员根据当日施工计划及实际情况发布准许该施工的命令，行车值班员告知邻站临时通信方式后同意该施工。

（3）施工期间发生通信设备严重故障时按《通信设备故障预案》办理。

（三）案例模块

1．无请销点系统的登记施工

（1）施工负责人于施工前持施工批复件到施工点车站，在车站的《施工登记簿》上登记请点。

（2）车站值班员接到施工负责人的登记后，对照批准的施工计划，核对无误后，向行车调度员申请施工命令。

（3）行车调度员按照批准的施工计划及当时的列车运行情况，做出是否可以施工的决定，并以调度命令的形式发给车站值班员，应包括施工时间及施工范围。

（4）车站值班员接到行车调度员的命令后，在《施工登记簿》上签字，同意施工。

（5）施工负责人在车站值班员签字后，即可开始工作。

（6）施工负责人应将施工时间控制在计划时间内，若因特殊原因未能及时完成时，必须通过车站行车值班员向行车调度员申请续点，并在《施工登记簿》上登记。

（7）施工结束后，由施工负责人在《施工登记簿》上销点。

（8）车站值班员在施工负责人销点后，向行车调度员汇报。

2．有请销点系统的请点办理

（1）施工负责人在施工开始前规定时间到车控室请点，行车值班员核对施工负责人资格证与请点人无误后，由车站值班员登录施工作业管理系统，单击相关作业项目的预请点按钮。

（2）由施工负责人输入工号和密码，打开施工作业令，车站值班员填写相关内容后，车站值班员和施工负责人共同确认作业令各项内容正确，单击"增加请点"，送行车调度员批准。

（3）行车调度员确认具备施工条件后批准施工（行车调度员是对某项施工进行审批，而不是对某个预请点站进行审批，行车调度员确认所有预请点站符合所在的作业区域以及该项作业的作业区域出清后批准施工），系统自动生成施工承认号，车站值班员和施工负责人共同确认，行车调度员批准施工后，方可进入作业区域。

3．有请销点系统的销点办理

（1）施工作业完毕，施工负责人确认作业区域出清后（包括人员出清），到车站控制室销点。

（2）销点时，车站值班员核对施工负责人资格证与销点人相符，由行车值班员登录系统，与施工负责人核对要销点的作业代码后，单击"销点"按钮。

（3）由施工负责人输入与请点时输入的工号和密码一致时，打开施工作业令，作业令将出现"销点"按钮，行车值班员填写完成情况后，单击"销点"按钮，该施工负责人完成操作。

（四）实操模块

【实训任务】施工作业请点与销点办理。

【实训目的】了解施工作业请点与销点的过程。

【实训要求】掌握施工作业请点与销点的有关规定等。

【实训设备】施工作业管理系统、车站控制实训室计算机等。

【实训环境】城市轨道交通车站控制实验实训室或理实一体化教室或现场。

【实训指导】指导老师讲述施工作业请点与销点的作业流程，指导学生分组分角色进行施工作业请点与销点的练习。

【实训练习题】无请销点系统的登记施工。

【实训考评】综合考评施工作业请点与销点的过程是否按要求进行，检查《施工登记簿》的填写是否符合规定要求。

【操作运用案例】夜间维修道岔施工请销点登记

1．实训项目教师工作活页

实训项目教师工作活页   NO：_____

实训项目		夜间维修道岔施工请销点登记			
学　　时		2	班　级		略
实训场所		城市轨道交通理实一体化教室			
工具设备					
教学目标	专业能力	（1）掌握施工请销点登记制度 （2）掌握《施工登记簿》的填写方法 （3）掌握施工安全注意事项			
	方法能力	（1）能综合运用专业知识，通过利用专业书籍、查阅文献和资料获得相关专业知识与信息 （2）能根据实训项目学习任务确定实训方案			
	社会能力	（1）能在实习训练活动中保持刻苦钻研的学习态度 （2）能与小组成员和教师就学习中的问题进行交流和沟通 （3）能与他人协调配合，具有较好的合作能力和团队精神 （4）锻炼查找资料和收集资料的能力			
教学活动		略（详见教学活动设计）			
教学评价		学生活动： （1）以 8～10 人小组为单位执行实训任务，根据本组同学在实训过程中的能力表现及结果进行自评和组内互评 （2）其他小组根据成果展示活动中的表现结果进行互评 教师活动： （1）教师组织学生开展互评活动 （2）对学生做出综合评价			
教学资料		（1）城市轨道交通运输设备教材 （2）地铁公司资料 （3）实训项目学生学习活页（附页）			
指导教师			教学时间		年　　月　　日

2．实训项目学生学习活页

实训项目学生学习活页   NO：_____

实训项目　夜间维修道岔施工请销点登记

班级：_____　姓名：_____　学号：_____　时间：_____

一、实训目标

　1．专业能力目标

（1）掌握施工请销点登记制度；

（2）掌握《施工登记簿》的填写方法；

（3）掌握施工安全注意事项。

　2．方法能力目标

（1）能综合运用专业知识，通过利用专业书籍、查阅文献和资料获得相关知识与信息；

（2）能根据实训项目学习任务确定实训方案。

3．社会能力目标

（1）能在实习训练活动中保持刻苦钻研的学习态度；

（2）能与小组成员和教师就学习中的问题进行交流和沟通；

（3）能与他人协调配合，具有较好的合作能力和团队精神；

（4）锻炼查找资料和收集资料的能力。

二、知识总结

1．施工种类。

2．掌握施工请销点登记制度。

3．掌握《施工登记簿》的填写方法。

4．施工配合安全注意事项。

三、操作运用

1．简述施工种类。

2．实例演示道岔维修施工请销点作业程序。

3．讲述施工安全注意事项。

四、实训小结

续表

五、成绩评定

1. 学生评价

评价等级	A—优	B—良	C—中	D—及格	E—不及格
学生自评					
组内互评					
他组互评					

2. 教师评价

评价等级	A—优	B—良	C—中	D—及格	E—不及格
专业能力					
方法能力					
社会能力					
评价结果					

3. 综合评价

评价等级	A—优	B—良	C—中	D—及格	E—不及格
评价结果					

注：按照学生自评占10%、组内互评占10%、他组互评占20%、教师评价占60%的比例计分。其中，A—100分，

　　B—85分，C—75分，D—60分，E—50分。

4. 评价量规

等　　级	行为表现描述
A	能圆满、高效地完成实训任务的全部内容
B	能顺利完成实训任务的全部内容
C	能完成实训任务的全部内容，但需要一些帮助和指导
D	自己只能完成实训任务的部分内容，但在现场的指导下，已经能完成任务的全部内容
E	不能完成实训任务的全部内容

（五）拓展模块

1. 运营时间的设备抢修规定

（1）进入隧道前，必须得到行调批准并落实安全防护措施。

（2）进入站线或靠近站台的第一个轨道电路区段线路的施工安全措施：①施工负责人或由施工负责人指派的维修人员按规定放置红闪灯进行防护；②值班站长（值班员）在MCP上使用紧急停车按钮对相关轨道区段进行施工防护，并通知行调和相关站务人员；③行调把列车扣停在后方站（相对于运行方向）；④维修施工人员应通过站台端墙的上下轨道楼梯进出轨道，对没有运营分公司员工参与或配合的施工作业，站务人员要监督和确认作业人员进入的上下行线是否正确。

2. 网络不通或出现临时故障时，车站施工作业应急请销点办法

（1）不论一组人员，还是分组在多个车站进入施工地点作业，均需施工负责人到车站控制室请点，并填写《施工登记簿》，由车站值班员报行调批准，当线路出清后行调批准施工，给出施工承认号（分组在多个车站进入施工地点作业的应分别给出施工承认号），同时行车调度员也应在《施工登记簿》上做好记录。

（2）不论一组人员作业，还是需分组在多个车站进入施工地点作业，作业完毕后施工负责人必须到车站控制室销点，由车站值班员报行车调度员施工结束，并各自做好销点记录。

（3）需异地销点的施工作业，施工负责人应在《施工登记簿》备注栏中注明异地销点的地点、人数，办理施工请点的车站要及时通知异地销点车站的车站值班员，并告知相应的施工承认号，销点时由异地销点站车站值班员将作业代码和施工承认号报行车调度员销点，并各自做好销点记录。

任务二　城市轨道交通车站接发列车作业组织

城市轨道交通车站接发列车作业主要包括城市轨道交通车站接发列车基本规定、城市轨道交通车站级控制时车站接发列车等。

学习目标

（1）了解城市轨道交通车站接发列车基本规定；

（2）了解城市轨道交通中央级控制车站行车运作特点；

（3）了解城市轨道交通车站级控制时车站接发列车。

学习任务

认知城市轨道交通车站接发列车基本规定及具体的作业过程。

工具设备

ATC 系统，LOW 局域操作员工作站、车站现地控制盘、调度命令、路票、站间行车电话、行车日志及其他登记表簿等。

教学环境

城市轨道交通控制中心实验实训室或理实一体化教室，城市轨道交通车站控制实验实训室或理实一体化教室，模拟沙盘或现场。

一、城市轨道交通车站正常接发列车作业

城市轨道交通车站正常接发列车作业一般包括：基本的作业要求，正常情况下进路的自动办理，特殊情况下的人工办理，中央级正常情况下控制车站的方式，控制中心 ATS 人工控制车站的方式，LOW、CLOW 的操作及现地控制盘和紧急停车按钮的操作。

（一）理论模块

1. 接发列车的基本要求

（1）接发列车线路的使用由行调决定。

（2）列车以规定速度进站，车站不显示接车信号。

（3）原则上，车站不办理接发列车作业，若遇特殊情况须接发列车时，车站接发列车人员应严格执行接发列车作业程序。

（4）站台岗人员随时注意站台乘客动态，当列车进站时，原则上站台岗人员应于站台扶梯口靠近紧急停车按钮附近站岗，防止乘客在关门时冲上车夹伤，负责维护站台秩序，监督司机按规范动作关门。

（5）接发列车时，站台岗（司机）发现站台或屏蔽门异常，立即用对讲机通知司机（站台岗）并及时处理。

（6）正线遇"特殊情况"，须接发列车时：

① 接车时应按照《运营时刻表》及行调命令，做好接车工作。

② 当追踪进路不能自动排列进路时，车站行车值班员在 LOW 工作站上排列列车进路。

③ 特殊情况下接发列车时显示手信号的时机和地点：

- 接车时，在看见列车头部灯开始显示；显示地点为头端墙。
- 通过列车，应待列车头部越过信号显示地点后方可收回；显示地点为：有屏蔽门的车站在站台尾端墙（内方）；没有屏蔽门的车站在站台尾端墙靠近紧急停车按钮附近。
- 停站列车，应待列车停车后方可收回。
- 发车信号（或"好了"的信号）显示，必须在司机鸣笛回示后方可收回；显示地点为靠列车前进方向第 2 个车门。
- 引导手信号，待列车头部越过信号显示地点后方可收回；显示地点为来车方向端墙。头端墙：按列车运行方向，列车停在车站时头部对应的车站端墙。尾端墙：按列车运行方向，列车停在车站时尾部对应的车站端墙。

（7）关于车站报点的规定：

① 在 ATS 正常时，各站不向行调报列车到发点。

② ATS 不能正常显示时，车站向行调报点。因为 ATS 能够自动绘制列车运行图，但当 ATS 发生故障时就不能够自动绘制列车运行图。

③ 当 SICAS 故障时，采用站间电话联系方法的两端站和相关报点站须向行调报点，并同时向前方站报开点。

④ 列车在车站的停站时间超过规定时间 30s 以上时，车站要向行调报告原因。

⑤ 工程车运行时，在始发站、终到站及有临时停车的车站均要向行调报点，同时向前方站报开点。

⑥ 由于列车在某站没有运行时间自动记录功能，某站负责记录上、下行站台的到、发时刻，并在列车晚点时报告行调。

2．城市轨道交通进路控制的方式

列车进路有进路防护信号机防护，但列车在进路中的运行安全由 ATP 负责，这为城市轨道交通高密度行车提供了前提和安全保证。在设计中，ATP 与计算机联锁功能的结合，使计算及联锁的功能得到了加强。

列车进路控制采用三级控制，即控制中心控制（ATS 自动控制）、远程控制终端控制和列车工作站控制。

控制中心集中控制全线的列车运行（不包括车辆段内运行控制）。系统根据列车运行时刻表及列车运行状况发出列车运行控制命令，并进行自动调整。在车站设置必要的自动控制功能，控制中心发生故障时，转入站级控制。

1）中心级控制

中心级控制为全自动的列车监控模式下，列车进路设置命令由自动进路设定系统发出，其信号来源于时刻表和列车运行自动调整系统。控制中心调度员也可以人工干预，对列车进行调整，操作非安全相关命令，排列和取消进路。

2）远程控制终端控制（RTU）

在控制中心设备故障或控制中心与下级设备线路故障时，控制中心将无法对远程控制终端进行控制，此时系统自动地转入列车自动控制的降级模式。在降级模式下，由司机在车上输入目的地码，通过列车上的车次号发送系统发出带有列车去向的车次号信息，远程控制终端自动产生进路控制命令，联锁系统根据来自远程控制终端的进路排列进路。在这种情况下，系统不具备列车运行自动调整功能，但对于高密度的列车运行，用此功能可以节省车站操作人员大量的精力。

3）站级控制

在站级控制的模式下，列车运行的进路控制是由行车值班人员来执行的，但此时只要控制中心设备及通信线路功能完好，自动进路设置仍可进行。站级控制时，列车进路的设定完全取决于值班员的意图，值班员选择通过联锁区的预期进路。联锁控制逻辑检查进路没有被占用，并且没有建立敌对进路，然后自动排列通过联锁取得进路，锁闭进路，在所有条件满足列车的安全运行后开放地面信号机，并允许 ATP 将速度命令传送给列车。信号机的开放表示通过联锁区的进路开通。

3. LOW 和 CLOW 作业的基本规定

（1）ATS 中央设备正常时，应实施中央监控，在故障或必要时行调可授权车站使用 LOW 控制；当 LOW 工作站不能正常监控时（SICAS 正常），由行调在 CLOW 上监控。

（2）控制权转换时，必须按规定对运营状态进行交接。

（3）OCC 中央控制室的 CLOW，在各 LOW 工作站正常时只监不控，用于行调观察全线运营联锁区内列车进路及列车运行信息，当 LOW 工作站不能正常监控（SICAS 正常）时，行调与车站行车值班员在办理好控制权交接后，方可由行调监控该联锁区的信号设备。

4. LOW 的操作规定

（1）持有 LOW 操作证的当时值班人员可在 LOW 上操作控制列车运行。

（2）运营期间内，除某些联锁区外，正线的其余信号机设置为追踪排路模式。排列列车在 ATC 控制区车站的进路时，该进路上的所有道岔均要单独锁定。

（3）LOW 的操作要求：

① LOW 操作人员必须经过培训，考试合格，持操作证方可上岗操作。

② 在 LOW 工作站上的操作命令如表 4-4 所示。

表 4-4　在 LOW 工作站上操作的命令

序　号	按钮名称	命令含义	安全相关命令	备　注
1	强行站控	在紧急情况下，车站强行取得 LOW 控制权	是	强行站控后，须报告行调（CLOW 无此命令）
2	重启令解	系统重新启动，解除全部命令的锁闭	是	
3	全区逻空	设定全部轨道区段逻辑空闲	是	
4	封锁区段	将区段封锁，禁止通过该轨道区段排列进路	否	
5	解封区段	取消对区段的封锁，允许通过该轨道区段排列进路	是	
6	强解区段	解锁进路中的轨道区段	是	
7	轨道逻空	把轨道区段设为逻辑空闲	是	
8	轨区设限	设置该轨道区段的限制速度	是	无进路状态下使用（一对命令，CLOW 无轨区消限命令）
9	轨区消限	取消对轨道区段的限制速度	是	
10	终止站停	取消运营停车点	否	只能用于正常运营方向
11	单独锁定	锁定单个道岔，阻止转换	否	可不到现场检查（一对命令）
12	取消锁定	取消对单个道岔的锁定，道岔可以转换	是	
13	转换道岔	转换道岔	否	
14	强行转岔	轨道区段占用时，强行转换道岔	是	
15	封锁道岔	将道岔封锁，禁止通过道岔排列进路	否	
16	解封道岔	取消对道岔的封锁，允许通过道岔排列进路	是	
17	强解道岔	解锁进路中的道岔	是	
18	岔区逻空	把道岔区段设为逻辑空闲	是	
19	岔区设限	对道岔区段设置限制速度	是	无进路状态下使用（一对命令）
20	岔区消限	取消对道岔区段的限制速度	是	
21	挤岔恢复	取消挤岔逻辑标记	是	
22	开放引导	开放引导信号	是	
23	封锁信号	封锁在关闭状态下的信号机	否	可开放引导（一对命令）
24	解封信号	取消对关闭状态下的信号机的封锁	是	
25	自排全开	全部信号机处于自动排列状态	否	
26	自排全关	全部信号机处于人工排列进路状态	否	
27	追踪全开	信号机由联锁自动排列进路	否	
28	追踪全关	信号机取消由联锁自动排列进路	否	
29	关区信号	关闭联锁区全部信号机	否	
30	交出控制	建议交出控制权	否	
31	接收控制	接收控制权	否	
32	自动折返	指示 ATP/ATO 进行列车驾驶端切换	否	
33	换上至下	换机车位置	否	
34	换下至上	换机车位置	否	
35	关单信号	设置信号机为关闭状态	否	
36	开放信号	设置信号机为开放状态	否	
37	自排单开	设置单架信号机处于自动排列进路状态	否	
38	自排单关	设置单架信号机处于人工排列进路状态	否	

续表

序　号	按钮名称	命令含义	安全相关命令	备　注
39	追踪单开	单架信号机由联锁自动排列进路	否	
40	追踪单关	单架信号机取消由联锁自动排列进路	否	
41	排列进路	排列进路	否	
42	取消进路	取消进路	否	
43	关站信号	关闭车站所有信号机	否	

注：LOW 工作站上设限与消限必须在无进路状态下进行，轨区设限速度/岔区设限速度有 60km/h、45km/h、30km/h、25km/h、20km/h、15km/h 六种。

③ 联锁站以下命令须经行调同意后方准操作：

- 关站信号；
- 关区信号；
- 封锁及解封道岔；
- 封锁及解封区段；
- 开放引导；
- 强行转岔；
- 轨区设限、轨区消限；
- 岔区设限、岔区消限。

④ 使用安全相关的操作命令时，必须检查列车进路，确认进路空闲，道岔位置正确后，方可实施。使用强行转岔命令前，车站须派人到现场确认该岔区没有列车或其他杂物侵限。

⑤ 在操作 LOW 过程中，操作员必须确认进路要素是以正确的方式显示，否则必须立即停止和取消该项操作，并报告行调。行调根据具体情况，不能正常操作时，发布停止使用命令，按 LOW 设备故障处理组织行车。

⑥ LOW 操作员在结束操作或临时离开站控室时，应将 LOW 退回到登记进入状态。严禁中断 LOW 系统，进行与 LOW 无关的操作。

⑦ LOW 的设备管理人员或维修人员需操作 LOW 时，应征得车站行车值班员报告行调同意，取得 LOW 控制授权，以自己的名字和口令登记进入系统后，方可操作。

⑧ 当列车因故无法进入前方车站需返回原发车站时，途经的所有道岔需单独锁定。

（二）技术模块

1．办理进路的方法

进路的排列可以通过下列五种方式来完成。

（1）在 LOW 上人工排列进路。

① 排列进路的操作。在 LOW 排列进路，只要用鼠标的左键单击 LOW 主窗口上要排列进路的始端信号机，再用鼠标的右键单击要排列进路的终端信号机，此时所选始端信号机和终端信号机都会被打上灰色底色，然后在对话窗口中的命令显示栏（在 LOW 的左下角）用鼠标的左键单击"排列进路"命令，最后用鼠标的左键单击对话窗口中的"执行"按钮即可。

② 取消进路的操作。在 LOW 取消一条已经办好的进路,只要用鼠标的左键单击 LOW 主窗口上该进路的始端信号机,再用鼠标的右键单击该排列进路的终端信号机,此时所选始端信号机和终端信号机都会被打上灰色底色,然后在对话窗口中的命令显示栏(在 LOW 的左下角)用鼠标的左键单击 "取消进路" 命令,最后用鼠标的左键单击对话窗口中的 "执行" 按钮即可。

(2)在中央 ATS 的 MMI(人机接口)上人工排列进路码。

(3)进路自动排列。中央 ATS 根据时刻表或者目的地号自动排列进路。

(4)降级模式进路自动排列。在中央 ATS 出现故障或与 OCC 中央设备的传输通道出现故障时,车站 ATS 设备远程控制终端(车—地通信轨旁接受设备接收到目的码)自动排列进路。

(5)追踪进路。联锁根据追踪进路的接近区段占用自动排列固定方向的进路。

其中后三者属于自动功能,无须人员操作,但需要操作员激活相应的模式。

另外,在完全无联锁情况下,只能用人工扳动道岔采用人工加锁的方式。

2. 正常情况下中央级控制车站的方式

正常情况下列车的运行处于中央集中自动监控状态。系统进路控制和列车控制方式是:

(1)根据联锁表、计划运行图及列车位置,自动生成、判断、输出进路控制命令,传送到联锁设备,设置列车进路。

(2)根据计划运行图自动控制列车运行时分和停站时分,在停站时间终止后,自动发送停车点取消命令到 ATP 设备,允许列车发车。列车在 ATP 安全保护下,按照 ATS 指令由 ATO 实现列车的自动驾驶。列车运行状态通过车站联锁设备反馈至中央,构成一个闭环列车运行控制系统。当列车运行与实施计划运行图发生一定程度内的偏差时,由中央 ATS 自动调整列车的停站时分和区间运行时分,控制列车运行时间轨迹,以符合实施的计划运行图。

3. 控制中心 ATS 人工控制车站的方式

(1)采用中央 ATS 人工控制方式时,调度员在调度工作站上将信号机(可以是单个、部分或全部信号机)设置为人工控制状态,被设置的信号机就进入中央 ATS 人工控制方式;或调度员将列车(可以是单个、部分或全部信号机)设置为非自动调整状态,被设置的列车按图定的走行时分和停站时分,对于列车的早晚点不进行自动调整。未被设置的信号机、列车仍保持自动进路控制及列车自动运行调整。

(2)ATS 人工控制方式由调度员在调度工作站上人工发出相关命令,对进路及在线运行的列车进行人工干预。其控制内容包括:

① 在 ATS 行车调度工作站对计算机联锁设备发出进路控制命令,由联锁设备排列列车进路。

② 当列车的实际运行与实施的计划运行图之间发生严重偏差时,调度员采取 "扣车"、跳停、改变区间走行时分、在线临时计划运行图等手段人工调整列车运行。

③ 人工设定列车识别号。当人工设定的列车识别号与列车发送上来的 ATS 计算机显示的识别号不一致时,调度员在工作站上对该列车的识别号进行重新设定、修正及删除等操作。

（三）案例模块

1. 车站紧急停车按钮的操作

当遇紧急情况发生，如有人（物）坠落路轨或夹人夹物开车，将导致行车安全事故时，车站人员或乘客可以使用紧急停车按钮（无须报告车站行车值班员和行调），对辖区内在线列车进行紧急停车。

（1）遇到紧急情况时，站务人员或乘客可以使用站台紧急停车按钮对列车进行紧急停车控制，防止意外情况的发生。

（2）当车控室工作人员通过监视器发现紧急安全情况或接到紧急安全通知时，可以使用车控室内的紧急停车按钮，车控室的紧急停车按钮箱没有配备小锤，没有玻璃，可以直接按下按钮。

（3）车站站务员按下紧急停车按钮后，或在 SCC 中发现紧急停车按钮被按下后（包括信号设备集中站发现其所属控制站的紧急停车按钮被按下后），须立即报告行调。

（4）在事故处理完毕后，确认线路全部出清，具备行车条件时，报告行调后，信号设备集中站站务员可通过 SCC 进行恢复。

2. 现地控制（LCP）盘操作

1）紧急停车

在 LCP 盘上对紧急停车的操作程序如表 4-5 所示。

① 按压相应的停车按钮。

② LCP 盘上相应的紧急停车指示灯亮红灯，并发出电铃报警声音，同时在 LOW 上相应的站台区段出现红色蘑菇灯闪烁。

③ 执行切除报警操作，按压相应的切除报警按钮，消除报警声音。

表 4-5　LCP 操作程序

操作		步骤	操作反应
紧急停车	设置紧急制动	① 按压紧急停车按钮	紧急停车电铃响，紧急停车指示灯亮红灯
		② 按下切断报警按钮	紧急停车电铃不响
	取消紧急制动	① 按压取消紧急停车按钮	紧急停车指示灯灭灯，电铃响
		② 按下切断报警按钮	电铃不响
扣车	扣车	按下扣车按钮	如果发车时间指示器中断，扣车指示灯亮红灯。如果设置好停车点，运行停车点指示灯亮黄灯
	取消扣车	① 按下终止扣车按钮	
		② 按下扣车按钮	扣车指示灯闪光。运行停车点指示灯灭
		③ 按下终止扣车按钮	扣车指示灯灭灯
灯泡试验		按压灯泡试验按钮	两个指示灯亮灯

注：当行调扣车时，红色指示灯常亮；车站扣车时，红色指示灯闪亮。

当危及行车或人身安全的情况消除后，在 LCP 盘上切除紧急停车的操作步骤及现象如下：

① 在 LCP 盘上按压相应的取消紧急停车按钮。

② LCP 盘上相应的紧急停车指示灯灭，并发出电铃报警声音，同时在 LOW 上相应的站台区段的红色蘑菇灯灭。

③ 此时应执行切除报警操作，按压相应的切除报警按钮，消除报警声音。

2）在 LCP 盘上进行扣车

① "扣车"操作的步骤：在 LCP 盘上按压"扣车"按钮，LCP 盘上相应的扣车指示灯红灯闪烁（注：如果是 OCC 扣车，LCP 盘上相应的扣车指示灯为稳定红灯），同时在 LOW 上发生 B 类报警，记录了对应的站台区段的扣车提示内容，并发出报警声音，此时应单击 LOW 基础窗口上音响按钮，消除报警声音。

② "放行"操作的步骤：在 LCP 盘上按压"取消扣车"按钮，LCP 盘上相应的扣车指示灯灭，然后再按压相应的"扣车"按钮一次（复位），最后再按压相应的"取消扣车"按钮一次（复位）。

③ 扣车的原则：如果 LCP 盘上运营停车点指示灯亮黄灯，扣车操作有效。

（四）实操模块

【实训任务】车站紧急停车按钮和现地控制（LCP）盘的操作。

【实训目的】了解车站紧急停车按钮和现地控制（LCP）盘的作用。

【实训要求】掌握车站紧急停车按钮和现地控制（LCP）盘操作的有关规定。

【实训设备】运营沙盘、站控室现地控制（LCP）盘、车站站台区紧急停车按钮等。

【实训环境】城市轨道交通车站控制实验实训室或理实一体化教室或现场。

【实训指导】指导老师讲述车站紧急停车按钮和现地控制（LCP）盘的操作方法，指导学生分批进行车站紧急停车按钮和现地控制（LCP）盘的操作练习。

【实训练习题】车站站台区有物坠入路轨时的处理（使用车站紧急停车按钮或现地控制（LCP）盘）。

【实训考评】综合考评车站紧急停车按钮和现地控制（LCP）盘的操作过程是否按规定的作业程序进行，事故处理完毕后是否及时进行恢复。

【操作运用案例】扣车操作

1. 实训项目教师工作活页

实训项目教师工作活页　　　　　　　　NO：_____

实训项目	扣车操作				
学　　时	2	班　　级		略	
实训场所	城市轨道交通理实一体化教室				
工具设备					
教学目标	专业能力	（1）掌握扣车方法及流程 （2）掌握 ESB 的使用方法 （3）掌握 LCP 盘的操作方法			
	方法能力	（1）能综合运用专业知识，通过利用专业书籍、查阅文献和资料获得相关专业知识与信息 （2）能根据实训项目学习任务确定实训方案			
	社会能力	（1）能在实习训练活动中保持刻苦钻研的学习态度 （2）能与小组成员和教师就学习中的问题进行交流和沟通 （3）能与他人协调配合，具有较好的合作能力和团队精神 （4）锻炼查找资料和收集资料的能力			

续表

教学活动	略（详见教学活动设计）
教学评价	学生活动： （1）以 8～10 人小组为单位执行实训任务，根据本组同学在实训过程中的能力表现及结果进行自评和组内互评 （2）其他小组根据成果展示活动中的表现结果进行互评 教师活动： （1）教师组织学生开展互评活动 （2）对学生做出综合评价
教学资料	（1）城市轨道交通运输设备教材 （2）地铁公司资料 （3）实训项目学生学习活页（附页）
指导教师	教学时间　　　　　年　月　日

2．实训项目学生学习活页

实训项目学生学习活页　　　　　　　　　　NO：_____

实训项目　扣车操作

班级：_____　姓名：_____　学号：_____　时间：_____

一、实训目标

1．专业能力目标

（1）掌握扣车方法及流程；

（2）掌握 ESB 的使用方法；

（3）掌握 LCP 盘的操作方法。

2．方法能力目标

（1）能综合运用专业知识，通过利用专业书籍、查阅文献和资料获得相关知识与信息；

（2）能根据实训项目学习任务确定实训方案。

3．社会能力目标

（1）能在实习训练活动中保持刻苦钻研的学习态度；

（2）能与小组成员和教师就学习中的问题进行交流和沟通；

（3）能与他人协调配合，具有较好的合作能力和团队精神；

（4）锻炼查找资料和收集资料的能力。

二、知识总结

1．扣车的方法。

2．掌握 ESB 的使用方法。

3. 掌握 LCP 盘的操作方法。

4. 扣车操作安全注意事项。

三、操作运用

1. 简述扣车操作步骤。

2. 实例演示通过 LCP 盘扣车作业程序。

3. 讲述扣车作业注意事项。

四、实训小结

_____

_____

_____

五、成绩评定

1. 学生评价

评价等级	A—优	B—良	C—中	D—及格	E—不及格
学生自评					
组内互评					
他组互评					

2. 教师评价

评价等级	A—优	B—良	C—中	D—及格	E—不及格
专业能力					
方法能力					
社会能力					
评价结果					

3. 综合评价

评价等级	A—优	B—良	C—中	D—及格	E—不及格
评价结果					

注：按照学生自评占 10%、组内互评占 10%、他组互评占 20%、教师评价占 60%的比例计分。其中，A—100 分，B—85 分，C—75 分，D—60 分，E—50 分。

续表

4. 评价量规

等　级	行为表现描述
A	能圆满、高效地完成实训任务的全部内容
B	能顺利完成实训任务的全部内容
C	能完成实训任务的全部内容，但需要一些帮助和指导
D	自己只能完成实训任务的部分内容，但在现场的指导下，已经能完成任务的全部内容
E	不能完成实训任务的全部内容

二、车站级控制时接发列车作业

车站控制是指控制中心控制失效或控制权移交后，采取调度监督和电话闭塞法组织车站行车工作。

由于采用电话闭塞法行车时列车运行无设备控制，为了防止因疏忽而占用区间发车，或造成同向列车追尾，要求车站行车值班员在办理接发列车作业过程中，严格按照规定的作业程序和要求进行，严把承认闭塞和填发行车凭证（路票，或行车许可证）两大关卡，以确保车站能按列车运行图不间断地接发列车，并确保接发列车作业安全。

（一）理论模块

1. 车站级现地控制时行车控制运作特点

根据控制操作的需要，车站联锁设备与中央 ATS 系统通过通信对话可实现车站和中央两级控制之间的转换。在中央 ATS 系统故障下或经行车值班员申请，中央调员后，系统可改由车站级现地控制方式进行操作控制。在特殊情况下，行车值班员可强行取得联锁设备控制权。在车站现场控制方式下，系统最大限度地保持进路自动控制和列车运行自动调整功能。

2. 电话闭塞法基本要求

在停止使用基本闭塞法，改用电话闭塞法行车时（此种情况一般是在夜间停止运营期间进行工程列车开行或运营期间两个及其以上集中站 ATC 设备发生大面积故障时采用电话闭塞法行车），实行车站控制，即由车站行车值班员直接办理接发列车作业。由相邻两站或车站与车场间的行车值班员用电话来办理的一种闭塞方法。

（1）适用范围：

① 地铁运营初期基本闭塞设备尚未安装到位或基本闭塞设备不能使用，或在夜间停止运营期间开行工程列车、轨道车时，采用的代用闭塞法，即电话闭塞法。

② 在 ATC 模式及后退模式均发生故障时使用。

③ 双线反方向或单线行车。

（2）占用区间凭证及发车凭证采用电话闭塞法行车时，列车、轨道车和工程车占用区间的凭证为路票，发车信号为行车值班员的发车手信号。

（3）对发车间隔的要求采用电话闭塞法行车时，有的城市轨道公司要求列车发车间隔

执行"两站两区间空闲"的要求，有的只要求列车发车间隔为一个站间区间。

3."调度命令"的发布和抄收

需停止使用基本闭塞，改按电话闭塞法行车时，有关车站行车值班员应按行车调度员的命令办理。行车调度员在发布命令之前，应详尽了解现场情况，根据规定确定停用。要求停止基本闭塞法时机得当，方法措施正确。采用或停止站间电话闭塞法的调度命令如表4-6和表4-7所示。

表4-6 采用站间电话闭塞法的调度命令

调度命令		年 月 日	
受令处所	××站、××站，××站交××××次司机	命令号码	行调姓名
		×××	×××
命令内容	① 因××站联锁设备故障，自发令时起，××站至××站上（下）行正线实行站间电话闭塞法组织行车。 ② 列车凭车站发车指示信号动车。		

行车专用章　　　　　　　　车站值班站长

表4-7 停止使用站间电话闭塞法的调度命令

调度命令		年 月 日	
受令处所	××站、××站，××站交××××次司机	命令号码	行调姓名
		×××	×××
命令内容	自发令时起，前发××号令取消，××站至××站恢复正常信号行车。		

行车专用章　　　　　　　　车站值班站长

4.电话闭塞法的有关规定

（1）单线、双线反方向运行的列车或双线正方向运行的第一列车，发车站须向接车站请求闭塞，在取得接车站承认、发车进路准备妥当后，方可填写路票；双线正方向发车时，根据收到的前次发出列车在到达站发出的时间，请求下次列车闭塞，在取得接车站承认、发车进路准备妥当后，即可填发路票。

（2）路票须在查明闭塞区间空闲，并取得接车站承认后方可填写，路票由行车值班员填写，复查无误后方可递交司机。

（3）路票填写如有增添字句及涂改，均应作废，须重新填写。

（4）列车到达车站后，行车值班员应及时收回路票，并画"×"以示注销，整理保存。

（5）路票填写的日期以接车站承认闭塞时间为准，零点前办理的闭塞，司机若在零点后收到路票，仍视为有效。

（6）电话记录号码的使用要求。电话记录以每站一组若干个号码，按日循环使用，由小到大，可以跳号使用。每个号码在一次循环中只准使用一次，号码一经发出无论生效与否，不得重复使用。相邻站不能使用相同的号码。

（二）技术模块

1.ATS系统正常情况车站级控制方式

（1）在中央ATS系统正常时，根据运营需要，中央可以将控制权下放到联锁设备集

中进行车站级控制。

（2）控制权下放后，车站的进路控制和列车运行控制方式。

① 如果未经过车站行车值班员修改，控制权下放前所有自动控制的进路和信号机在控制权下放后仍然维持中央 ATS 系统原来的自动控制方式，即根据计划运行图及列车位置自动设置进路；已经修改则由车站行车值班员在现场工作站上人工控制。

② 控制权下放前处于运行自动调整和非自动调整的列车，在控制权下放后仍然维持原来列车运行控制和调整方式不变。

2．ATS 系统故障情况下的车站级控制方式

（1）在中央 ATS 或中央车站的信息传输网故障情况下，可采用不同的方法来保持进路的自动控制功能。例如，采用将运行图下载到车站 ATS 分机的方式来保持类似中央自动进路控制功能，或采取从现场获取列车目的地号的方式来自动排列进路。

（2）中央 ATS 故障后车站级的进路控制和列车运行控制方式。

① 如果未经过车站行车值班员修改，中央 ATS 故障后进路和信号机的原控制模式不变。控制权下放前所有自动控制的进路和信号机在控制权下放后仍然维持中央 ATS 系统原来的自动控制方式，由联锁设备根据下载的列车时刻表和列车运行位置，或经车—地通信设备将列车目的地号发送到联锁集中设备车站的 ATS 单元，联锁设备根据获取的列车目的信息及列车位置，原由 ATS 人工控制的进路和信号改由车站行车值班员在现场工作站上人工控制。

② 中央 ATS 故障后，列车运行控制也会因为不同的信号系统制式有所不同。除了采取制式外，一般不能维持列车的自动调整运行功能，此时系统根据区间运行和站台停站时分默认值来控制列车运行。需要时，车站行车值班员可在现地控制盘上进行"扣车/终止扣车"的操作以及在车站现地工作站上人工进行"取消停车点"的操作，来控制列车的停站时间。

3．车站 ATS 分机/远程单元故障车站联锁设备控制方式

（1）车站行车值班员在车站的现地工作站上通过鼠标、键盘等设备人工排列进路，并可对联锁控制范围内的信号机、道岔和轨道区段进行设置操作。

（2）在联锁设备人工控制方式下，联锁设备集中站的值班员可在现地工作站上将信号机设定为联锁自动进路状态。信号机被设置为联锁自动进路状态后，当列车运行至接近信号机的适当位置时，自动触发进路排列命令，由联锁设备为列车排列固定的列车进路。

（3）该控制方式下列车运行不能实现自动调整。列车运行控制方式与"ATS 系统故障情况下的车站级控制方式"相同。

4．中央集中联锁控制方式

有些信号系统具有中央联锁控制功能，可以实现在控制中心中央集中联锁工作站上直接进行中央联锁控制的操作。该方式可以归入车站级的控制方式，因为中央集中联锁是车站级控制的集中化，通过光缆连接直接将车站现地工作站延伸并集中至中央，从而实现所有联锁设备集中区的中央集中控制。

5．联锁站接发列车作业

在调度监督情况下，由于行车调度员只能监督现场设备和列车运行状态，不能直接控制现场列车运行，因此，由车站行车值班员运用车站信联闭设备办理接发列车作业。

控制权的转移有强行和非强行两种。车站和中央控制中心经联系后，按规定的操作方式办理控制权的转移。

在联锁站接发列车时，进路需要人工在 LOW 工作站上设置，列车在 ATP 保护下以 ATO 或 SM 模式驾驶运行。此时各联锁站接车作业程序如表 4-8 所示。

表 4-8　联锁站接车作业程序

程　序	详细作业程序及用语			说明事项
	值班站长	LOW 操作员（行车值班员）	站台站务员	
一、听取预告	1. 根据《行车日志》和 LOW 工作站显示，确认接车线路空闲			
	2. 听取发车站预告"××次预告"并复诵			
二、准备进路、开放信号	4. 确认接车进路防护信号开放正确后，复诵"进路防护信号好了"	3. 听取值班站长"××次预告"后，在 LOW 工作站上排列列车进路，确认进路防护信号开放好后口呼"进路防护信号好了"		
	（办理发车作业程序）			（通过列车）
	值班站长	LOW 操作员（行车值班员）	站台站务员	
三、接车	5. 听取发车站报点，复诵并填写《行车日志》			
	6. 通知站台站务人员"××次开过来，准备接车"并听取汇报		7. 站台站务人员复诵"××次开过来，准备接车"，并立岗接车	
	9. 监视列车到达	10. 监视列车到达（通过）	8. 监视列车到达（通过）及注意站台乘客安全	
	11. 向发车站报点"××次（×点）×分到（通过）"并填写《行车日志》			
	12. 向行调报点"××次×点×分到（通过）"			

发车作业程序如表 4-9 所示。

表 4-9　联锁站发车作业程序

程　序	详细作业程序及用语			说明事项
	值班站长	LOW 操作员（行车值班员）	站台站务员	
一、发车预告	1. 根据《行车日志》和 LOW 显示，确认发车线路空闲，向前一 LOW 工作站预告"××次预告"			
	2. 填写《行车日志》			

续表

程 序	详细作业程序及用语			说明事项
	值班站长	LOW 操作员（行车值班员）	站台站务员	
二、准备进路、开放信号	3. 听取前一发车站报点"××次×分开"并复诵，接到接车站准备好接车进路的通知，列车进站后排列发车进路	5. 听取值班站长"排列××次发车进路"的命令后，排列发车进路。进路排列好后，口呼"进路防护信号好了"		
	4. 通知 LOW 操作员"排列××次发车进路"			
	6. 确认发车进路好后，复诵"进路防护信号好了"			
三、发车	7. 通知站台站务人员"××次发车进路好了"		8. 确认后三节车门关闭好后，向司机显示"车门关闭好了"的手信号	
四、报点	11. 监视列车运行	10. 监视列车运行，直至列车出清联锁区	9. 监视列车运行及注意站台乘客安全	
	12. 向接车站报点"××次（×点）×分开"			
	13. 填写《行车日志》			
	14. 向行调报点"××次×点×分开"			

6. 电话闭塞的解除

电话闭塞的解除，是在双线区间，一个电话闭塞过程完成的标志，同时是下一次电话闭塞开始的条件。在双线区间为了提高作业的效率，除第一列列车在发出时没有前次列车到达邻站电话记录号码，其余列车都有。因此，除第一列列车外，其余列车按前次列车到达的电话记录号码填发路票。因此，在办理电话闭塞时，必须严格执行闭塞解除时机。接车站通知发车站前次列车闭塞解除的条件是：

（1）接车站接到发车通知向本站开来的列车已经到达本站，并已由本站出发，或已经进入折返线。

（2）接车进路准备妥当。

发车站接到前次列车闭塞解除的通知，即是接车站对后一次列车闭塞的承认。

7. 取消电话闭塞的办理

1）方法

（1）闭塞办妥后，因故不能接车时，立即发出停车手信号进行防护，由提出一方发出电话记录号码，作为闭塞取消的依据。

（2）如列车已经出发时，但接车站无法接车时，应派专人到进站方向站界附近，向驶近列车显示停车信号。列车由站间的途中退回发车站时，由发车站发出电话记录号码作为取消的依据。

2）用语

"请求取消×××次闭塞"；"电话记录×××号，×点×分取消×××次闭塞"。

8. 电话闭塞作业程序

电话闭塞法接车作业程序如表 4-10 所示。

表 4-10　电话闭塞法接车作业程序

程　序	作　业　标　准	
	值　班　站　长	值　班　员
一、听取闭塞车请求	1. 听取后方站发车请求、复诵"××站××次请求闭塞"	
	2. 根据《行车日志》(或通过 LOW、CCTV)、调度命令确认站内线路空闲和区间线路空闲(第一趟列车与行调、发车站共同确认)	
	3. 根据《行车日志》确认后方站线路空闲和区间线路空闲(第一趟列车与行调、后方站共同确认)	
二、检查及准备进路	4. 布置值班员(站务员):"检查×道,准备××次×道(上行或下行线)接车进路"	5. 复诵"检查×道,准备××次×道(上行或下行线)接车进路"
	7. 听取汇报后,复诵"××次×道(上行或下行线)接车进路好了(线路出清)"	6. 将进路上的道岔开通正确位置并加锁,向值班站长报告"××次×道(上/下行线)接车进路好了(线路出清)"
三、同意闭塞	8. 通知发车站"电话记录××号×分同意××次闭塞",填写《行车日志》,准备接车	
四、接车	9. 听取发车站的发车通知复诵:"××次××分开",填写《行车日志》,并向前方站请求闭塞	
	10. 布置值班员"××次开过来了,准备接车"	11. 复诵"××次开过来了,准备接车"。监视列车进站停车
	13. 复诵"××次到达",填写《行车日志》,向行调报点	12. 列车对位停车后,向值班站长报"×× 次到达"
五、开通区间	14. 列车本站开出后,向发车站报点"电话记录××号××次××分开"。开通区间	

电话闭塞法发车作业程序如表 4-11 所示。

表 4-11　电话闭塞法发车作业程序

程　序	作　业　标　准	
	值　班　站　长	值　班　员
一、请求闭塞	1. 根据《行车日志》、调度命令确认区间线路空闲(第一趟列车与行调、接车站共同确认)	
	2. 向前方站请求闭塞:"××次请求闭塞"	
二、准备发车进路	3. 布置值班员:"准备××次×道(上/下行线)发车进路"	4. 复诵"准备××次×道(上/下行线)发车进路"
	6. 听取汇报,复诵"××站××次×道(上/下行线)发车进路好了(线路出清)"	5. 将进路上的道岔开通正确位置并加锁,确认正确后,向值班站长报告"××次×道(上/下行线)发车进路好了(线路出清)"
三、办理闭塞	7. 复诵:"电话记录××号,同意××次闭塞"	
	8. 填写《行车日志》	

续表

程　序	作　业　标　准	
	值　班　站　长	值　班　员
三、办理闭塞	9. 布置行车值班员填写路票	10. 根据值班站长命令填写路票并向值班站长复诵
	11. 指示行车值班员向司机交付路票后显示发车信号	12. 向司机交付路票后，确认乘客上下完毕，列车车门关闭后向司机显示发车信号
四、列车出发	14. 复诵"××次出发"，填写《行车日志》	13. 列车出清站台区后，向车控室报"××次出发"
	15. 列车出发后，向前方站（接车站）（行调）报点"××次××分开"。当列车尾部越过站台头端墙后，向后方站报点"电话记录××号××次××分开"。开通区间	
五、开通区间	16. 复诵前方接车站"电话记录××号××次××分开"，填写行车日志，开通区间	

（三）案例模块

这里说明电话闭塞法接发列车作业项目。

（1）车站和行调共同确认第一趟发出的列车运行前方的车站和区间空闲。

（2）发车站向接车站请求闭塞："×××次请求闭塞。"

（3）接车站确认接车区间，接车线路空闲，接车进路准备妥当后，向发车站发出："电话记录号码×××号，××点××分承认×××次闭塞。"发车站复诵一次。

（4）进路准备：故障联锁站正线上的道岔均要开通正线，并使用钩锁器锁定；两端站的折返道岔在确认位置正确后，使用钩锁器但只挂不锁。

（5）发车时发车站须查明区间空闲，并取得接车站的承认，在发车进路准备妥当后，方可填发路票。路票由车站行车值班员或值班站长填写，对于填写的路票，应根据《行车日志》的记录，进行认真检查，确认无误，并加盖行车专用章后，方可送交司机。路票如图 4-3 所示。

```
　　　　　　　　　路　票　　　　　NO：

　　　电话记录第_____号，车次_____
　　　　　　　至_____站（_____线/道）
　┌─────────────────┐
　│×××站（基地）        │
　│行车专用章            │
　└─────────────────┘
　　　　　　　　　　　　　　　　　车站值班员_____
　　　　　　　　　　　　　____年____月____日
```

图 4-3　国内某城市轨道公司路票

（6）发车站办理发车进路，向列车司机递交路票，路票交接地点为司机所在驾驶室旁的站台上。路票交接必须由车站行车值班员指定的行车人员负责。显示手信号发车，列车出发后，向接车站通报发车车次、时分，并向行调报点，用语："×××次××分开（通过）。"接车站复诵一次。

（7）司机在电话闭塞区段范围内的各区间运行，凭行调口头命令用 RM 模式驾驶，注意加强瞭望和行车安全。

（8）列车整列到达并发出（或进入折返段）后，接车站向发车站发出到达列车、闭塞解除时分及电话记录号码，并向行调报点，用语："电话记录×××号，×××次××点××分到。"发车站复诵一次。

（9）闭塞区站在列车到达并由本站发出后，向行车调度员及相邻闭塞区车站通报发车车次和时分。

（四）实操模块

【实训任务】电话闭塞法接发列车作业程序。

【实训目的】电话闭塞法接发列车作业要求。

【实训要求】电话闭塞法接发列车作业的有关标准。

【实训设备】联锁站 LOW 局域操作员工作站、站间行车电话、运营沙盘、仿真列车等。

【实训环境】城市轨道交通车站控制实验实训室或理实一体化教室或现场。

【实训指导】指导老师讲述电话闭塞法接发列车作业标准和注意事项，指导学生分组分角色进行电话闭塞法接发列车作业的练习。

【实训练习题】路票的填写，行车日志的填写，发车手信号的表示。

【实训考评】综合考评电话闭塞法接发列车作业是否按规定的作业标准进行。

【操作运用案例】电话闭塞法接发列车

1. 实训项目教师工作活页

实训项目教师工作活页　　　　　　　　　　　NO：_____

实训项目		电话闭塞法接发列车		
学　　时		4	班　　级	略
实训场所		城市轨道交通接发列车实训室		
工具设备				
教学目标	专业能力	（1）掌握电话闭塞法接发列车基本流程 （2）掌握路票（行车许可证）的填写标准 （3）掌握排列进路的基本方法		
	方法能力	（1）能综合运用专业知识，通过利用专业书籍、查阅文献和资料获得相关专业知识与信息 （2）能根据实训项目学习任务确定实训方案		
	社会能力	（1）能在实习训练活动中保持刻苦钻研的学习态度 （2）能与小组成员和教师就学习中的问题进行交流和沟通 （3）能与他人协调配合，具有较好的合作能力和团队精神 （4）锻炼查找资料和收集资料的能力		
教学活动		略（详见教学活动设计）		
教学评价		学生活动： （1）以 8～10 人小组为单位执行实训任务，根据本组同学在实训过程中的能力表现及结果进行自评和组内互评 （2）其他小组根据成果展示活动中的表现结果进行互评 教师活动： （1）教师组织学生开展互评活动 （2）对学生做出综合评价		

教学资料	（1）城市轨道交通运输设备教材 （2）地铁公司资料 （3）实训项目学生学习活页（附页）		
指导教师		教学时间	年　　月　　日

2．实训项目学生学习活页

实训项目学生学习活页　　　　　　　　NO：＿＿＿＿＿

实训项目　电话闭塞法接发列车

班级：＿＿＿＿＿　姓名：＿＿＿＿＿　学号：＿＿＿＿＿　时间：＿＿＿＿＿

一、实训目标

　1．专业能力目标

　（1）掌握电话闭塞法接发列车基本流程；

　（2）掌握路票（行车许可证）的填写方法；

　（3）掌握人工排列进路的方法。

　2．方法能力目标

　（1）能综合运用专业知识，通过利用专业书籍、查阅文献和资料获得相关知识与信息；

　（2）能根据实训项目学习任务确定实训方案。

　3．社会能力目标

　（1）能在实习训练活动中保持刻苦钻研的学习态度；

　（2）能与小组成员和教师就学习中的问题进行交流和沟通；

　（3）能与他人协调配合，具有较好的合作能力和团队精神；

　（4）锻炼查找资料和收集资料的能力。

二、知识总结

　1．电话闭塞法接发列车程序。

　2．填记《路票》（行车许可证）的方法。

　3．掌握人工排列进路方法。

三、操作运用

　1．演练电话闭塞模式下接发列车作业流程。

续表

2. 实例演示路票、行车日志的填记方法。

3. 实例演示人工排列进路步骤。

四、实训小结

_____

_____

_____

五、成绩评定

1. 学生评价

评价等级	A—优	B—良	C—中	D—及格	E—不及格
学生自评					
组内互评					
他组互评					

2. 教师评价

评价等级	A—优	B—良	C—中	D—及格	E—不及格
专业能力					
方法能力					
社会能力					
评价结果					

3. 综合评价

评价等级	A—优	B—良	C—中	D—及格	E—不及格
评价结果					

注：按照学生自评占 10%、组内互评占 10%、他组互评占 20%、教师评价占 60% 的比例计分。其中，A—100 分，B—85 分，C—75 分，D—60 分，E—50 分。

4. 评价量规

等 级	行为表现描述
A	能圆满、高效地完成实训任务的全部内容
B	能顺利完成实训任务的全部内容
C	能完成实训任务的全部内容，但需要一些帮助和指导
D	自己只能完成实训任务的部分内容，但在现场的指导下，已经能完成任务的全部内容
E	不能完成实训任务的全部内容

任务三 列车车站折返作业组织

学习目标

（1）了解城市轨道交通列车折返进路的模式及最优模式的确定；

（2）了解城市轨道交通列车折返基本作业过程；

（3）了解城市轨道交通列车自动折返和车站级控制列车折返作业过程；

（4）了解城市轨道交通列车折返的特殊规定。

学习任务

认知轨道交通列车车站的各种折返作业。

工具设备

运营沙盘（车站带折返线和渡线）、仿真列车、联锁站 LOW 工作站等。

教学环境

城市轨道交通控制中心实验实训室或理实一体化教室，城市轨道交通车站控制实验实训室或理实一体化教室。

一、折返进路的模式确定

（一）理论模块

1. 列车车站折返作业基本要求

（1）根据控制方式和设备类型的不同，在调度集中控制时，行车调度员是列车折返调车的领导人和指挥人；在车站控制时，行车调度员是列车折返调车的领导人，行车值班员是列车折返调车的指挥人；在现场控制时，行车值班员是列车折返作业的领导人，由车站行车值班员指派的合格的工作人员是调车作业的指挥人。

（2）在调度集中控制时，进路自动办理，列车自动进行折返作业，列车司机按接收到的速码，进行折返作业。在车站控制时，由车站用无线电话向司机传达，若无线电话故障时，可使列车停车传达清楚后，才开始折返调车作业。

（3）调车速度在 ATO 控制方式下，无人进行折返时，速度为 30km/h；有人进行折返时，速度为 15km/h；在人工操纵条件下，调车速度为 20km/h；连挂作业前须一度停车，接近被连挂车辆限速 3km/h 进行连挂。

（4）列车进折返线停放列车时，尾部须停在警冲标或信号机内方不影响邻线列车通过，并做好防溜安全措施。

（5）执行折返作业计划时，没有信号不准动车，信号不清时立即停车。

2. 两种基本折返调车进路的优缺点

1）站后折返的优缺点

上行到达列车进站，停靠车站站台 a，在规定的列车停站时间内乘客下车完毕；列车由车站正线进入尽端折返线 b，调车进路可预办；列车在折返线，前后部司机立即进行换头作业，停留规定时间后，在前一列下行出发并已经驶离车站闭塞分区，同时道岔开通车站正线和调车信号开放，进入下行车站正线 c，完成折返调车作业。

此种站后折返方式，出发列车与到达列车不存在敌对进路交叉，行车安全；而且列车出站速度高，有利于提高旅行速度，因此，站后折返方式被广泛采用。站后折返方式的主

要缺点是列车折返时间较长。

2）站前折返的优缺点

上行到达列车由车站闭塞分区外方，即进站位置处 a 向进站，停靠下行车站正线 b，前后部司机立即进行换头作业，在规定的列车停站时间内乘客下车与上车完毕；然后由车站出发驶离车站闭塞分区 c，并为下一列进站折返列车办妥接车进路。

采用站前折返方式，列车无空车走行，折返时间较短；乘客上下车同时进行，能缩短停站时间；此外，站线和折返线相结合。站前折返的缺点是出发列车与到达列车在敌对进路交叉，影响行车安全；列车进出站通过道岔，致使列车速度受限制和乘客有不舒适感；乘客上下车同时进行，在客流量大的情况下，站台秩序会受到影响。

列车到发作业产生交叉干扰的条件是进路有交叉，并且占用进路的时间相同，两个条件必须同时具备才构成真正的进路交叉。在行车密度很大的情况下，采用站前折返方式，要完全消除到发列车的交叉干扰难度很大。

3．自动折返按有无折返轨分类

1）无折返轨的自动折返（换向）

如图 4-4 所示，列车以 SM 或 ATO 模式进入折返轨的终端站站台，显示屏出现折返图标和 AR 符号，列车停稳后，自动折返灯亮，司机按下自动折返按钮，使自动折返灯灭，显示屏上的折返图标出现黄色背景，此时司机可关主控钥匙，到另一端驾驶室。在另一端驾驶室，司机看到自动折返灯闪亮，SM 灯亮，可开主控钥匙，自动折返灯灭，显示屏显示 SM 模式，换向完成。

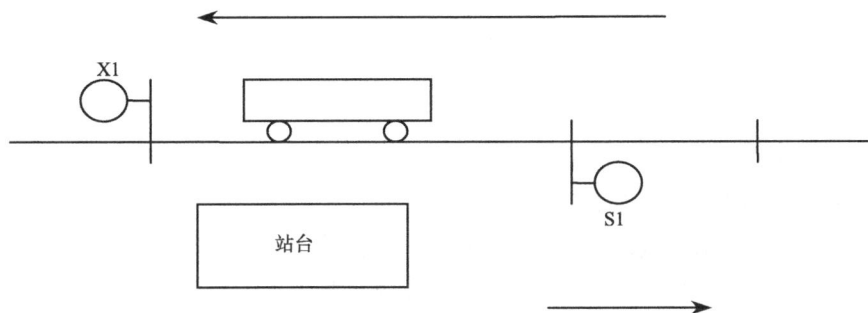

图 4-4　无折返轨的自动折返

2）有折返轨的自动折返

列车进行折返作业，根据不同的情况采取不同的方法，下面就不同的情况介绍简单的作业程序。

（1）有人折返折返作业过程。如图 4-5 所示，列车以 SM 或 ATO 模式进入站台，显示屏出现折返图标和 AR 符号，列车停稳后，自动折返灯亮，司机按下自动折返按钮，使自动折返灯灭，显示屏上的折返图标出现黄色背景，当折返进路 S4-S2 排列好，信号机 S4 开放，关车门后，停车点取消，司机可用 ATO 或 SM 模式驾驶列车进入折返轨至停车点停车，关主控钥匙，到另一驾驶室。另一驾驶室的自动折返灯闪亮，SM 灯亮，司机开主控钥匙，自动折返灯灭，显示屏显示 SM 模式，当进路 X2-X4 排列好，或 SM 驾驶列车到站台，有人自动折返完成。

（2）无人折返折返作业过程。如图 4-5 所示，列车以 SM 或 ATO 模式进入站台，显示屏出现折返图标和 AR 符号，列车停稳后，自动折返灯亮，司机按下自动折返按钮，使自动折返灯灭，显示屏上折返图标出现黄色背景，先清客，再关车门，然后关主控钥匙，最后离开驾驶室，到站台的无人折返钥匙开关处，操作此开关，当进路 S4-S2 排列好，停车点取消，列车自动驶入折返轨；当进路 X2-X4 排列好驶出折返轨，到达站台停下，司机进入下行端驾驶室（运行方向），此时自动折返灯闪亮，SM 灯亮，司机开主控钥匙，自动折返灯灭，显示屏显示 SM 模式，无人折返完成。

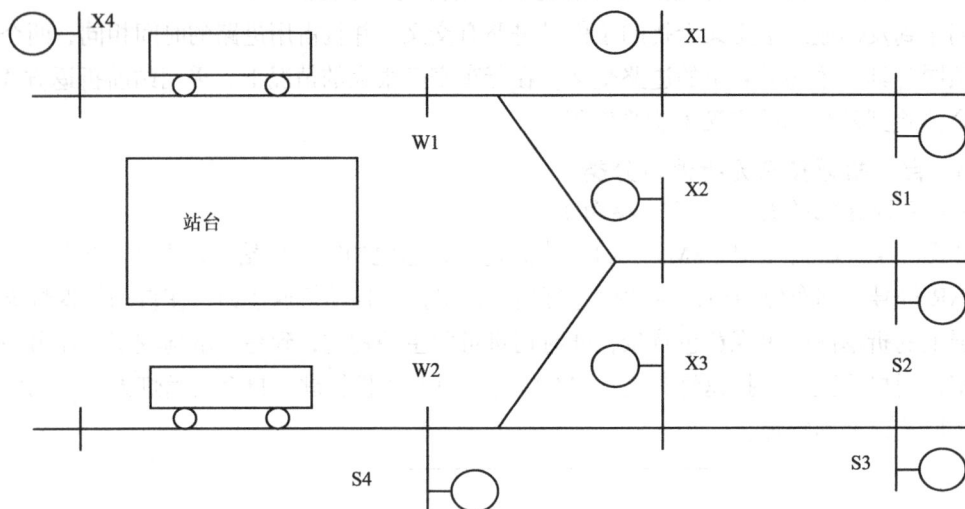

图 4-5　有折返轨的自动折返

（二）技术模块

1. 折返进路最优模式的确定

列车折返调车利用折返站站内正线、折返线和渡线等线路进行。不同的折返调车进路运用方案，构成不同的折返调车模式。列车在车站的折返作业模式一般情况有几种，其中有一种最优模式，这种模式对到发作业的影响最少，有利于提高通过能力。

2. 折返进路模式的选择

在 ATC 控制时，进路的办理自动完成，以最优模式进行。在车站控制时，应优先办理最优模式进路，在一些特殊情况时，经行车调度员同意可以使用其他模式。

3. 折返作业基本作业过程

1）办理折返进路

办理折返进路的方法，根据设备控制方式不同，可以有以下几种方式：

（1）ATS 确认列车身份，排列列车进入折返线。

（2）人工通过 LOW 办理折返进路。

（3）人工扳动道岔，人工加锁。

2）列车进入折返线

（1）列车接收到速码、信号机的显示进行信号或车站行车值班员的手信号，当班驾驶员驾驶列车进入折返线并停车。

（2）车站行车值班员通过 CCTV 显示器监视列车的运行。

（3）控制中心从车站获取折返列车的运行状态资料，以便与运营计划进行核对。

3）列车换向作业

（1）当班驾驶员关闭前驾驶室。

（2）驾驶员或换班驾驶员，启动后驾驶室，控制列车。

（3）改变列车目的地指示。

4）办理列车出折返进路

办理列车出折返进路的方法，与办理折返进路的方法一致。

5）列车出折返线

（1）驾驶员驾驶列车进入发车站台并停车。

（2）车站行车值班员通过 CCTV 显示器监视列车运行情况。

（3）控制中心从车站获取列车身份和到达时间参数，以便与运营计划进行核对。

（三）案例模块

1. 上海地铁 1 号线列车自动折返作业

由于上海地铁 1 号线设备与其他地铁线不同，所以它的折返作业过程有自己的特点。

根据折返线路的不同，进路办理时机也都不同。在牵出折返线进行折返时，在列车到达前方车站时，通过 ATS 进行办理；在用渡线进行折返时，列车到达后进行办理。

1）ATO 有人折返

（1）进入折返线停车。下行列车到达前方车站时，本站的优先列车折返模式的进路就自动排列好，道岔防护信号机自动开放，显示月白色灯光，列车到达本站办理完客运作业及接乘司机上车后，司机凭发车指示器亮稳定白色灯光及收到 30km/h 速度码，以 ATO 方式将列车驶往优先列车折返模式的折返线停车牌处自动定点停车。

（2）列车出折返线。列车在此折返线停妥后，前后部司机立即办理换头作业，待图定出折返线时刻一到，折返进路自动排列好，道岔防护信号机自动显示月白色灯光，司机凭道岔防护信号机显示的月白色灯光及收到的 30km/h 的速度码，以 ATO 方式将列车驶往上行线停车牌处自动定点停车，折返作业完毕。

2）无人自动折返

（1）进入折返线停车。下行列车到达前方车站时，本站的优先列车折返模式的进路就自动排列好，道岔防护信号机自动开放，显示月白色灯光，列车到达本站办理完客运作业后，司机凭发车指示器亮稳定白色灯光，列车前端的司机观察折返信号，按动站台上的自动折返按钮。以 ATO 无人驾驶方式将列车驶往优先列车折返模式的折返线停车牌处自动定点停车。

（2）列车出折返线。列车在此折返线停妥后，前后部司机立即办理换头作业，待图定出折返线时刻一到，折返进路自动排列好，道岔防护信号机自动显示月白色灯光，司机凭道岔防护信号机显示的月白色灯光，接到命令的列车自动起动行驶，以 ATO 方式将列车驶往上行线停车牌处自动定点停车，折返作业完毕。

在调整列车时，为压缩列车在折返线停留时间，行车调度员应在列车进入优先列车折返模式的线路停妥后，人工排列折返线进路和开放道岔防护信号机的月白色灯光。列车收到速度码后，司机按压启动按钮，列车以 ATO 方式进行折返。

列车自上行线经折返线折返至下行线时，其折返线进路由调度员（或下权站控制）人工排列，列车进出折返线以 ATP 人工驾驶方式运行，进入折返线须凭收到 30km/h 速度码及道岔防护信号机显示要求进行，由列车司机确认进路。

2．广州地铁列车自动折返作业

列车的自动折返的运行模式分为 DTRO、ATO、SM 模式三种，在运用中，根据实际情况，除 DTRO 模式外还可采取 ATO、SM 模式组合运用的折返运行。如图 4-6 所示，X4-X2 为折返进路，列车的折返可以采用下列任一种折返模式：① DTRO 模式；② 牵出、折返均用 ATO 模式；③ 牵出用 ATO 模式，折返用 SM 模式；④ 牵出用 SM 模式，折返用 ATO 模式；⑤ 牵出、折返均用 SM 模式。

列车以 ATO 模式折返（见图 4-6）：

（1）列车以 ATO 模式进站停车。

（2）ATO 打开车门。

（3）AR 灯亮。

（4）司机按压 AR 按钮。

（5）牵出进路 X4-X2 排出，X4 开放。

（6）DTI=0。

（7）司机关门，ATO 启动灯点亮。

（8）司机按压 ATO 启动按钮，列车自动牵出（X4-X2）。

（9）列车在折返线停车。

（10）司机关闭驾驶室 A，取出主控钥匙，走向驾驶室 B。

（11）列车自动换向，驾驶室 B 的 AR 灯闪烁。

（12）司机用主控钥匙打开驾驶室的操作台。

（13）AR 灯灭。

（14）联锁系统自动排出折返进路 X2-X8，X2 开放。

（15）ATO 启动灯点亮。

（16）司机按压 ATO 启动按钮。

（17）列车自动折返运行。

（18）列车在站台停车。

（19）列车进入 SM 模式，折返完成。

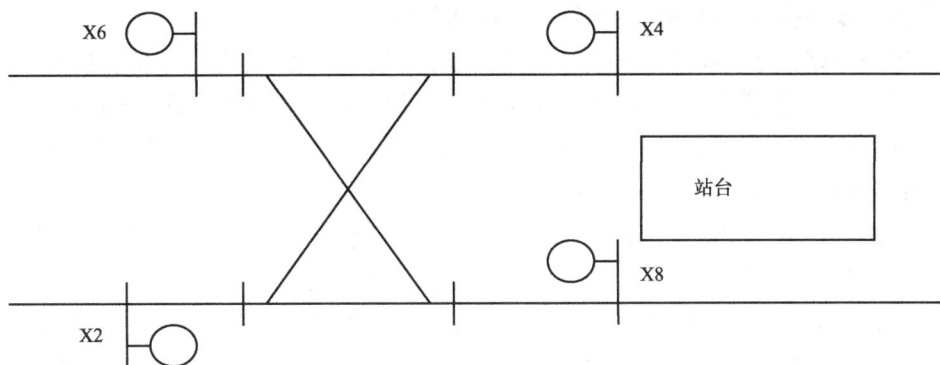

图 4-6　列车折返线路示意图

如司机想用 SM 模式折返，可在 ATO 启动灯点亮后，将主控手柄拉离 0 位，或在 ATO 运行过程中，直接将主控手柄拉离 0 位，列车便可以转为 SM 模式运行。

（四）实操模块

【实训任务】联锁站人工办理列车折返进路作业。

【实训目的】了解联锁站人工办理列车折返进路作业的要求。

【实训要求】掌握联锁站使用 LOW 局域操作员工作站来办理列车折返进路的步骤。

【实训设备】联锁站 LOW 局域操作员工作站、运营沙盘、仿真列车等。

【实训环境】城市轨道交通车站控制实验实训室或理实一体化教室或现场。

【实训指导】指导老师讲述使用 LOW 局域操作员工作站来办理列车折返进路作业的标准和注意事项，指导学生分批使用 LOW 局域操作员工作站来办理列车折返进路作业的练习。

【实训练习题】折返进路模式的确定。

【实训考评】综合考评列车折返进路确定的模式是否按最优，考核联锁站使用 LOW 局域操作员工作站人工办理列车折返进路是否符合作业标准。

二、车站级控制列车折返

（一）理论模块

1. 无联锁现场控制时列车折返作业

（1）原则上优先办理最优折返模式的折返进路。若办理其他进路时，应首先得到行车调度员的允许后，方可办理。

（2）办理时严格执行人工扳动道岔人工加锁的作业程序。

（3）进路办理好后应及时通知司机，并且明确进路确认的职责。

（4）无联锁折返作业简要程序：

① 在车站折返线联锁失效时，车站行车值班员向行车调度员报告，并报告站长安排双人上岗并把关。

② 办理车站控制权的转交，确定车站控制车站。

③ 准备进路：行车调度员确认列车到达前方车站时，命令车站行车值班员准备进路。工作人员进行人工摇道岔，严格执行要道还道，并按加钩锁器锁闭，必须做到双人顺着轨密贴一边确认道岔位置正确后向车站行车值班员回报。车站行车值班员应逐个认真核对进路上所有道岔位置正确，进路正确开通。

④ 列车到达后，完成客运作业后，由车站行车值班员通知司机，明确调车进路的确认由司机负责，并由车站调车工作人员向司机送调车作业通知（单）。

⑤ 司机凭调车指挥人的手信号动车，以人工驾驶方式按限速方式驶进折返线。

⑥ 司机进入折返线进行司机室交换作业后，司机用无线电话进行联系，列车进路办理好后，调车指挥人显示手信号指示列车动车。

⑦ 列车驶出折返线，驶往线路停车牌处定点停车。

2．临时变更折返进路的规定

（1）全线各有岔车站，在办理列车折返调车作业中，若需临时变更进路，根据不同的控制方式采用不同的模式。在调度集中控制时，如折返列车尚未起动，由行车调度员通知司机后重新办理折返进路。在车站控制时，若非设备故障，一般不进行列车折返进路的临时变更。必须变更时，就由其操作进路人员首先应征得行车调度员的同意，在获得同意后，通知有关调车列车司机"现在变更进路，禁止列车动车"，得到列车司机确认后，方可取消原进路，再办理变更进路。待变更进路完毕，即刻通知该司机"变更进路完毕，可恢复调车作业"。

（2）列车起动后，不得变更折返进路。

（二）技术模块

1．无人自动折返（DTRO）故障的处理

（1）列车在两端终点站折返时，当司机操作 DTRO 按钮后，列车不能自动运行进入折返线时，到达司机通知接车司机立即拉下后端 A 车车门紧急解锁手柄，然后进入驾驶室，并以有人折返的方式折返，同时通知接班司机配合，并报告行车调度。

（2）行车调度接报后，通知维调处理故障。

2．遇防护信号机故障

如果防护信号机故障时，在行车值班员确认列车折返调车进路正确后，可改用手信号指挥列车折返作业。

（三）案例模块

1．上海地铁车站级控制列车折返

在行车调度员将车站控制方式下放给车站后，车站的列车折返进路由车站的行车值班员利用车站的控制设备办理。

（1）进入折返线停车。下行列车到达前方车站时，折返站的行车值班员根据行车调度员的指令，办理车站优先列车折返模式的进路，列车折返进路办理好后，道岔防护信号机自动开放，显示月白色灯光，列车到达本站办理完客运作业及接乘司机上车后，司机凭发

车指示器亮稳定白色灯光，以 ATP 人工驾驶方式将列车驶往优先列车折返模式的折返线停车牌处自动定点停车。在人工驾驶方式时，列车司机负责确认调车进路，严格按《上海地铁技术管理规程》）要求的速度进入停车地点。

（2）列车出折返线。列车在此折返线停妥后，前后部司机立即办理换头作业，待图定出折返线时刻一到，行车值班员办理折返进路，折返进路排列好后，道岔防护信号机自动显示月白色灯光，司机凭道岔防护信号机显示的月白色灯光，以 ATP 人工驾驶方式或人工驾驶方式，将列车驶往上行线停车牌处自动定点停车，折返作业完毕。在人工驾驶时，车站行车值班员负责确认调车进路，严格按《上海地铁技术管理规程》要求的速度运行。

在调整列车时，为压缩列车在折返线停留时间，行车调度员应在列车进入优先列车折返模式的线路停妥后，人工排列折返线进路和开放道岔防护信号机的月白色灯光。

列车自上行线经折返线折返至下行线时，其折返线进路由调度员（或下权站控）人工排列，列车进出折返线以 ATP 人工驾驶方式运行，进入折返线须凭收到 30km/h 速度码及道岔防护信号机显示要求进行。

2. 广州地铁 RTU 模式下列车折返作业

当 ATS 系统的 ATS 模式发生故障时，信号系统能自动降级为 RTU 模式运行（ATS 系统降级模式）。在 RTU 模式里，信号系统仍具各自排进路、自动取消运营停车点和 ATP、ATO 的功能。因此，RTU 模式被激活后，操作员基本不需要对 LOW 进行任何操作。RTU 模式下设置折返进路的两种方法：

（1）需要折返时，司机在列车上输入正确的目的地码，系统根据目的地码自动排列折返进路。

（2）人工在 LOW 排列折返进路。

但是，在信号系统从 ATS 模式转为 RTU 模式过程中（从 ATS 模式转为 RTU 模式的全部时间约 3min），某联锁站 RTU 模式还未被激活时，列车刚好进入了此联锁区域某站站台并停稳，这时系统不能自动取消运营停车点，需要人工在 LOW 上，也可以在 OCC 的 MMI 上取消运营停车点，直至 RTU 模式被激活。当 ATS 模式和 RTU 模式发生故障时，可在 LOW 上人工排列进路或设置"追踪全开"功能及取消运营停车点等操作。当设置了"追踪全开"功能后，联锁系统能自动排列正常运营方向的进路。

（四）实操模块

【实训任务】车站无联锁现场控制时的列车折返作业。

【实训目的】了解车站无联锁现场控制列车折返作业时的要求。

【实训要求】掌握车站无联锁时折返作业的程序。

【实训设备】转辙机牵引的道岔、手摇把、钩锁器、运营沙盘、仿真列车等。

【实训环境】城市轨道交通车站控制实验实训室或理实一体化教室或现场。

【实训指导】指导老师讲述车站无联锁时折返作业的程序和注意事项，指导学生分批对车站无联锁时折返作业的程序进行练习。

【实训练习题】车站无联锁时折返作业进路的办理。

【实训考评】综合考评车站无联锁时折返作业是否符合作业要求。

任务四　车站局域操作员工作站故障应变处理

城市轨道交通微机联锁（SICAS）子系统由车站设备和轨旁设备组成，具有 3 取 2 的冗余功能，是以"故障—安全"为原则的安全微机系统。可实现的功能有：控制并监督轨道电路的空闲及占用，道岔转换及锁闭，信号机的开放和进路的排列、解锁等。SICAS 联锁的操作和显示可借助操作控制系统的人机接口系统（LOW、MMI）来完成。

学习目标

（1）了解城市轨道交通车站信号设备常见的故障和应变处理方法；

（2）了解城市轨道交通 LOW 故障和应变处理；

（3）了解城市轨道交通车站联锁设备常见的故障和应变处理。

学习任务

认知车站局域操作员工作站设备故障及应变处理。

工具设备

联锁站 LOW 局域操作员工作站、站间行车电话、运营沙盘、道岔及转辙机、仿真列车等。

教学环境

城市轨道交通控制中心实验实训室或理实一体化教室，城市轨道交通车站控制实验实训室或理实一体化教室。

一、车站信号设备故障应变处理

（一）理论模块

1．道岔故障

（1）道岔区段左右位长闪（即道岔挤岔故障）。在无进路状态下，发生道岔区段左右位长闪（即道岔挤岔故障）。处理方法是：

① 判断有无列车变更（替换）进路，若有则办理变更（替换）进路。

② 在确认道岔区段空闲及安全的前提下，执行"挤岔恢复"命令。

若故障仍存在，则执行"转换道岔"命令对道岔进行左/右位转动操作 2 次后，故障仍不能恢复时（若允许，可对道岔多操作几个来回），只能人工办理进路。局域操作员工作站在地铁运营中的应用在进路建立后，发生道岔区段左右位长闪，同样按照①的步骤处理。但要注意：此时信号立刻降为非监控层，故障道岔仍被电子锁定，要执行取消进路或强解道岔区段操作（一般执行取消进路命令）之后，才能执行"挤岔恢复"命令和转换道岔的操作。

（2）道岔左位或右位短闪（即道岔转不到位故障）。在无进路状态且道岔没有转动下，

发生道岔左位或右位短闪。处理方法是：

① 判断有无列车变更（替换）进路，若有则办理变更（替换）进路。

② 在确认道岔区段空闲及安全的前提下，执行"转换道岔"命令，对道岔进行左/右位转动操作2次后，故障仍不能恢复时（若允许，可对道岔多操作几个来回），只能人工办理进路。

③ 在排列进路过程中，发生道岔区段左位或右位短闪（该道岔转不到位故障），按照①的步骤处理。但要注意：此时信号处在非监控层，故障道岔没有被锁闭，可以执行转换道岔命令。若此故障是因为室外道岔机械问题造成的，则有可能人工操作道岔几个来回后，能使道岔恢复正常。当遇到这种情况时，处理方法是直接对故障道岔操作几个来回确认。

④ 进路建立后，发生道岔左位或右位短闪，同样按照①的步骤处理。但要注意：此时信号立刻降为非监控层，故障道岔仍被电子锁定，要执行取消进路或强解道岔区段操作（一般执行取消进路命令）之后才能转换道岔。

（3）道岔连接中断故障。现象：在LOW显示相应的道岔区段灰色。通常是两副道岔同时故障，处理方法是：

① 判断有无列车变更进路，若有则办理变更（替换）进路。

② 若在允许时间内，故障不能恢复，只能人工办理进路。

（4）发生"压不死"故障的处理方法。当电列车或其他车辆在某区段特别是在进行折返作业的道岔区段，在占用之后发生"压不死"的故障现象时，在LOW上显示该区段粉红光带故障。此时，必须与现场司机共同确认列车的所在位置后，才能对该故障区段进行"轨区逻空"或"岔区逻空"的安全相关命令的操作。

（5）注意排列通过故障道岔进路的安全。

2．轨旁ATP故障

当LOW出现全部轨道区段编码灰色闪烁时，说明轨旁ATP功能已失效。此时，司机只能使用RM或URM模式驾驶列车，且紧停和扣车功能对列车无效，即列车不会因操作员（或系统）操作了紧停或扣车按钮而产生紧停或被扣停。

（二）技术模块

1．开放引导信号的条件和程序

引导接车是进路始端信号机故障时采取应急处理接车的方法。

（1）在排列进路时，因进路始端信号机的监控层只能进入引导层，不能正常开放信号。如该进路的监控区段为红光带或粉红光带，即：

① 在区间时，先开放引导信号、行调通知司机注意确认前方轨道情况。

② 在站台区时，通知车站派人到现场检查（若有杂物侵限立即清除），确认无杂物侵限后，开放引导信号。

（2）开放引导信号发车时，当列车占用始端信号机之前的轨道电路，在LOW上设置引导指令，进路防护信号机开放引导信号后列车要在60s内进入该进路。

（3）遇到进路防护信号机关闭时，列车必须在关闭状态的进路防护信号机前停车，司

机应用无线电话向行车值班员呼叫"××次在××信号机前停车"。

　①　行车值班员听到司机"××次在××信号机前停车"的呼叫后，立即开放引导信号，并确认引导信号开放好后，用无线电应答司机"××信号机引导信号开放好"。

　②　司机听到"××信号机引导信号已开放"的应答并复诵，确认引导信号开放好后，按规定速度要求立即动车。

2．轨道电路故障应变处理

（1）LOW 显示全区粉红光带故障。在确认线路空闲及安全的前提下，执行"全区逻空"命令。若操作权限无"全区逻空"功能，只能对每个轨道区段执行"轨区逻空"或"岔区逻空"命令。

（2）LOW 显示全区红光带故障。在确认线路空闲及安全的前提下，可对某个道岔执行"强行转岔"和某个信号机执行"开放引导"命令。

（3）进路的监控区段出现红光带故障时，打开追踪自排功能的信号机可以自动排列进路，但打开自排功能的信号机不允许自动排列进路，当进路排列后，在确认线路空闲及安全前提下，可执行"开放引导"命令。出现以下情况必须执行"强行转岔"命令的操作才能开放引导信号：在排列进路前，初始位置与进路要求的位置相反的道岔的监控区段出现红光带故障时，则在排列进路时联锁禁止该道岔转换。进路排列后，该道岔没有被征用，信号处在非监控层，此时，在确认线路空闲及安全的前提下可对该道岔执行"强行转岔"命令的操作，操作完成后该道岔立即转换至进路要求的位置并被征用，信号达到引导层。出现此故障现象时，处理方法是：一般在确认线路空闲及安全的前提下先对该道岔执行"强行转岔"操作，再排列进路，则信号达到引导层。

（4）在 LOW 上显示某个轨道区段红光带故障。列车在有 ATS 保护下以 SM、ATO 或 AR 模式驾驶时，将在故障区段的前一区段自动停稳。当列车起动时只能用 RM 或 URM 驾驶模式，当选用了 RM 模式起动后，列车必须通过 3 个轨道区段（含故障区段）并占用第 4 个区段后才可能转换成 SM 或 ATO 模式驾驶。因此，当在确认线路空闲及安全的前提下，且此区间距离较短时，为提高行车效率，建议司机提前使用 RM 或 URM 模式驾驶。

（5）在 LOW 上显示轨道区段粉红光带故障。在确认线路空闲的前提下，对本区段执行"轨区逻空"或"岔区逻空"命令。

（6）进路的监控区段（含道岔区段）出现不能正常解锁故障。对故障区段执行"强解区段"或"强解道岔"命令。对即将排列进路方向相同的非监控区段出现不能正常解锁故障时，进路依然可以排列。

（三）案例模块

1．LOW 死机的处理（显示正常，但不能操作）

（1）报告行调和信号维修人员。

（2）行车值班员对 LOW 主机电源复位；同时，行调接收该联锁区的控制权，在 MMI 或 CLOW 上监控。复位 LOW 主机的步骤：

① 同时按下 Ctrl+Alt+Del 键，在弹出 Windows NT security 任务管理对话框后，用 Tab 键（或鼠标）选择 logoff 按钮，然后按 Enter 键确认，系统自动复位。

② 在系统自动复位过程中，根据界面提示同时按下 Ctrl+Alt+Del 键后立刻弹出 Windows NT 登录窗口，在用户名区域输入 operator 后，按 Enter 键确认，系统将自动装载中文之星和 LOW 软件。

③ 当界面出现联锁区域的轨道图像及其功能软键时，即重启完毕。

（3）若复位故障不能恢复，且 MMI 和 CLOW 不能监控，则按 SICAS 故障处理的方式处理。

2．LOW 全灰

（1）报告行调和信号维修人员。

（2）行调接收该联锁区的控制权，在 MMI 或 CLOW 上监控。

（3）如果 MMI 或 CLOW 均不能监控，则按要求进行处理。LOW 全灰时进行处理的步骤：

① 检查主机背面的双通道光纤接头是否松动或脱落，确认后进行紧固处理，否则应判断 SICAS 计算机是否正常。

② 若确认 SICAS 计算机正常，则判断出 LOW 发生故障，需重启 LOW 主机。

③ 若确认 SICAS 计算机故障，在故障恢复后，LOW 显示全区粉红光带。

（四）实操模块

【实训任务】联锁站 LOW 局域操作员工作站死机和全灰处理。

【实训目的】了解 LOW 死机和全灰原因。

【实训要求】掌握 LOW 死机和全灰处理的作业程序。

【实训设备】联锁站 LOW 局域操作员工作站等。

【实训环境】城市轨道交通车站控制实验实训室或理实一体化教室或现场。

【实训指导】指导老师讲述 LOW 死机和全灰处理的作业程序和注意事项，指导学生分批对 LOW 死机和全灰时进行处理的练习。

【实训练习题】LOW 死机和全灰的原因。

【实训考评】综合考评 LOW 死机和全灰处理的作业程序是否符合作业要求。

【操作运用案例】LOW 工作站故障应急处理

1．实训项目教师工作活页

实训项目教师工作活页　　　　　　　　　　NO：_____

实训项目	LOW 工作站故障应急处理		
学　　时	4	班　　级	略
实训场所	城市轨道交通车站控制实验实训室		
工具设备			

续表

教学目标	专业能力	（1）掌握 LOW 工作站基本操作方法 （2）掌握 LOW 工作站故障的判断方法 （3）掌握 LOW 工作站故障的应急处理方法及原则
	方法能力	（1）能综合运用专业知识，通过利用专业书籍、查阅文献和资料获得相关专业知识与信息 （2）能根据实训项目学习任务确定实训方案
	社会能力	（1）能在实习训练活动中保持刻苦钻研的学习态度 （2）能与小组成员和教师就学习中的问题进行交流和沟通 （3）能与他人协调配合，具有较好的合作能力和团队精神 （4）锻炼查找资料和收集资料的能力
教学活动	略（详见教学活动设计）	
教学评价	学生活动： （1）以 8～10 人小组为单位执行实训任务，根据本组同学在实训过程中的能力表现及结果进行自评和组内互评 （2）其他小组根据成果展示活动中的表现结果进行互评 教师活动： （1）教师组织学生开展互评活动 （2）对学生做出综合评价	
教学资料	（1）城市轨道交通运输设备教材 （2）地铁公司资料 （3）实训项目学生学习活页（附页）	
指导教师	教学时间	年 月 日

2. 实训项目学生学习活页

实训项目学生学习活页　　　　　　　NO：_____

实训项目　LOW 工作站故障应急处理

班级：_____　姓名：_____　学号：_____　时间：_____

一、实训目标

1. 专业能力目标

（1）掌握 LOW 工作站基本操作方法；

（2）掌握 LOW 工作站故障的判断方法；

（3）掌握 LOW 工作站故障的应急处理方法及原则。

2. 方法能力目标

（1）能综合运用专业知识，通过利用专业书籍、查阅文献和资料获得相关知识与信息；

（2）能根据实训项目学习任务确定实训方案。

3. 社会能力目标

（1）能在实习训练活动中保持刻苦钻研的学习态度；

（2）能与小组成员和教师就学习中的问题进行交流和沟通；

（3）能与他人协调配合，具有较好的合作能力和团队精神；

（4）锻炼查找资料和收集资料的能力。

二、知识总结

　　1．LOW工作站基本操作方法。

　　2．LOW工作站故障判断。

　　3．LOW工作站应急处理原则及方法。

三、操作运用

　　1．LOW工作站基本操作方法演练。

　　2．LOW工作站常见故障分析。

　　3．LOW工作站死机应急处理方法。

四、实训小结

五、成绩评定

　　1．学生评价

评价等级	A—优	B—良	C—中	D—及格	E—不及格
学生自评					
组内互评					
他组互评					

　　2．教师评价

评价等级	A—优	B—良	C—中	D—及格	E—不及格
专业能力					
方法能力					
社会能力					
评价结果					

续表

3. 综合评价

评价等级	A—优	B—良	C—中	D—及格	E—不及格
评价结果					

注：按照学生自评占 10%、组内互评占 10%、他组互评占 20%、教师评价占 60% 的比例计分。其中，A—100 分，
B—85 分，C—75 分，D—60 分，E—50 分。

4. 评价量规

等　级	行为表现描述
A	能圆满、高效地完成实训任务的全部内容
B	能顺利完成实训任务的全部内容
C	能完成实训任务的全部内容，但需要一些帮助和指导
D	自己只能完成实训任务的部分内容，但在现场的指导下，已经能完成任务的全部内容
E	不能完成实训任务的全部内容

二、车站联锁设备故障应变处理

（一）理论模块

当车站联锁设备发生故障时，由 OCC 值班主任决定采用站间电话联系法组织行车。

（二）技术模块

下面介绍采用站间电话联系法组织行车的具体操作步骤：

（1）行调及时向有关车站发布命令：从什么时间起，在×站至×站间采用站间电话联系法组织行车。

（2）由行调或通过车站通知司机口头调度命令的内容。

（3）车站和行调共同确认第一趟发出的列车运行前方的车站和区间空闲。

（4）司机在故障区段范围内的各区间运行，凭行调口头命令用 RM 模式驾驶，注意加强瞭望和行车安全。

（5）有关站值班站长接到行调命令后，采用就地级组织控制行车；在每个站台监控亭分别派值班员负责接发列车，并通知邻站采用站间电话联系法组织行车。

（6）进路准备：故障联锁站正线上的道岔均要开通正线，并使用钩锁器锁定；两端站的折返道岔在确认位置正确后，使用钩锁器但只挂不锁。

（7）接发列车：接车站行车值班员确认站内线路及区间空闲后，同意接车；发车站行车值班员接到接车站同意接车的通知后，向司机显示发车指示信号，司机关门并确认发车指示信号显示正确后开车。

（三）案例模块

采用站间电话联系法行车每一站间区间及前方站内线路内只允许一趟列车占用，站间电话联系法发车、接车作业程序分别如表 4-12 和表 4-13 所示。

表4-12　站间电话联系法发车作业程序

程　　序	作　业　标　准	
	值　班　站　长	值　班　员
一、请求闭塞	1. 根据《行车日志》、调度命令确认区间线路空闲（第一趟列车与行调、接车站共同确认）	
	2. 向前方站请求闭塞："××次请求闭塞"	
二、准备发车进路	3. 布置值班员："准备××次×道（上/下行线）发车进路"	4. 复诵"准备××次×道（上/下行线）发车进路"
	6. 听取汇报，复诵"××站××次×道（上/下行线）发车进路好了（线路出清）"	5. 将进路上的道岔开通正确位置并加锁，确认正确后，向值班站长报告"××次×道（上/下行线）发车进路好了（线路出清）"
三、办理闭塞	7. 复诵："电话记录××号，同意××次闭塞"	
	8. 填写《行车日志》	
	9. 布置行车值班员填写路票	10. 根据值班站长命令填写路票并向值班站长复诵
	11. 指示行车值班员向司机交付路票后显示发车信号	12. 向司机交付路票后，确认乘客上下完毕，列车车门关闭后向司机显示发车信号
四、列车出发	14. 复诵"××次出发"，填写《行车日志》	13. 列车出清站台区后，向车控室报"××次出发"
	15. 列车出发后，向前方站（接车站）（行调）报点"××次××分开"。当列车尾部越过站台头端墙后，向后方站报点，"电话记录××号××次××分开"。开通区间	
五、开通区间	16. 复诵前方接车站"电话记录××号××次××分开"，填写行车日志，开通区间	

表4-13　站间电话联系法接车作业程序

程　　序	作　业　标　准	
	值　班　站　长	值　班　员
一、听取闭塞车请求	1. 听取后方站发车请求、复诵"××站××次请求闭塞"	
	2. 根据《行车日志》（或通过 LOW、CCTV）、调度命令确认站内线路空闲和区间线路空闲（第一趟列车与行调、发车站共同确认）	
	3. 根据《行车日志》确认后方站线路空闲和区间线路空闲（第一趟列车与行调、后方站共同确认）	
二、检查及准备进路	4. 布置值班员（站务员）："检查×道，准备××次×道（上行或下行线）接车进路"	5. 复诵"检查×道，准备××次×道（上行或下行线）接车进路"
	7. 听取汇报后，复诵"××次（×道，上行或下行线）接车进路好了（线路出清）"	6. 将进路上的道岔开通正确位置并加锁，向值班站长报告"××次×道（上/下行线）接车进路好了（线路出清）"
三、同意闭塞	8. 通知发车站"电话记录××号×分同意××次闭塞"，填写《行车日志》，准备接车	
四、接车	9. 听取发车站的发车通知复诵："××次××分开"，填写《行车日志》，并向前方站请求闭塞	

四、接车	10. 布置值班员"××次开过来了，准备接车"	11. 复诵"××次开过来了，准备接车"。监视列车进站停车
	13. 复诵"××次到达"，填写《行车日志》，向行调报点	12. 列车对位停车后，向值班站长报"××次到达"
五、开通区间	14. 列车本站开出后，向发车站报点"电话记录××号××次××分开"。开通区间	

项目五 城市轨道交通车辆段调车工作认知

任务一　车辆段出入车作业

车辆段及综合基地包括车辆段、综合维修中心、材料总库、教育培训中心和必要的生活设施，是保证轨道交通系统中各项设备处于良好状态、确保行车安全的场所。其服务对象包括移动设备（车辆）、机电设备（如车站的自动扶梯、屏蔽门、乘客导向设施、环控设备、给排水设备等）、供电设备（如变电站、变电所、接触网、电力电缆等）、通信信号设备、轨道、桥梁、隧道、房屋建筑等固定维护设施和部门。城市轨道交通车辆段主要担负着一条或几条线路城市轨道交通车辆的停放、检查、维修、清洁整备等任务。有的车辆段还负责乘务人员的组织管理、出乘、换班业务工作，并相应配备乘务值班室等设施。

学习目标

（1）了解车辆段技术设备功能；

（2）了解车辆段出入车作业组织方法。

学习任务

认知城市轨道交通的类型及运营特性。

教学环境

城市轨道交通设备陈列室、地铁车辆段。

（一）理论模块

1．车辆段的类型

车辆段根据功能可分为检修车辆段（简称车辆段）和运用停车场（简称停车场）。车辆段根据其检修作业范围，可分为架（厂）修段和定修段。独立设置的停车场隶属于相关车辆段。

2．车辆段的必备设施

（1）停车场。车辆段应有足够的停车场地，以确保能够停放管辖线路的回段电动车辆和工程车辆；车辆段的位置应保证列车能够安全、便捷地进出正线运行，并保证车辆段出

入线坡度、长度适宜。停车场应以库内停车为主，在不能满足现有列车数量停放的情况下，可使用露天式等其他类型的停车设施。

（2）检修库。车辆段内需设检修库，包括架修库、定修库和月修库；列检作业在列检库或停车库（线）进行。架修库、定修库内要有桥式起重机和架车设备、车轮镟削机床及存轮库，必要时应设不落轮车轮镟床，设置转向架、电动机、电器、制动机维修间，转向架等设备的清扫装置，单独设立的喷漆库，车辆配件仓库等。

（3）洗车设备。在车辆段内一般安装自动洗车机，用于自动清洗，完成喷淋、去污、上蜡、吹干等洗车作业。为保证车厢内部以及难以自动清洗部位的整洁，还需要设置专用的车辆人工清扫线。

（4）运营管理用房。根据运营管理模式的要求，多数运营单位在段内设有相应的办公室，包括乘务队办公室，运转值班室、信号值班室、乘务员备乘休息室、内燃机工程轨道车驾驶员休息用房等。段内还应设有设备维修车间，负责段内的动力设施及通用设备维修。

（5）维修管理部门。车辆段内一般还有为该城市轨道交通线路供电、通信信号、公务和战场仓库建筑等维修的管理单位。

（6）其他设施。基地内还有测试列车综合性能的试车线，存放内燃机车、工程车的车库；机关办公楼与其他服务设施，如培训基地、食堂及供处理火灾等紧急事务的专用通道等。

3．车辆段的主要功能

（1）列车的停放、调车编组、日常检查、一般故障处理和清扫洗刷、定期消毒。

（2）车辆修理——月修、定修、架修与临修。

（3）车辆的技术改造或厂修。

（4）段内通用设施及车辆维修设备的维护管理。

（5）乘务人员组织管理、出乘计划编制、备乘换班的业务工作。

根据各城市线路的情况不同，可以另外设置仅用于停车和日常驾车维修作业的停车场或检车区，管理上一般附属于主要车辆段，规模较小，其功能主要为：

（1）列车的停放、调车编组、日常检查、一般故障处理和清扫。

（2）车辆的修理——月修与临修。

可另设工区，管理乘务人员出乘、备乘倒班。

（二）技术模块

1．车场行车作业组织

车场内的常见设备包括线路、信号进路和控制设备、运转日常管理以及各类机电设备、检修设备、列车存放和其他辅助设备。车场可为正线运行列车提供各类后勤保障、服务，确保正常的运营秩序；车场是运行勤务人员的重要工作场所，为运营相关人员提供后勤保障、服务。在车场还可完成除电动列车以外的各类运营相关设备保障工作。车场行车作业是整个城市轨道交通系统行车组织的重要组成部分之一，它在上级运营指挥部门的统一指挥下，按运行图制定的行车计划完成日常的车辆运行工作，其日常工作范围包括：

（1）负责所辖各运行线路内的电动列车运行、检修、整备服务，确保上线运行和列车

状态良好。

（2）确保上线运营列车准点出场、回库，能顺利进行运行列车的调整。

（3）配合维修人员完成列车的保养、维修、调试等工作。

（4）安排场内调车作业以及正线开行施工列车。

（5）协调场内各专业技术工种在规定范围和规定界面的施工作业。

（6）协助正线事故救援工作。

（7）编排列车运行计划，按运行图要求配置列车及乘务人员。

（8）对车辆乘务人员及站场行车人员的行政管理、技术管理等。

2．列车运转流程

列车运转流程指的是每日列车运行过程，包括四个环节，即列车出车、列车正线运行、列车收车及列车场内检修和整备作业。这些作业由列车运行部门各个岗位协同配合、共同完成。

1）列车出车作业

列车出车作业包括编制发车计划、乘务员出乘、列车出库与出段三部分。

（1）编制发车计划。发车计划由运转值班员根据列车运行图、运营检修用车安排、车场线路存车情况等编制，内容包括列车车次、待发股道、运行车编号等。编制发车计划时，应注意避免交叉发车和保证列车出库顺序无误。发车计划编制完毕后，除应将计划下达给信号楼值班员外，运转值班员还应将计划中列车车次、车号、有无备车、备车车号上报给行车调度员。

（2）乘务员出乘。乘务员应在充分休息的情况下出勤，按规定时间、地点办理出勤手续，领取相应物品。在办理出勤手续时，乘务员应查看行车告示牌上的行车命令、指示及安全注意事项，了解列车出库股道，并认真回答运转值班员的提问，听取运转值班员传达的有关事项。

办妥出勤手续后，乘务员应对安排值乘的列车按突出重点、兼顾一般的原则进行出车前检查，检查合格后方能发车。检查时发现车辆故障不能担负列车任务时，应及时上报运转值班员并按其指示执行。运转部门应立即通知检修部门检修故障列车，及时调整乘务员值乘列车的出车次序，并向信号楼值班员传达变更出车计划。备用乘务员应与值乘乘务员同时出勤，完成备用列车检车程序后，备用乘务员应在车上待命。在发车工作结束后，方可回到乘务员休息室待命。

（3）列车出库与出段。列车起动前应确认信号开放与库门开启正常，并注意平交道是否有人员、车辆穿越。在规定的出库时间已到而出库信号仍未开放时，乘务员应主动询问信号楼值班员，联系不上时可通过运转值班员询问。

正常情况下，列车经由出段线出段。列车出段凭防护信号机的显示，在出段线的有码区按人工 ATP 方式运行，在出段线的无码区按限速人工驾驶方式运行。在设备故障（咽喉道岔、道岔区轨道电路、牵引供电）或检修施工（车厂路线、信联闭设备、接触网）时，列车可以由入段线出段，但应得到行车调度员准许。信号楼值班员在办理列车发车作业时，应确认区间空闲（出入段线视为区间），停止影响发车近路的调车作业。

2）列车正线运行

从车辆运行角度，列车正线运行主要涉及列车运行交路、列车驾驶员作业和乘务员正线交接班。

（1）列车运行交路。列车正线运行的循环交路以及列车在两端折返站的到、发时刻和出入段时间、顺序由车辆周转图规定。

（2）列车驾驶员作业。乘务员在值乘中应注意力集中、严禁违章行车。在发现异常情况时，要及时采取措施排除故障和险情，确保行车安全和乘客安全。

（3）乘务员正线交接班。乘务员在正线交接班时，接班乘务员应按要求出勤，交班乘务员应将列车技术状态、有关行车命令与注意事项交代清楚，并填写在驾驶员报单上。若接班乘务员未能按时到达，交班乘务员应坚守岗位，及时报告行车调度员。

3）列车收车作业

列车收车作业包括列车入段和入库、库内作业两部分。

（1）列车入段和入库。正常情况下，列车由入库线回段。列车入段凭证为防护信号机的显示，在入库线的有码区按人工 ATP 方式运行，在入库线的无码区按限速人工驾驶方式运行。在设备故障或施工作业时，列车可以从出库线入段，但应取得行车调度员的准许。信号楼值班员在办理接车作业时，应确认接车线路空闲并停止影响接车进路的调车作业。

（2）库内作业。列车进入车库停稳后，乘务员应对列车进行检查，在确认列车无异常后携带列车钥匙、驾驶员报单及其他相关物品办理退勤手续，然后向乘务组长汇报当日工作情况，听取次日工作安排与注意事项。

在发现列车技术状态不良时，乘务员应向运转值班员报告并做好记录。在发生列车晚点、掉线、清客、行车事故与救援时，运转值班员须组织当事人及有关人员填写情况报告，并立即报有关部门处理。

任务二　车辆段列车整备作业

学习目标

（1）了解车辆段技术设备功能；

（2）了解车辆段整备作业组织方法。

学习任务

认知整备作业基本知识。

教学环境

城市轨道交通设备陈列室、地铁车辆段检修库主要设备和设施。

（一）理论模块

为了体现车辆检修工艺要求，根据车辆段所承受的任务范围，段内宜配套建设大架修库、定临修库、静调库、吹扫库、喷漆库、部件检修试验间以及相应的线路和试车线等。

1．大架修库

大架修库负责车辆大修、架修作业中的架车、部件解体、解钩、车体整修（铝合金模块化车体）、部件组装、落车等检修作业。

大架修作业中，车体与走行部分分解的常用方法有架车体与吊车体两种。吊车体方式中，库内设置专门的解体组装线，由大吨位桥式起重机和配套库线上的检查地沟实现走行部与车体间的分解与移位。通过库内设置地下同步驾车机完成走行部与车体的分解，通过室内移动台将车体移位。大架修库主要结构尺寸包括车库的跨度、长度和高度。库内配备移动式升降平台等设备，方便检修人员上下车辆以及车底电气箱柜的拆装作业。根据需要在库内敷设压缩空气管道、交直流变电插座（或配电箱）及低压照明插座等。

2．定临修库

一般将定修作业与临修作业合库布置，形成定临修库。定修作业量较小时，也可将静调与定、临修合库设置。

3．喷漆库

喷漆库宜独立布置或设于联合基地的边侧。库内设置静电喷漆设备和机械通风设备，各种电气及照明设备应满足防爆要求。

（1）转向架轮轴检修间：转向架轮轴检修间承担转向架、轮对、轴承轴箱、减震器、齿轮箱的分解、清洗、检测、修理和组装作业，其设置位置应方便车间与检修库和电动机间的联系。

（2）电动机电器轴检修间：电动机电器检修间承担牵引电动机、空压机电动机、通风机电动机、牵引逆变器、辅助逆变器、辅助控制箱、制动电阻箱、驾驶员控制器、高速断路器的检修和性能试验工作。

（3）制动（空压机）检修间：制动（空压机）检修间承担车辆制动系统和空压机检修任务，应设制动机、分配阀和空气压缩机检修、清洗、测试和性能试验设备，以及空气制动系统各部件、风缸等的检修、试验设备。

（4）不落轮镟轮设备：不落轮镟轮设备可在轮对不与车体分解时对轮对的轮缘和踏面进行修理加工，使同一转向架上的轮对在加工后有合适的公差配合。不落轮镟轮设备必须设于库内，线路两端的线路长度各满足一列车的长度需要。

车辆定修、临修、架修、大修过程中，除机加工设备、起重设备、电焊机、充电机、移动式空压机、探伤仪等标准设备外，还需要一部分专用设备，以完成车体及零部件的清洗、吹扫、干燥、修理、试验和调试工作。

（二）技术模块

列车整备作业分清洗、检修和车辆验收三部分。

（1）列车清洗。列车清洗包括内部清扫、清洁和车身清洗，列车清洗工作根据清洗计划进行。清洗时的动车按调车作业办理。

（2）列车检修。列车回库停稳后，运转值班员应及时与检修部门办理车辆交接，检修部门按计划实施检修作业。

（3）车辆验收。检修完毕的车辆应及时与运转值班室办理移交手续，运转值班员需派专人对车辆技术状态进行检查，验收确认车辆符合正线运行的要求。

任务三　车辆段调车作业

学习目标

（1）了解车辆段调车设备功能；

（2）了解车辆段调车作业方法。

学习任务

认知调车作业基本知识。

教学环境

城市轨道交通设备陈列室、地铁车辆段检修库主要设备和设施。

（一）理论模块

1．调车作业的意义

1）调车的定义

除正线列车在车站到、发、通过及在区间内运行，参加运营活动以外的所有为了编组、解体列车或摘挂、取送车辆、转线等车辆在线路上有目的的移动统称为调车。

2）调车作业的基本分类

调车作业按方法、方式和过程可以分为以下两类：

（1）由电动列车完成的转线/转场、出入场等相关的作业。

（2）由内燃机车以及其他机车完成的编组、解体、转线、挂摘、取送等相关的作业。

不论何种形式的调车作业，不论在方法和方式的实现上有何区别，但是它们的最基本的要求、条件是一致的，没有根本的差异，仅仅是形式、表现方法不同。

3）调车作业的基本作用

调车作业是地铁运营的重要组成部分，也是基地内的一项重要工作。在行车安全上，调车作业安全同样是重点，因为调车作业是确保地铁运行的重要环节之一，它对提高地铁运行的效率，做好列车后勤保障，使电动列车的检修、检查保养等流程的顺利实现有着十分突出的作用。

4）调车作业应该实现的功能

（1）及时、正确地进行调车作业，保证电动列车按运行图的规定时刻发出列车，按运行图的要求安排使用列车。

（2）及时取送需检修的车辆，保证检修车辆按时到位。

（3）保证基地设备以及调车作业运行安全和人身安全。

（4）确保其他物资运输的运行秩序正常进行。

5）调车作业的领导指挥系统

场内调车作业可以是调车组，调车组设调车长、驾驶员、调车员（连接员）。

2．一般要求

1）调车作业基本要求

（1）调车作业必须按照调车作业计划以及调车信号机或调车信号的显示要求进行，没有信号不准动车，信号不清立即停车。

（2）特殊情况使用无线电对讲机联络进行调车作业时，驾驶员调车人员必须保持联络畅通，联络中断时应及时采取停车措施，停止调车作业。

（3）调车作业时，调车人员必须正确、及时地显示信号，驾驶员要认真确认信号并且鸣笛回示。

2）配合协作要求

调车作业是参加调车作业的相关人员（如驾驶员、调车员、信号楼信号员等）之间的相互配合、相互协作的过程。因此，无论车辆的动车、信号确认、进路确认还是注意事项都必须在作业前明确。

（1）信号楼信号员必须按规定正确、及时地安排调车进路，并且监视运转情况。

（2）调车员必须看清计划，确认状态安全后，才准显示信号，不得盲目指挥、盲目显示信号。

（3）驾驶员必须要确认信号，瞭望四周情况后才能起动机车。

3）确认的基本内容

调车作业中应该看清与确认的基本情况是：

（1）线路情况、停留车位置情况。

（2）道岔开通情况、信号显示情况。

（3）车下障碍物与异物情况。

（4）检修线和所进入线路作业情况及进出库大门情况。

（5）连挂的车辆情况。

（6）走行速度情况、道口四周情况。

（7）参加调车作业的人员情况等。

4）终止作业条件

（1）在调车作业中，调车人员显示的信号得不到驾驶员回示或认为速度过快以及其他异常情况必须立即显示停车信号。

（2）驾驶员在无法瞭望信号、信号中断、联络中断或者认为有异常情况时必须立刻停车。

（3）信号楼信号员发现调车作业人员或作业过程中有违反安全规定时，应立即采取措施，命令调车作业终止。

（4）基地或车站管理人员发现有危及调车作业安全、设备安全、人身安全的情况时，应立即通知有关人员停止调车作业。

5）调车作业的指挥原则

（1）统一领导原则。统一领导就是在同一基地或车站内，在同一时间只能由运转值班员或行车值班员统一领导全场的调车工作。

与调车区域相关联的其他作业均应按基地运转值班员（正线车站按行车值班员）的领导进行。

（2）单一指挥原则。单一指挥就是在同一时间内，一台机车或一组列车的调车计划的执行、作业方法的拟定和布置，以及车辆的行动指挥只能由一人负责。

① 所有在车站进行的调车作业，应以确保正线正常运营为基础条件合理安排调车作业程序、时机，不得以任何理由影响和干扰正线运营。

② 基地接车前 10min 停止调车作业，不迟于列车到达前 4min 开放接车信号。

③ 基地接车前 10min 停止调车作业，不迟于列车发车前 2min 开放发车信号。

④ 基地在列车运行图规定的接发车以外时间，运转值班员可以确定场内的调车作业；但与行车调度员布置的临时接发列车命令有抵触时，以接发列车作业为主，必须先进行调车作业时，应得到行车调度员的批准同意。

调车作业因特殊需要必须越出站界、场界调车时，应事先报告行车调度员，得到批准同意后，由行车调度员发给调车作业有关人员调度命令，以及越出站界、场界进行调车的凭证，调车人员应严格按命令要求执行。

3. 调车作业计划

调车作业都是通过调车作业计划来实现的，所以对于调车作业来说调车作业计划是进行调车作业的凭证与根据。

调车作业计划是指调车工作的有关领导人（运转值班员或行车值班员）向调车作业人员以书面形式下达或口头布置方式的调车作业通知，内容包括：起止时间，担当列车（机车）作业顺序，股道号、摘挂辆数（编组车号或车位），安全注意事项等。

1）调车作业计划的编制和传递

（1）计划编制。

① 由于调车作业中地点比较分散，涉及作业部门较多，钩数不易记忆，环境因素对作业影响较大，所以一般规定调车作业钩数在 3 钩以上时应由行车管理的有关部门制订调车作业计划。

② 调车计划的制订或编制应由运转值班室值班员根据生产部门提出的要求，根据运行实际情况正确、合理、及时地定制。

③ 制订调车作业计划时应充分考虑各方面的因素与条件，力求在确保行车安全的前提下提高调车作业效率，以最少的作业钩数、最短的调车行程，完成相应的调车工作任务。

（2）计划传递。

① 调车领导人（运转值班员或行车值班员）在编制调车作业计划后，应向信号楼值班员、调车长等参加作业的人员传达清楚，参加调车作业的有关人员在接受调车计划时必须复诵、核对正确无误后执行。

② 为了正确、及时地完成调车作业任务和要求，调车指挥人（调车长）在向参加作业的其他人员传达调车计划时，应预想作业安全事项、进行具体作业方法、注意事项等，并与调车长核对复诵计划，在调车作业开始之前，必须使参加调车作业的人员都做到心中有数，避免误听、误传而引起作业重复，以免产生不良后果。

2）调车作业计划的变更

（1）变更作业计划主要是指变更作业股道、摘挂辆数与车辆号、作业方法及取送作业或转线的区域或线路。

调车作业中必须严格按照调车计划中所规定的内容与要求进行，不准擅自改变作业内容与计划。

（2）若因运行状况以及生产实际需要必须变更调车作业计划时，应该停止进行中的作业。

（3）由运转值班员或行车值班员将变更后的计划向调车人员及信号员重新布置，传达清楚，并且进行核对和复诵，确认无误后方可继续作业。

（4）变更作业计划不超过3钩时可以以口头方式传达，超过3钩时应重新编制书面调车作业计划，原计划取消执行。

（5）为了贯彻集中统一指挥原则，调车作业中调车长在作业过程中认为必须变更原计划时，应及时向有关行车、运转调车领导人反应，由调车领导人重新编制书面计划后执行。

（6）所谓调车作业中的"一钩"作业，一般是指机车（列车）或所挂车辆的运行由线路的一股道到另一股道并且改变运行的方向。

（二）实训模块

1．调车作业运行

1）调车进路确认

在调车作业中经常会遇到牵引车辆运行和推进车辆运行的情况，由于调车进路变化较多，车辆存放处所不同，连挂与牵出的地点各异。所以这两种情况在调车作业时常常交替进行，为了分清调车作业中对进路以及周围情况确认的责任，更安全、有效地展开调车作业，通常对牵引力与推进运行的瞭望以及确认要求做以下规定。

（1）列车正向运行、单机运行或牵引车辆运行时，前方进路的确认由驾驶员负责。驾驶员在运行时持续瞭望，对发生的异常情况，如线路限界情况、信号显示状态、人员行走、道口安全、调车路径是否正确等果断采取处置措施。

（2）推进车辆运行时，前方进路的确认由最前方调车员（或调车长）负责，调车长应持续瞭望，及时、正确地与驾驶员联系或显示信号，如调车指挥人所在位置确认前方进路有困难，可指派参加调车作业的其他人员（调车员或连接员）确认、瞭望，并将情况正确、规范地传达给调车指挥人，由调车指挥人与驾驶员联络。在一般情况下调车指挥人应站立在易于瞭望进路，又能使驾驶员能够看清其信号显示的位置。

（3）在调车作业中，调车作业相关人员必须按调车信号的显示要求进行，如果运行中遇到调车信号机灯光显示不明或熄灭，手信号灯光忽明忽暗或中断，无线电对调机联系中断，信号没有得到回示等情况，都应视为停车信号而采取措施，使机车（列车）停止作业。

（4）如果车站或基地信号机故障，应由调车人员即刻通知信号值班员，必要时应通知运转值班员或行车值班员组织检修，调车人员必须等信号机恢复显示或由有关执行人员到场通知驾驶员或显示允许通过该信号机的信号后，方可按照有关规定和制度越过该架信号机。

2）调车作业进路的变更与终止

在实际调车作业中，由于线路情况变化以及实际工作的需要，必须取消调车作业进路时，进路控制和信号操纵人员必须遵守下面的规则。

（1）进路控制和信号操纵人员确认列车或车辆尚未起动，通知调车驾驶员与调车员后，并得到回复。

（2）如果列车、车辆已经运行，必须立即通知驾驶员和调车长，并且确认列车和车辆已经停止运行。

（3）如果必须使列车或车辆停止运行时，确认列车或车辆已经按规定进入规定位置停车。

（4）在执行以上三点基本规则之一后，进路控制和信号操纵人员才能够关闭进路信号号机取消原先调车进路。

（5）进行变更进路的排列，开放变更后的调车作业信号时参加调车作业的驾驶员和调车员在得到信号楼或有关信号操纵人员的通知后，应立即遵照执行，不得盲目动车或强行起动进入信号机内，防止产生由于进路变更而使列车或车辆冒进红灯或者由于道岔转换而造成挤岔或脱轨事故。

3）调车作业中"连挂"与"摘钩"

在一般的调车作业中，除了列车、机车的转线、出场以外，过程均通过"连挂"作业后的移动来实现其调车作业的目的，其他相关的作业"俩挂"是重要环节。在调车作业中的"摘钩"或"解钩"是调车作业中的下一道作业工序，是由于"连挂"而产生"解钩"，它最终确定调车过程中列车或车辆的停放位置，或者通过而使调车作业程序有效、持续进行。

通常所说的"连挂"是指在调车作业过程中礼车、车辆、机车相互连接组编成为一组或多组的调车作业过程；调车作业中的"连挂"与"摘钩"是通过调车作业人员的操作由机械或电子设备的动作而完成的，参加调车作业的调车员根据有关制度规定执行操作程序。

（1）车辆连挂规定。

① 连挂作业前，推进车辆进行时，调车员必须向驾驶员显示"三、二、一车"距离信号，如果调车员没有显示"三、二、一车"的距离信号，不准进行连挂，调车员显示的信号没有得到驾驶员的回示，应立刻显示停车信号，没有停留车位置的距离信号，驾驶员应拒绝挂车。

② 单机或牵引车辆挂车时，由于驾驶员的瞭望视线不受影响，调车员可以不显示"三、二、一车"的距离信号，但是为了确保连挂作业的安全，调车员应在与被连挂车辆即停留车位置接近3车距离时，显示连接信号，调车驾驶员在瞭望后确认鸣笛回示。

③ "三、二、一车"距离信号除了表示距离的含义外，通常还包含以下含义：

- "三车"时驾驶员应掌握运行速度8km/h。
- "二车"时驾驶员应掌握运行速度5km/h。
- "一车"时驾驶员应掌握运行速度3km/h。

为了不使驾驶员对信号显示产生误解，在显示距离信号后，一般不再显示减速信号。

① 连挂车辆时，遇有气候不良，如暴风雨、浓雾，使调车环境情况复杂，弯道曲线影响瞭望、照明情况不良、坡道较陡等情况，调车员确认前方停留位置有困难，无论牵引

运行还是推进运行都应派出人员在停留车挂一端显示停留车位置信号，并指示驾驶员减速，加强瞭望，防止意外发生。显示停留车位置信号的地点为距连接端前 5m。

② 连挂车辆前在距停留车 1 车位置时，驾驶员必须停车，检查确认被连挂列车、车辆状况、包括确认被连挂车辆与列车前无禁动红牌，被连挂车辆与列车上或限界内无作业人员正在作业，被连挂车辆周围情况无异物侵入限界和影响安全的因素存在。

③ 在调车作业连挂中必须注意在列车、车辆的连挂前 3m 左右要停车，由调车员对连接的车钩钩位状态进行调整，使车钩位置符合要求，避免因钩位差错位而在挂车时损坏车钩或引起车辆溜逸，连挂的速度应掌握在 3km/h 以下。

④ 连挂后的列车、车辆必须根据规定进行试拉，确认连接妥当后，列车可起动，试拉时不得越出呈关闭状态的信号机。

（2）车辆"摘钩"规定。

① 摘挂后的列车、车辆要按规定位置放置止轮器或采取制动措施防止溜车，以免造成人员伤亡和设备损坏。

② 调车作业中的解钩拆车必须在车辆停稳的状况下进行，否则车辆绝不允许摘钩。

③ 调车员在摘钩作业时，驾驶员必须注意瞭望，按调车员的信号显示进行。没有调车员的移动信号，驾驶员不准动车。

4）调车速度限制

（1）调车速度限制依据。

① 调车作业中，被调动车辆自动制动机可能没有全部加入整个系统中，造成制动力较小。

② 调车作业中，运行方向正向、逆向交互进行，有时瞭望不便。

③ 调车线路一般情况下其标准、等级以及道岔型号都低于运营正线，存在设备结构限制。

④ 当推进运行时，需中转信号，在时间上有延误或需增加中转时间。

⑤ 调车作业时，线路周围情况相对较复杂。

（2）调车速度限制要求。

① 调车作业中严格控制运行速度，不得违反以下规定：

② 在空线上运行时应严格按照线路、道岔的允许速度运行，最高速度不得超过 30km/h。

③ 调车作业中因工作需要进出厂房、车库时不得超过 5km/h。

④ 接近被连挂车辆与列车时不得超过 3km/h。

⑤ 瞭望条件不良时应适当降低速度。

⑥ 电动列车出入基地无码区时按慢速前行方式限速 20km/h 运行。

⑦ 正线车站内，调车按相关规定的速度运行。

⑧ 尽头线调车时速度不得超过 3km/h。

2．尽头线调车

（1）在尽头线上进行调车作业时，距离线路中端应有不少于 10m 的安全距离，包括被

摘挂车辆的停留。

（2）在特殊情况必须近于10m时，要严格控制列车、车辆运行速度，以随时能停车的3km/h以下速度运行。

（3）如果需摘挂车辆，应报告有关行车管理人员。距离位置有利于再次挂车时，应采取预防性措施。

（4）天气或环境情况恶劣，瞭望距离较短时，通常不允许在尽头线末端近于10m处摘挂车辆或作业。

3. 其他安全规定

（1）调车作业时，无论什么原因造成调车的列车、车辆越过显示红灯的信号机造成"挤岔"，调车驾驶员应该停车，严禁擅自移动列车、机车，车辆驾驶员立即报行车管理人员（行车调度员、行车值班员、运转值班员）等待来人确认情况后，据现场处理指挥人员的命令和允许移动的信号，将列车、机车、车辆行驶至规定位置。

（2）调车作业时，需停留的车辆、列车不得超越警冲标与压占道岔位置，以免造成走行线路堵塞，影响其他相邻相关线路的开放，如确实要越出警冲标或压占道岔位置时，应得到有关行车管理人员的批准同意，并根据要求及时开通线路。

（3）通常情况下，城市轨道交通运输各车站，基地禁止调车过程中进行溜放作业。

（4）调车作业中遇到同一线路上需连挂多节车辆时，禁止采用连续连挂的方式运行。

（5）基地线路上调车作业，空车4辆以上（含4辆），重车2辆以上（含2辆）须连接制动风管；正线运行调车以及施工作业连挂车辆必须全部连接制动风管。

（6）调车作业中在线路上停留的车列、车辆进行制动防溜措施。

【操作运用案例】车辆段调车作业

1. 实训项目教师工作活页

实训项目教师工作活页　　　　　　　　NO：_____

实训项目	车辆段调车作业		
学　时	4	班　级	略
实训场所	城市轨道交通理实一体化教室		
工具设备			
教学目标	专业能力	（1）掌握调车作业机构 （2）掌握常用调车种类 （3）掌握调车作业计划的编制方法 （4）掌握调车作业流程	
	方法能力	（1）能综合运用专业知识，通过利用专业书籍、查阅文献和资料获得相关专业知识与信息 （2）能根据实训项目学习任务确定实训方案	
教学目标	社会能力	（1）能在实习训练活动中保持刻苦钻研的学习态度 （2）能与小组成员和教师就学习中的问题进行交流和沟通 （3）能与他人协调配合，具有较好的合作能力和团队精神 （4）锻炼查找资料和收集资料的能力	

教学活动	略（详见教学活动设计）		
教学评价	学生活动： （1）以 8～10 人小组为单位执行实训任务，根据本组同学在实训过程中的能力表现及结果进行自评和组内互评 （2）其他小组根据成果展示活动中的表现结果进行互评 教师活动： （1）教师组织学生开展互评活动 （2）对学生做出综合评价		
教学资料	（1）城市轨道交通运输设备教材 （2）地铁公司资料 （3）实训项目学生学习活页（附页）		
指导教师		教学时间	年　　月　　日

2. 实训项目学生学习活页

实训项目学生学习活页　　　　　　　　　　　　　　NO:_____

实训项目　车辆段调车作业

班级：_____　姓名：_____　学号：_____　时间：_____

一、实训目标

　1. 专业能力目标

（1）掌握调车作业机构；

（2）掌握常用调车种类；

（3）掌握调车作业计划的编制方法；

（4）掌握调车作业流程。

　2. 方法能力目标

（1）能综合运用专业知识，通过利用专业书籍、查阅文献和资料获得相关知识与信息；

（2）能根据实训项目学习任务确定实训方案。

　3. 社会能力目标

（1）能在实习训练活动中保持刻苦钻研的学习态度；

（2）能与小组成员和教师就学习中的问题进行交流和沟通；

（3）能与他人协调配合，具有较好的合作能力和团队精神；

（4）锻炼查找资料和收集资料的能力。

二、知识总结

　1. 调车作业方法。

　2. 调车作业种类。

3．调车作业计划编制方法。

三、操作运用

    1．实例编制调车作业计划 1 份。

    2．演练调车作业过程基本方法。

    3．调车作业种类概述。

四、实训小结

五、成绩评定

    1．学生评价

评价等级	A—优	B—良	C—中	D—及格	E—不及格
学生自评					
组内互评					
他组互评					

    2．教师评价

评价等级	A—优	B—良	C—中	D—及格	E—不及格
专业能力					
方法能力					
社会能力					
评价结果					

    3．综合评价

评价等级	A—优	B—良	C—中	D—及格	E—不及格
评价结果					

    注：按照学生自评占 10%、组内互评占 10%、他组互评占 20%、教师评价占 60%的比例计分。其中，A—100 分，B—85 分，C—75 分，D—60 分，E—50 分。

    4．评价量规

等　级	行为表现描述
A	能圆满、高效地完成实训任务的全部内容
B	能顺利完成实训任务的全部内容
C	能完成实训任务的全部内容，但需要一些帮助和指导
D	自己只能完成实训任务的部分内容，但在现场的指导下，已经能完成任务的全部内容
E	不能完成实训任务的全部内容

课后习题

1. 什么是车辆段？它有哪些组成部分和功能？
2. 车场接发车作业主要有哪些内容？
3. 调车作业的要求主要有哪些？
4. 试叙述一次调车作业过程。

项目六 列车运行调度指挥工作

📖 学习目标

（1）行车调度工作内容、原则、方法；

（2）调度命令的发布要求；

（3）列车运行调整的基本方法；

（4）ATC 系统降级控制处理；

（5）列车运行意外应急处理；

（6）列车特殊运行组织；

（7）施工组织及列车运行。

📘 学习任务

（1）掌握行车调度工作内容、原则、方法；

（2）掌握调度命令的发布要求及需发布调度命令的情况；

（3）了解列车运行调整的基本方法；

（4）掌握 ATC 系统降级控制处理方法；

（5）掌握列车运行意外应急处理方法；

（6）掌握列车特殊运行组织方法；

（7）掌握施工组织及列车运行方法。

🪑 项目准备

（1）场地、工具准备：列车运行控制系统、模拟沙盘、线路、信号机等行车设备模型、车站模型、列车模型、各种登记表簿、联系电话、调度命令等。

（2）人员安排：学生按车站数分组，安排行调1人，每站有行车值班员、站务员、扳道员、引导员各1人。

📚 相关理论知识准备

一、调度指挥机构、原则和模式

城市轨道交通调度指挥系统是城轨日常运输生产活动的管理中枢，对运输生产全过程进行实时监控调整的指挥中心，在协调各部门工作，提高列车运行质量，确保行车安全，

保持运输生产整体节奏性等方面起着核心作用。城市轨道交通是一个多专业多工种配合工作、围绕安全行车这一中心而组成的有序联动、时效性极强的系统。为了保证城轨列车运行安全、正点，在集中调度、统一指挥的原则下，行车组织、设备、车辆检修、设备运行管理、安全保证等均由一系列规章制度来规范。其首要目标是保证运输生产安全、高效、正点和稳定有序。

（一）城市轨道交通运营特点

（1）城轨的线路构造比较简单，线路数量小，行车模式比较单一，基本不存在会让与越行，一旦列车发生故障，将会对后行列车造成严重影响，有可能致使整个线路瘫痪。

（2）对城市轨道交通系统的运输组织而言，其特点是多样化和高密度化。运输组织的多样化，是指根据节假日和重大活动适时地调整运输计划并付诸实施。这就要求建立在线实时的运输计划系统，即运行图系统，实现小时级计划的调整。与此同时，在上下班的高峰期实现列车的高密度运行是必须的，如 120s 的运行间隔。由于列车追踪间隔比较小，列车晚点时分过多时列车运行调整将比较困难。

（3）城轨运行环境比较封闭，受干扰小，但设备故障不易被发现，一旦故障发生又不易被排除，因此，城轨事故破坏性严重，需对整体线路设备状态进行实时监控。城市轨道交通线一般都要延伸十几千米或几十千米，连接十几个或几十个车站。全线实现自动化，就需要在车站建立局域网监控车站设备，在全线建立城域网监控管理全线的运营。城轨有区域联锁监控和全线整体监控，因此不但在调度室设有全程监控台，区域联锁站也设有站内监控台。

（4）城市轨道交通与铁路相比，有一个显著的不同，那就是铁路的站内有多股道，而城市轨道交通的车站没有分岔，只在运营线上停车上、下乘客。在大多数车站上并不设置道岔，甚至也不设置地面信号机，如上海地铁 1 号线，仅在 4 个联锁站及 1 个车辆段上设置道岔和地面信号机。因此，城市轨道交通不像铁路那样各站单独设置联锁系统，而是采用区域联锁方式，即一套联锁系统控制多个车站。

（5）由于城市轨道交通的线路长度、站间距离都较短，列车种类单一，行车时刻表的规律性很强，列车日复一日地按照同一运行计划周而复始地运行。因此，在城市轨道交通的信号系统内，通常都包含有进路自动排列功能，即按事先预定的程序自动排列进路，只有运行图变更时才需要人工介入。

（6）城市轨道交通要求各专业必须协调运作，全线信息共享，具有较强的抗灾害能力、交通指挥能力和调度能力。因此，轨道交通系统应实现综合监控、协调管理，满足轨道交通现代化管理的要求，保证乘客安全和设备安全，保证高效运转。

（二）调度指挥机构

为了有序组织运输生产活动和对运输生产活动进行统一指挥，并有效监控轨道交通系统，设立调度机构，即总调度所或控制中心，并根据运输生产活动的性质设置不同的调度工种，实行分工管理。在调度机构的生产组织系统中通常设有行车调度、电力调度和环控调度等调度工种。

1．指挥机构

（1）运营指挥分为一级、二级两个指挥层级；二级服从一级指挥。

（2）一级指挥为行车调度、电力调度、环控调度、维修调度。

（3）二级指挥为车站值班站长、车厂调度、DCC检修调度、维修分部生产调度。

（4）各级指挥要根据各自职责任务独立开展工作，并服从OCC值班主任总体协调和指挥。

2．地铁运营控制中心（OCC）

（1）OCC是地铁日常运营、设备维护、行车组织的指挥中心。

（2）OCC是地铁运营信息收发中心。

（3）OCC代表运营总部总经理指挥运营工作，代表总部与外界协调联络地铁运营支援工作。

（4）值班主任是OCC轮值调度班组的负责人，各调度员由值班主任协调统一指挥。在处理突发事件、事故时，各调度员有责任向值班主任提供本岗位的协助处理方案，并及时报告相关信息。

（5）行车工作由行车调度员（以下简称行调）统一指挥；供电设备运作由电力调度员（以下简称电调）统一指挥；环控和防灾报警设备由环控调度员（以下简称环调）统一指挥；除车辆设备以外的地铁设备维修和故障维（抢）修由维修调度员（以下简称维调）统一指挥。

3．车厂控制中心（DCC）

（1）DCC是车厂运作管理、车辆维修的中心，DCC设有车辆检修调度、车厂调度员；三号线在车厂设有临时DCC。

（2）负责车辆日常检修、清洁、定修和临修工作控制。

（3）为地铁运营及设备维修施工提供质量良好和数量足够的列车或工程车。

4．车厂信号控制室

（1）全线列车临时存放车厂。

（2）相邻线列车在车厂的作业计划由其中一线车厂调度负责总协调。

5．OCC、DCC、分部生产调度和车站的指挥工作关系

（1）车站由值班站长，车厂由车厂调度员统一指挥。

（2）列车在区间时，列车由司机负责指挥，工程车由车长负责指挥；列车在车站时，由车站值班站长负责指挥；或由行调用无线电话直接指挥列车司机。

（3）发生行车设备故障，报告处理流程按《运营总部生产管理规定》执行。

（三）列车调度指挥原则

1．安全生产的原则

在列车运行调度指挥工作中，必须坚持安全生产的原则，正确指挥列车运行。不能发布没有安全保障依据的命令和指示。当得到有关危及行车安全的信息时，要正确、及时、妥善处理，以保证列车的安全为重点，组织列车安全运行。

2．按图行车的原则

列车正点率是轨道交通运输产品质量的重要技术指标，也是轨道交通运输组织管理水平的综合反映。只有按图行车，才能保持正常的运输秩序，进而保证列车的正点率。

按图行车是轨道交通良好运行秩序的保证。例如，2004 年以来，广州轨道交通两条运营线路经过 6 次大的运行图调整，单线上线列车已从 7 列增加到 17 列，列车运行密度越来越大，列车间隔越来越小，目前行车密度达到高峰期 4 min 的行车间隔。如果某个区段的列车运行速度降低，造成列车晚点，也必然会影响其他列车，打乱全线的正常运行秩序。

3．单一指挥的原则

轨道交通行车工作是一个由互相联系、互相影响的多部门、多单位、各工种所组成的完整系统。在这个系统中，各部门、各单位、各工种间的紧密联系和协调一致，对于保证行车安全和运输效率有着决定性的意义。轨道交通行车调度员是为适应轨道交通行车特点而设置的轨道交通行车工作的统一指挥者。在列车运行调整工作中，与行车有关的人员，必须服从所在区段当班行车调度员的集中指挥，其他任何人不得发布与行车有关的命令和指示。

4．下级调度服从上级调度的原则

在列车运行组织与调整过程中，相邻调度台、相邻分公司之间应保持紧密联系，以保证列车的正常交接。对出现的问题，双方要主动协商解决，当出现意见不一致的情况时，由上一级调度进行仲裁。调度台间由值班主任解决；轨道交通联络站出现的问题，由总公司解决。一经上级调度决定，有关人员必须无条件执行。

5．按等级进行调整的原则

行车调度员要按列车运行图指挥列车运行，当列车不能按列车运行图运行时，应按规定的等级顺序进行调整，除特殊情况外，应坚持先高等级、后低等级的原则。

为适应乘客运输的不同需要，按照运输的性质和用途，列车分类和等级顺序如下：

（1）专运列车；

（2）客运列车；

（3）调试列车；

（4）空驶列车；

（5）其他列车。

在抢险救灾情况下，优先放行救援列车。对于同一等级客运列车，可以根据列车的接续车次和载客人数等情况进行调整。

（四）城市轨道调度指挥模式

城市轨道交通一般采用 ATC 系统，相对于铁路调度指挥而言，列车运行调度指挥模式种类较复杂。

1．行车指挥自动化

在设备正常情况下，城市轨道交通采用自动化的调度指挥模式。目前，ATC 系统已经被越来越多的城市轨道交通系统采用，包括上海轨道交通和广州轨道交通等。通常 ATC

系统由列车自动防护（ATP）、列车自动操纵（ATO）和列车自动监控（ATS）组成。

ATS 子系统是整个运行控制系统的核心，它通过信息采集设备，实时动态显示列车的运行状态和线路设备被占用状况，为列车调度人员和现场工作人员提供清晰真实的动态画面，供其对整个运行系统进行实时监督控制和记录运行图的执行情况，在列车因故偏离运行图时及时做出调整，辅助行车调度人员完成对全线列车运行的管理。

ATS 系统的正常运行，在大部分情况下，是自动进行的，无须调度员干预。由车站 ATS 分机可存储管辖范围内的当日运行时刻表，控制中心一般仅为监视，而由 ATS 分机进行列车运行的自动控制。如果正常的自动运行发生问题（例如要求的进路无法设定），ATS 分机给 OCC 发出报警信号，要求调度员人为干预。调度员也可以根据需要，脱离系统的自动运行，而 ATS 能提供对列车分配、进路办理和道岔转换的全面人工控制。

2．调度集中模式

当列车运行时间晚点超过一定范围，或因其他原因造成行车指挥自动化无法进行时，ATS 系统降级到调度集中模式。

调度集中系统能够实现对列车的集中监视和控制：列车的确切位置、线路和信号设备的状态信息可以迅速传递到调度所，再由调度集中设备集中发送控制命令。调度集中指挥模式取得如下明显的经济效果：① 减少列车停车和会车的时间，提高线路通过能力，提高旅行速度；② 减少事故，增加列车运行安全度；③ 运行图被打乱时，能通过一些措施迅速恢复正常行车秩序，可以减轻列车晚点程度；④ 减轻调度人员的劳动强度。

3．调度监督模式

当 ATC 系统设备故障程度进一步恶化时，ATC 系统只能对现场的设备进行监视而不能进行控制时，就只能采取调度监督指挥模式。列车运行指挥必须通过调度电话和无线电话等通信系统完成。

4．电话指挥模式

当 ATC 系统必须停止使用时，就只能使用电话调度指挥模式。

电话调度指挥方式是以调度电话作为主要通信工具。调度员通过调度电话呼叫区段内任意一个车站的值班员或者同时呼叫所有的值班员，下达列车运行计划和调度命令，车站值班员也利用调度电话呼叫调度员报告列车到、发和通过车站的时间（报点）及其他有关事宜。

具体的管理过程是：车站值班员向调度员报点，调度员在计划上记录列车运行实际情况。计划和列车运行实际情况都绘制在同一张运行图上，调度员首先在图上作计划，列车运行实际情况与计划不一致，要擦掉计划重新标明实际的运行时分。频繁地收点、修改计划和布置计划，这些烦琐事务工作浪费了调度员大部分的工作时间。

电话调度方式是全人工调度方式，费时费事，调度员的劳动强度大。电话收点不及时和调度人员劳动强度过大可能造成调度不当，影响行车安全和运输效率。

这四种模式根据状况不同，采取不同的模式。降级顺序为：行车指挥自动化→调度集中模式→调度监督模式→电话指挥模式。

（五）调度工作制度

1. 日常工作制度

1）执行《运营时刻表》

（1）执行计划运行图指挥列车安全准点运行。

（2）在 ATS 系统故障时，行调记录列车实际运行情况，并画出实际运行图。

（3）当实际运行与计划运行图出现偏差时，及时调整列车运行。

2）根据需要正确、及时发布调度命令

指挥列车运行的命令和口头指示，只能由行调发布。发布命令前应详细了解现场情况，听取有关人员意见。行调发布命令时，在车厂由派班员负责传达，在正线由车站值班站长（行车值班员）负责传达，传达给司机或其他有关人员的书面命令应盖有车站（车厂）行车专用章。

2. 安全管理

1）安全检查

（1）OCC 安全检查主要包括几个方面的内容：安全培训、设备安全、工作安全等情况。

（2）OCC 安全检查应按照《行车组织规则》及有关规定进行。

2）日常检查

OCC 值班主任负责日常安全检查主要工作，其中包括以下内容：

（1）OCC 办公设备，其中包括通信设备、照明设施等的检查。

（2）监督设备检修施工部门在 OCC 管辖范围内的检修施工。

（3）消防线路的安全检查及消防器材的安全检查（与环调共同确认）。

（4）OCC 的清洁卫生检查等。

（5）行调、电调、环调、维调负责对日常行车、供电、环控调度台设备、故障记录本等的安全检查。

（6）调度日志及交接班簿、调度命令、线路施工作业登记表记录情况，故障及延误报告、列车使用登记簿、客运量统计等情况的检查。

3）每月不定期检查内容

（1）值班主任负责对各种运营文件、资料的管理，更新 OCC 的训练、考核记录。

（2）OCC 各项被更新的作业程序。

（3）检查行车指挥、供电、环控等的运作程序。

（4）检查已修改程序的执行情况。

（5）检查通信联络设备，保证 OCC 的通信联络设备处于良好状态。

（6）检查 OCC 安全网络的运作情况。

4）调度电话/无线电测试

（1）值班主任、行调、电调、环调、维调应每周一进行一次调度电话/无线电试验。

（2）在调度电话/无线电测试中发现故障，立即通知维调派人及时处理。

（3）协助通号车间对调度电话/无线电的录音效果进行测试。

（4）对调度电话/无线电测试情况，应在工作日志上记录。

5）ATS 监控设备测试

（1）值班主任、行调在每天运营开始前 20min，使用 MMI 试验排列进路和转换道岔，并检查其显示是否正确。

（2）值班主任、行调会同信号维修人员定期对 MMI、模拟屏设备的显示、控制功能进行测试。

（3）对 ATS 监控设备测试的情况，应在工作日志上记录。

6）事故救援演练

（1）为提高优质高效的调度指挥工作，处理可能发生的各种事件，OCC 需参与制定事故救援程序和演习。

（2）事故救援包括车辆、线路、供电故障、特定事故等。事故救援规定在事故处理中相关人员所担当的职责。

（3）事故救援演习后，需及时总结，值班主任写出个案分析，供行调参考学习，对事故救援中不完善的地方加以改进。

二、调度命令和口头指示

行车组织工作由行车调度员统一指挥，有关人员必须严格执行调度命令，服从调度指挥，行车调度员应严格按运营时刻表指挥列车运行。车站由车站值班员、车场由车厂调度员、列车由司机统一指挥。当列车在车站或车场时，由车站值班员或车厂调度员统一指挥。

（一）调度命令分类

调度命令包括口头指示、口头命令、书面命令。调度命令作为列车运行的凭证和其他行车工作的依据，只能由当班行车调度员发布，发布命令前行车调度员应详细了解现场情况，并听取有关人员意见。

1．口头指示

日常运行调整指挥内容，行车调度员以口头指示形式下达，口头指示无须给号，只下达受令人和指示内容。遇表 6-1 所列情况，需发布口头指示。

表 6-1　需发布口头指示的情况

序　号	指 示 项 目	受 令 者		
		司机	车场	车站
1	列车途中清客	√		√
2	停站列车临时变更路线或通过列车在站停车	√		√
3	变更列车进路（ATC 模式下）	√		√
4	发布线路及列车限速或取消限速（ATC 模式下）	√		
5	临时加开或停开列车（包括临时列车、回空列车等，ATC 模式下）	√	√	√
6	列车越过故障信号机（ATC 模式下）	√		
7	列车反方向运行（ATC 模式下）	√		√

续表

序　号	指　示　项　目	受　令　者		
		司机	车场	车站
8	列车由区间退回站内或由站内退到区间（ATC 模式下）	√		√
9	列车部分冒进退回站内	√		√
10	区间一度停车	√		
11	改变列车驾驶模式	√		
12	失去通信列车在正线投入	√		
13	行车调度员认为有必要发布上述以外的指示	有关人员		

2．口头命令

在无线录音设备正常状态时，行车调度员发布的行车调度命令均以口头命令下达。或行车调度员的涉及安全或影响较大的指示内容以口头命令形式下达，口头命令内容包括命令号、受令人、受令处所、受令内容、发令人、发令时间。遇表 6-2 所列情况，需发布口头命令。

表 6-2　需发布口头命令的情况

序　号	命　令　项　目	受　令　者		
		司机	车场	车站
1	变更列车进路（非 ATC 模式下）	√		√
2	发布线路及列车限速或取消限速（非 ATC 模式下）	√		
3	列车越过故障信号机（非 ATC 模式下）	√		
4	改变闭塞方式	√	√	√
5	列车反方向运行（非 ATC 模式下）	√		√
6	列车由区间退回站内或由站内退到区间（非 ATC 模式下）	√		√
7	封锁、开通区间	√	√	√
8	临时加开或停开列车（包括临时列车、回空列车、调试列车等，非 ATC 模式下）	√	√	√
9	开行工程车	√	√	√
10	区间疏导乘客	√	√	√
11	封闭、解除封闭车站	√		√
12	临时改变运营时间	√	√	√
13	控制权下放	√		√
14	临时添乘列车司机室	√		
15	行车调度员认为有必要发布上述以外的命令	有关人员		

3．书面命令

在通信记录设备故障时，遇列车救援、反方向行车及 ATP 故障实施人工驾驶均需发布书面调度命令。所有发布给司机的口头命令以书面命令形式发布。书面命令的内容与口头命令相同。

（二）交付调度命令的方法

行车调度员发布口头命令和口头指示可以使用无线列车调度电话或调度电话直接向

司机、车站值班员、车厂调度员（值班员）发布，受令人必须复诵该口头命令和口头指示内容。

行车调度员发布书面命令时，在车场由车厂调度员（值班员）负责传达，在正线由车站值班员传达，传达给司机或其他有关人员的书面命令必须加盖车站（车厂）行车专用章。

同时向几个单位或部门发布调度命令时，行车调度员应指定其中一人复诵，其他人核对，抄收命令时若有遗漏或不清楚的地方，受令人应立即核对并更正，书面命令填写《调度命令登记簿》。

（三）发布调度命令的基本要求

在日常运输工作中，各级调度是通过调度命令或口头指示进行调度指挥的。

根据统一指挥、逐级负责的原则，指挥列车运行的调度命令和口头指示只能由该区段值班行车调度员发布。因此要求行车调度员必须不间断地了解、掌握列车运行和其他情况，以便及时向行车有关人员发布调度命令或口头指示，良好地完成运输生产任务。

调度命令必须一事一令，先拟后发。在无线录音设备状态正常时调度命令可以以口头命令形式下达；在无线录音设备故障停用和列车反方向运行、ATP故障实施人工驾驶或进行列车救援时调度命令应以书面命令形式下达。

调度命令和口头指示有同等效力，有关行车人员必须坚决执行，服从调度指挥。

调度命令的内容包括命令号、受令处所、受令人、命令内容、发令日期与时间、发令人及复诵人。对涉及邻调度区的行车调度命令，应取得值班调度主任或调度长同意后发出。

调度命令日期的划分，以零时为界。命令号由 1～100 按日循环，每一循环期间不得跳号和重号使用。调度命令中的各项内容必须正确、完整，用语标准、简明扼要。遇有不正确的文字应圈掉后重新书写。

发收调度命令时，必须填记《调度命令登记簿》（见表 6-3），并由行车调度员指定受令人员中一人复诵。受令人员在抄收命令中若有遗漏或不清之处，应及时向发令行车调度员提出核对并更正。行车调度员向司机发布调度命令时，若乘务人员未离段，应发给车辆段，由运转值班室负责传递；若乘务人员已出乘应由列车始发站或进入关系区间前的车站传递；运行途中乘务人员换班时，应将调度命令内容交接清楚。在列车运行过程中，如果无法将书面命令及时传递给司机，应适时完成调度命令的补交手续。

表 6-3　调度命令登记簿

月日	发出时刻	命　　令			复诵人姓名	接受命令人姓名	调度员姓名	阅读时刻签名
		号　码	受令及抄知处所	内　　容				

注：划○者为受令人员。

　　调度命令内容中空缺的内容应正确填写，做到不随意涂改。如果调度命令内容与格式中虚体字内容吻合，应及时描写。未描写的虚体字一概作为无效内容并用横线删除。

（四）书面调度命令的填记标准

　　（1）填记项目：调度命令应填记命令号、受令处所、受令人、命令内容，以及发令日期、发令时间、发令人及复诵人。格式如表 6-4 所示。

　　（2）命令内容：运行指挥过程中如遇限速、救援、区间封锁等情况时，根据命令标准格式内容分类填写。如遇其他特殊情况时（如命令超出现有标准格式），应由行车调度员将命令内容手写在"其他命令"表中。

表 6-4　调度命令

_____年_____月_____日_____时_____分　　　第_____号

受 令 处 所		调度员姓名	
内　　　容			

受令车站_____车站值班员

（五）下达命令工具

　　（1）行车调度电话。车站行车值班员用调度电话分机接收行车调度员用数字电话机发布的调度命令，口头指示等行车事宜向行车调度员报告现场情况。

　　（2）行车无线调度电话。行车调度员用无线控制台与列车上设有车载无线电台的司机进行数据通信和通话；与手持手机的行车值班员进行通话；遇紧急情况对列车上乘客广播，以及通过行车调度员操作无线控制台后使司机与司机通话；司机与行车值班员、运转值班员通话。

　　（3）公务电话。行车调度员、行车值班员用自动电话机与地铁内部各单位进行联络。

（六）常见调度命令标准格式

1．变更列车进路

"×次：（你/×次）在×处经（×待避线）运行至×行线（×方向）至×处就地折返。"

"×次：你在×处不回场，延长运行至×处。"

"×次：你在×处改用折×线折返。"

2．发布列车及线路限速或取消限速

"×次：（你/×次）在×处—×处×行线间限速××km/h 运行。"

"×次：从×时起，×处—×处×行线间限速××km/h 运行。"

3．列车越过故障信号机

"×次：（因××信号机故障）准你越过×信号机×灯运行。"

4．改变闭塞方式

"×次：你在×处—×处×行线间改按××闭塞法组织行车。"

5．列车反方向运行

"×次：准你在×处—×处反方向运行。"

6．列车由区间退回站内或由站内退到区间

"×次：准你由×处退至×处。"

7．封锁、开通区间

"从×时起，×处—×处×行线间区间封锁（开通）。"

8．临时加开或停开列车

"×次：你×处—×处加开×次，×次正常停车上下人。"

"×次：你×处—×处—西（东）口加开×次，×次在×处停车，其他各站通过。"

"×次：因×次在×处故障，你担当救援，你在×处清客，×处—×处加开97××次，准你在封锁区间内与故障车连挂后推进（牵引）运行。又从×时起，×处—×处×行线间区间封锁。"

9．开行工程车

"（×站/场交×次）：场西（东）—×处加开99××次到达×处后，将×处—×处×行线区间封锁，准工程车在封锁区间里进行施工作业。"

10．区间疏导乘客

"×站交×次：准×次在×处—×处上、下行区间疏导乘客，准×站工作人员进入区间疏导。又从×时起，将×处—×处上、下行区间封锁。"

11．封锁、解除封闭车站

"从×时起，将×站封闭（封闭解除）。"

12．临时改变运营时间

"从今日运营开门时间推迟（提前）至×时×分。"

"今日运营关门时间延迟（提前）至×时×分。"

13．控制权下放、回收

"从×时起，将×站控制权下放（回收）至车站（中心）办理。"

14．添乘列车司机室

"×次：准×单位×人添乘×次司机室。"

三、列车运行过程和基本要求

（一）列车运行的准备和条件

（1）DCC检调在运营当天按《运营时刻表》的计划，于列车出车厂前50min，向DCC车厂调度提供状态良好、符合上线条件的列车，并按规定进行交接手续。

（2）运营前30min，对运营设备、人员的检查和准备工作如下：

① 试验道岔、并对相关道岔进行人工加锁；

② 检查运营线路空闲、施工结束、线路出清、具备行车的条件；

③ 无异物侵入限界、屏蔽门开关状态良好；

④ 接触网、供电系统状态良好；

⑤ 环控系统状态良好；

⑥ 当日运用车、备用车安排和司机配备情况；

⑦ 车站值班人员到岗情况；

⑧ 供电值班人员到岗情况；

⑨ 各岗位核对日期和钟表时间。

（3）每日运营结束、列车进车厂后，司机向车厂调度员汇报列车运行情况和技术状态，车厂调度员与DMC进行交接。DCC应于次日运行前50min，按《运营时刻表》的计划提供当日合格上线运行的列车车组号（包括备用车）。

（二）列车运行中的操作

（1）列车运行中司机与在前端司机室驾驶，且严禁打开车门。

（2）司机在本线的车厂与车厂调度员办理列车接车手续，并按规定于列车出库前30min进行整备作业，具体整备作业内容遵守《列车司机手册》中的规定。

（3）列车出车厂时，司机凭出车厂开放的信号，采用RM模式驾驶列车运行到转换轨一度停车，自动转换SM模式驾驶进入车站。

（4）列车入车厂时，司机在尽端站广播通知乘客全部下车后关好车门，以ATO模式驾驶列车进入转换轨人工转换RM模式，凭入车厂信号机的显示驾驶进入车厂。

（5）列车在车站停稳后自动开车门。司机迅速打开驾驶室门，跨出半步，观察乘客上下车情况并准确关车门（一般DTI显示10s时开始关车门）。当车门关闭后，司机迅速做出与车辆垂直的立式动作，再次确认车门是否关好。当司机坐入驾驶台后，在动车前须通过观察镜观察站台情况。

（6）列车进站停车头部越过停车标时，如果驾驶室后第一个客室门对着站台，按规定开门；列车停车位置越出站台2个车门及以下时，司机切除该车门开关再打开其他车门上下乘客。司机发现未到位停车时，立即手动对位停车。

（7）列车在站台区内停车位置超出站台3个车门及以上时，报告行调，经行调同意，司机不开车门继续运行到前方站停车。行调应通知前方站。车站应及时对站台广播，站台岗维持好秩序。

（三）列车运行速度要求

为保证列车运行安全，司机在操纵列车时，应注意不使列车超过规定的限制速度。同时还要根据接收到的速度码、信号的显示、接车线的特点、线路曲线半径和道岔辙岔解号码等要求，严格控制列车运行速度。

（1）在正线和折返线上一般采用9号道岔。9号道岔侧向通过最高速度不超过30km/h。在车场内基本采用7号道岔，7号道岔侧向通过最高速度为25km/h。

（2）列车司机在运行中要掌握好各种速度，列车在某城市轨道一号线运行速度规定如表6-5所示。

表 6-5　列车运行速度

序　号	项　目	运行速度/（km/h）				说　明
		ATO	SM	RM	URM	
1	正线运行	设定正常速度	低于设定正常 5km/h	25	60	设定正常速度为 80～65km/h（300m 曲线半径为 65km/h）
2	列车通过车站	40	40	25	40	列车头部离开头端墙的速度
3	列车进站停车	57.5	50	25	45	列车头部进入尾端墙的速度
4	列车推进运行	—	—	25	30	救援列车在被救援列车尾部推进时，URM 模式驾驶为 30km/h（须按车辆故障处理指南操作相应的开关）；在前端牵引运行（SM 模式）时为 45km/h
5	列车退行	—	—	—	10/35	因故在站间退回始发站时（推进/牵引）
6	引导信号	—	25	25	25	
7	列车进入终点站	设定速度	35/25	25	35/25	SM、URM 操作时，进一终点站为 35km/h，进接轨站为 25km/h
8	列车在辅助线上运行	—	15	15	15	经过渡线、存车线、折返线
9	车厂内运行	—	—	25	25	停车库内为 10km/h

（四）列车运行基本过程

1．司机值乘基本要求

正线客运列车运行安全是地铁运营安全体系里最关键的环节之一，地铁列车值乘一般只由一名司机负责，司机的驾驶操作安全关系到上亿的资产安全和上千名人民群众的生命安全，故司机的工作须更严格地遵守规章制度，按章操作使用设备和正确执行各项作业程序，确保列车运行安全。正线值乘主要有以下要求：

（1）严格遵守交接班制度，必须"有车必有人"。

（2）司机在取得《司机驾驶证》并经鉴定合格后，方准独立驾驶列车。副司机必须在司机的监督下才能操作列车。

（3）采用人工开门时，必须认真执行"一确认、二呼唤、跨半步、再开门"的程序。

（4）动车前必须确认动车"三要素"（进路、信号、道岔）。

（5）升弓前或使用安全疏散门前，必须确认所有人员均在安全区域。

（6）操作各旁路开关前，必须确认符合安全条件，并取得行调的授权。

（7）发布调度命令或行车指示时，司机必须认真逐句复诵并领会命令内容。

（8）严禁跨越地沟。进行车底检查时，戴好安全帽，应注意空间位置，避免碰伤。受电弓升起后，严禁触摸电气带电部分、地沟检查及攀登车顶。

（9）当班时严禁带私人通信工具、便携式音响游戏机等娱乐工具上车。

（10）严禁擅自带无关人员进入驾驶室，因工作需要登乘列车驾驶室时必须确认其登乘证。

2．正线司机值乘主要程序

1）出乘前的整备作业

到达规定的股道后，确认股道、车组号符合《列车状态记录卡》，列车两端无警示标志，列车两边无异物侵限。严格按照列车检查走行线路和整备作业程序，采用目视、手动、耳听的方式，做好列车整备和试验，确保列车在投入服务前，技术状态良好，若发现列车故障，严禁出库，向车厂调度员报告，由车辆段控制中心组织处理。

2）出乘前准备

（1）出乘前严禁饮酒，做好充好休息，保持精力充沛。

（2）公寓待班时，必须严格执行公寓待班管理制度，每天 22:00 前到公寓执行签到制度，22:00 后不准外出（特殊情况除外），22:30 分准时关灯，按时作息。

（3）公寓待班期间，禁止饮酒及进行任何娱乐活动。

（4）严格执行叫班签认制度，保证准时出乘。

3）出勤

（1）按照列车交路表时刻准时到派班员处登记出勤。车厂出发列车在车厂派班室出勤。正线接车司机在派班室登记出勤。

（2）乘务员出乘应按规定着装，携带有关证件（司机、副司机证等）、行车备品（荧光服、螺丝刀、电筒）及相关的规章文本，按规定出勤时间提前到派班室。

（3）乘务员出勤时认真抄阅运行提示及注意事项。

（4）派班员审核司机手账的行车达示，符合安全行车要求后签章交还司机，口头传达有关安全注意事项，并发放《司机报单》、秒表及《运营时刻表》等行车备品《司机报单》。

（5）认真听取派班员的行车指示，做好行车预想，做好行车备品的领用手续。

（6）车厂调车班（备班）需在派班室与交班司机对口交接，听取当天车厂作业介绍及其他安全事项。

（7）正线接车司机在车厂派班室出勤，应在所接列车到达时间提前 2min 到达车厂站台，立岗接车，列车到达后与交车司机进行列车备品、技术状态、行车组织及线路状况、安全事项等交接。

（8）车厂出发司机需到车厂调度室处，听取调度员传达注意事项，了解列车停留位置及列车技术状态，领取《列车状态记录卡》及一套列车钥匙等行车备品并做好登记，到规定地点整备列车。

3．列车运行

1）列车出库

（1）列车整备完毕，列车状态符合正线服务后，报告车厂信号值班员列车整备完毕。

（2）确认出厂信号开放，按该列车出车厂时刻以 RM 模式驾驶列车出库，整列离开库门前限速 5km/h。库大门前、平交道口应一度停车，确认线路状况良好后动车。

（3）列车运行到转换轨一度停车，待显示屏收到速度码，ATO 灯亮后，司机确认进路防护信号开放，以 ATO/SM 模式运行至车站。

2）正线运行

（1）列车 ATO 驾驶模式下，司机工作状态应保持：不间断瞭望，坐姿端坐，左手置鸣笛按钮处，右手置于主控手柄（不按压警惕按钮）。

（2）列车运行期间，司机要注意观察列车显示屏信息、各指示灯和仪表显示、自动开关状态。区间发生故障，尽可能维持到进站处理。遇故障列车需维持运行至终点站时，司机必须时刻确认列车运行状态，防止列车故障的进一步扩大。

（3）列车运行中坚持不间断瞭望前方进路状态，发现线路、弓网故障及其他轨旁设备损坏或超限时，及时采取紧急措施，并报告行调。

（4）列车接近进站时，密切观察站台乘客状况，遇乘客较多或有越出站台黄色安全线，应及早鸣笛示警，遇危及列车运行或人身安全时，立即采取紧急措施。

（5）列车故障或其他原因需临时停车，司机可通过列车紧急广播或人工广播安抚乘客。在车站若已知前方受阻延误等候开车时间较长，司机开启客室门，并配合站务人员做好宣传解释，减少不必要的乘客投诉。

（6）列车本身原因或信号故障，造成列车未对标停车，司机立即手动对标停车；当越出站台时，具体按《行车组织规则》办理，杜绝错开车门。

（7）需要 SM 或 RM 驾驶模式运行时，司机严格遵循进路防护信号显示、ATP 允许速度及列车运行速度。

（8）雨天线路湿滑时为避免 ATO 对标不准，在地面线路驾驶时由司机转为 SM 驾驶模式，严格控制运行速度，谨防列车打滑空转而造成紧急制动或越出停车标。

（9）采用 URM 驾驶模式起动列车时，主控手柄置于牵引区不低于40%处，运行中注意人工报站点播，严格控制速度，防止越出停车标。

（10）值乘司机遇身体不适，及时转告派班员或司机长，请求协助，避免影响正线服务。

3）站台作业

（1）ATO 模式下，列车进站自动对标停车后，列车显示屏出现相应侧车门释放信息，车门自动打开，无特殊情况下（列车无故障或无接听行调电话）乘务员须在确认司机操纵台制动"施加"红色指示灯亮后立即到站台（驾驶室旁）立岗，监视站台乘客上下车情况和车辆的状态。

（2）SM、RM、URM 模式及折返对标停车后，列车显示屏无相应侧车门释放信息，需人工开时，必须严格执行"一确认、二呼唤、跨半步、再开门"四步作业程序，即先确认停靠站台和需要打开相应的车门，执行车门呼唤制度，再跨出站台一脚（另一脚在司机室），按压一次"开门"按钮，最后打开相应侧站台车门，谨防错开门。

（3）关门前观察 DTI 倒计时显示，对照运营时刻表发车时刻，提前约10s侧转身体，按压"关门"按钮，手放在重开门按钮处，待车门全部关好，回转身体，立正面向列车尾部瞭望，所有车门黄色指示灯和运行状态黄色灯灭（有的线路还需确认屏蔽门关闭正常及"空隙"中无夹人夹物），确认安全后，进入司机室，在起动列车之前再侧望监视镜/CCTV确认无夹人夹物、所有乘客离开黄色安全线及站台安全后，按照规定程序起动列车。注意：关门前，必须确认进路防护信号机开放信号后，才能关门。

（4）两侧需关门车站的关门时机：对照运营时刻表发车时刻，原则提前约 15s 关下客侧的客室门，待下客侧的车门关好后，确认进路防护信号机开放信号，关闭上客侧的客室门。

（5）司机应灵活掌握关门时机，防止关门时夹人夹物。大客流情况下，司机注意气压表显示状态，制动缸压力超过规定时，司机应报告行调，同时广播引导乘客往客室中部移动。

4）运营列车在站台直接转备用的作业程序

（1）列车到达站台后，司机把 2S11 开关置"手动开门"位，手动打开下客侧车门，广播通知乘客离开列车。

（2）确认车站人员的"好了"信号和客室所有乘客已下车，关门。

（3）施加停车制动，按压折返按钮，关闭主控钥匙，锁好司机室侧门。

（4）检查客室是否有乘客遗留的物品，到另一端驾驶室关客室灯，下车。

5）列车到折返线或存车线内转备用

（1）列车到达折返站自动开门后，司机广播通知乘客和保洁人员离开列车。

（2）确认车站人员的"好了"信号和客室所有乘客已下车，关门。

（3）按压折返按钮（没有折返信号除外），以 SM 模式或 ATO 模式驾驶列车至折返线。

（4）施加停车制动，关闭主控钥匙，锁好司机室侧门。

（5）检查客室是否有乘客遗留的物品，到另一端驾驶室关客室灯，报告行调，按行调的指示步行出折返线或待令。

6）备用车投入服务时的作业程序

（1）司机进入驾驶室，打开客室灯，调整列车的车次和目的地码。

（2）打开司机台，确认司机室内各指示灯和显示屏显示正常。

（3）缓解停车制动，合上空调，合主断，按要求打开上客侧车门（在折返线或存车线，则先按行调的指示把列车驾驶至车站，再开门），投入正常的服务。

7）折返作业

到达列车进入站台接近停车标处，显示屏出现折返图标，AR 黄灯亮，列车停稳相应车门打开。到达司机按压 AR 按钮，显示屏上的折返图标由蓝色变为黄色背景，AR 按钮指示灯灭，关闭主控钥匙，锁好司机室侧门，折返上行端司机室。

有折返司机时，到达司机应在完成折返程序后与后端的接班司机交接列车运行状态及行车安全事项等，完毕后在换乘亭等候转为下一趟折返司机；无折返司机时，本务司机应抓紧时间激活上行端司机室，确认列车状态良好。

到达列车停稳后，折返司机进入上行端司机室，确认 AR 折返按钮黄灯闪烁，RM 指示红色灯亮（表示折返成功）。闭合主控钥匙确认显示屏显示正确，调整车次号，按规定在司机室侧立岗。

URM 模式下折返时，若无折返司机，本务司机应先开下客侧车门下客（上客侧车门不开），清客完毕关下客侧车门，折返上行端司机室激活操纵台开上客侧车门上客。若有折返司机，应待列车停稳后进入上行端司机室，与本务司机交接后，激活操纵台开上客侧车门上客（如需切除 ATP 应在激活操纵台前完成）。

（五）列车回厂作业

（1）运营列车结束服务到达回厂站后，广播通知乘客下车，确认全部乘客下车后，按站务人员给的"好了"信号关门。

（2）完成折返，到客室检查乘客是否有遗留物品在车上、检查灭火器是否齐全，步行至另一端司机室。

（3）确认进路防护信号开放正确后，以 ATO 模式或 SM 模式（该模式可自行转换）驾驶列车至转换轨一度停车。用电台联系信号值班员，确认列车停放的股道和进路情况。

（4）确认入厂信号黄灯好后驾驶列车入厂。

（5）库门前一度停车标或平交道口前一度停车。

（6）列车停稳后，清洁司机室卫生，检查列车备品，确认是否齐全良好，与公里数一起填写在《列车状态卡》上。

（7）列车停在规定的位置后，方向手柄回零，分主断，施加停制动，分空调，分照明，空压机停止工作后，确认受电弓状态，降弓，关蓄电池 3S01，下车锁好司机室侧门。

（六）退勤

司机到车厂调度处交还钥匙、状态卡。到派班室办理退勤手续，向派班员小结列车的运行情况，填写当值期间发生的事件/事故记录。交递司机报单、运营时刻表、秒表，派班员在司机日记上签章，允许司机退勤。

任务一　城市轨道交通列车运行调整

城市轨道交通列车运行调整是指在由列车、区间、车站、区段内的各种技术设备和信号联闭设备以及计划运行图组成的列车运行系统中，当该系统受到干扰而使列车偏离规定的运行线运行时，通过各种组织手段，依据一定的优化目标，迅速、高效地制定运行调整措施，尽快恢复列车运行的正常秩序。

一、城轨列车运行调整的特点

城市轨道交通与铁路有着很多的不同，无论设备构成还是运营指挥等都有不尽相同之处。列车运行调整的策略、方法与目的都与铁路有着比较大的不同。

（1）城市轨道交通与铁路的功能和定位有着本质的区别。铁路作为服务于城际之间甚至是省级之间的一种交通工具，站间距很大，线路基本上都远离人口密集的城市区域；而城市轨道作为城市内的公共交通工具，服务对象主要是城市居民，满足人民日常工作、生活的需要。

（2）从行车组织的角度来看，铁路客货列车混行，具有大编组、低密度、追踪间隔长的特点；城市轨道的站间距短、线路上运行的列车种类单一，列车运行具有小编组、高密度、追踪间隔短的特点，则要求城市轨道具备相当的自动化控制水平。

（3）大铁路可进行列车的越行与会让，在优化调度的方法上主要是处理列车的放行顺

序的问题，通过不同的放行顺序的组合得到多种调度策略。大铁路列车运行调整的最终目的是使列车遵照计划运行图规定时刻运行。因此一般在调整中总是尽量使调整后的运行图逼近计划运行图。调整的目标一般定为正点率最高或晚点时间和（加权和）最小。城市轨道的线路形式不同于铁路，除两条正线和必要的存车线与渡线外，一般没有其他的配线，列车的进路比较简单，有利于实现列车运行的自动控制；在运行调整时基本上没有会让与越行。另外，城轨交通恢复时刻表运行意义不大，城市轨道交通的调整目标应该是维持列车高密度行车，保证一个比较稳定的发车间隔，考虑车辆周转来及时疏散人群，从而实现列车的最佳调度。

二、列车晚点及影响

列车运行图规定了列车到达、出发或通过车站的时刻，各次列车均应严格按运行图规定的时刻运行。然而实际列车运行是一个十分复杂的运输生产过程，它需要利用多种技术设备，同时要求与运输相关各部门、各工种、各项作业之间相互协调配合。因此，列车实际在车站的到达或出发，通常不可能完全按照运行图规定的时刻进行，而是以运行图规定时刻为基点，在一定范围内波动。

1. 列车晚点及其分类

列车晚点是列车运行图在执行过程中所受到各种因素影响的综合表现形式，分为自身晚点和连带晚点两种情况。

列车自身晚点是由于列车在运行过程中受到各种因素如机车、车辆、线路维修、信号、车站进路状态等技术设备因素，机车驾驶员的技术水平及乘客上下、火灾、社会灾害以及客流发生突发性变化等主客观因素的影响造成的列车进入区段或在区段内运行过程中偏离（滞后）计划运行轨迹的现象。将首先发生晚点列车在随后车站的晚点称为自身晚点。若自身晚点列车的始发时间晚点，那么这趟列车在其后行车站会发生持续晚点现象，即晚点进行了传播，如图 6-1 所示。

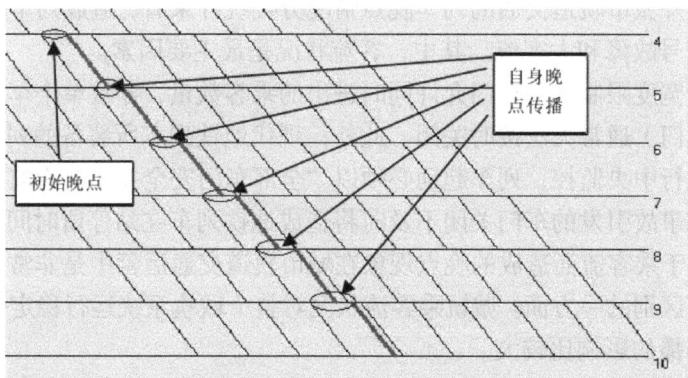

图 6-1　自身晚点传播示意图

列车连带晚点是指前行列车自身发生晚点时，所引起的后行列车或其自身的后效晚点现象。这种现象的发生是由于列车运行图中运行线间或线群间储备的缓冲时间（可调能力）

不足或行车调度员调整措施不当而引起的，称为晚点传播。

列车由任一车站出发，对于其相邻区间而言，可称为该列车进入区间，若列车由任一站出发晚点，即将产生列车进入区间晚点，亦即当列车由任一车站进入区间的实际时刻偏离于运行图规定时刻，简称列车进入晚点，并定义列车实际进入区间时刻与运行图规定的计划发车时间之差为列车进入晚点时间。

2．列车晚点造成的影响

如果发生严重事故或灾害，必将造成列车大幅度晚点，尤其在高峰运行时分，将会对全线列车的运行造成很大的影响。由于城市轨道交通在城市功能中占据重要地位，列车造成比较大的晚点或者运营中断将带来严重的经济损失，并且给城市人们的日常生活带来较大的麻烦。

城轨具有站间距离小、高密度、不间断运营等特点，其运行间隔小（通常为 2 ~ 3min），停站时间短（计量单位通常是以秒计）。一旦出现列车晚点，尤其在高峰运行时分，必然会对列车的整体运行造成很大的影响。主要表现为：

（1）前行列车的大幅晚点必然造成后行列车的晚点，使晚点列车的数量越来越多。

（2）由于列车在前一车站或区间发生晚点，必然造成后一站台乘客积压，而这种现象又会使列车停站时间延长，造成进一步晚点。行车间隔的打乱，有的列车超员，有的则欠员，使车站乘客的周转失去平衡，由此形成一种恶性循环。

（3）一条线运营秩序发生混乱，必然会影响到换乘站的运营状态从而对相关线路的运营造成影响。对于一个城轨系统而言，服务质量评价的一个重要参数就是列车应以一个比较规则的间隔到达车站，这就是城轨列车运行特有的均匀性。列车分布的不均衡性将会给乘客造成极大的不便。所以，变化情况是评价城市轨道交通服务水平的一个重要指标。当出现列车晚点时，列车实际的追踪间隔与计划追踪间隔都会存在一定的偏差：此时列车的运行秩序将会发生一定的混乱。

3．影响列车晚点最主要因素

通过对国内外城市轨道交通的列车晚点情况分类统计来看，造成列车晚点的主要因素是车辆故障、信号故障和大客流。其中，客流状况是最主要因素。

列车车门的宽度限制单个车门允许同时进出的乘客数量，导致单个车门（具有防夹功能的自动感应车门）通常无法按时关闭。此外，现代地铁列车所装备的列车 ATC 系统对自动感应车门进行中央监控，列车起动必须以"全部车门安全关闭"为前提条件，因此上述原因或者意外事故引发的车门关闭不及时将造成地铁列车在站停留时间的延长，形成出站晚点。这种由于乘客流而造成的晚点现象在城市轨道交通运营中是非常常见的，这也是与大铁路有重要区别的一方面。城轨乘客流状况对整个城轨系统运行稳定性有着重要的关联，它对晚点传播的影响比较大。

城轨乘客流状况对整个城轨系统运行稳定性有着重要的关联，它对晚点传播的影响比较大。乘客上下车所需要的时间直接影响列车的停站时间，从而对整个城轨的晚点传播状况有着重要的关系。所以说合理地组织乘客尽快地上下车，压缩列车的停站时间或跳站运行等都是城轨进行运行调整非常重要的手段，这是与大铁路有着重要区别的另一方面。

三、列车运行调整的目标和原则

（一）列车运行调整的目标

（1）减少列车实际运行图与计划运行图的偏差；

（2）所有列车的总延时迟最短；

（3）组织列车均衡运行，减少乘客平均等待时间；

（4）列车运行调整的时间尽量短；

（5）实施运行调整的范围尽量小；

（6）使整个系统尽快恢复正常运营。

（二）列车运行调整的原则

调度员在处理完各种大大小小的意外情况后，在线列车通常会进入晚点运行状况，这也是调度员最常遇到的问题。列车初始晚点的时间长度决定了整个列车运行调整方案最终与计划运行图吻合的情况，对于一个比较大的晚点值将会涉及比较多的列车，而比较小的晚点值则做的调整会较小。具体到实行列车运行调整工作时，有以下几个原则。

1. 按图行车原则

调整时应该尽量维护原计划运行图的严肃性，遵守调度规则，使晚点列车恢复正点并减少或消除其影响。列车运行调整是在列车运行过程中进行的，因此对其实时性要求很高。列车的计划时刻表需要被新的运行计划取代时，这个新的运行计划应该根据优化方法来计算出来一个优化方案。可是，一般情况下，行车调度员不可能根据经验计算出一个优化方案。并且，调整一般不能给运行系统带来新的干扰，而且应该为调度员最后确定调整方案留下足够的时间。所以，恢复列车运行图的行车秩序是最好的措施。

在使用 ATS 系统进行调度指挥时，比较小的运行偏差可以以自动列车调整为主。在系统运行发生比较大的偏离时刻表时 ATS 能够自动给出报警和提示，并建议行车调度员采取人工列车调整，以使系统恢复至正常时刻表运行状态。而是否采取人工列车调整模式，由行车调度员最终确定。在人工列车调整模式，需由计算机生成调度方案，辅以必要的人工介入，这样达到减轻行车调度人员劳动强度的目的。

2. 及时原则

一旦列车发生晚点，需要立即进行列车的校正运行调整，只有这样才能避免发生晚点传播。如果不能及时进行调整，就可能进一步强化列车晚点，使整个城市轨道列车运行秩序进入混乱状态，列车调整难度进一步增加。并且，列车运行时间间隔比较短，很多城市轨道交通设计列车运行间隔为 90s，稍一迟延，就会使客流发生急增，造成运输组织的被动。

3. 服务原则

运营是服务的基础，乘客平均等待时间是评价城市轨道交通列车运行质量的一项重要指标，它包括行车间隔时间和因乘客换乘而产生的（本线）换乘时间。列车运行调整方案会因换乘乘客均需在衔接车站下车换乘而延长乘客平均等待时间或乘客运行中断，同时增加衔接车站规模和车站管理难度。因此列车运行调整应尽量满足乘客同站台换乘，以减少乘客等待时间，确保乘客旅行过程完整。列车运行调整中，必须要考虑对服务和乘客的影响，并将相关信息告知乘客，最大限度地减少损失、降低影响。

4. 全面原则

在应急处理时，行车调度要有全局观，不能只关注突发事件和设备故障，而忽略了其他因素和影响。

突发事件和设备故障必然要导致列车运行的晚点，在应急处理过程中应全方位考虑。在 ATC 系统功能良好区段的列车，适当缩短两列车间的正常追踪间隔，实现晚点危害的"分散化"，让所有列车共同承担晚点。基于适当列车间隔的作用，需要制定相应措施，在前车出站晚点发生的过程中，采用增加在站停留时间等方法，适当推迟后行列车到达下一站的时刻（应避免第一后行列车与第二后行列车之间追踪间隔过大），这样既能保证充分的列车间隔时间，实现平均吸纳客流，又可以避免出现后车的站外停车。

四、列车运行调整的常用策略

目前我国城市轨道交通的日常运营中，在出现晚点运行时，调度员常用指挥有以下策略。

1. 调度运行方式

（1）调度系统在出现列车大幅晚点的情况时，控制中心行调一般将 ATS 系统切换为人工控制模式。

（2）调度员通过中央 ATS 系统随时采集列车运行数据，了解列车在线运行情况；对列车晚点的原因、程度、晚点列车数量、发生的地点做出正确的判断。这样调度人员了解了列车运行情况和在线列车数量等信息，为他们进行决策提供了依据。

（3）调度员参考正常状态的运行计划，重新编排列车运行图。调度员应决策前行和后续列车的站间运行时间和建议停站时间，随时调整运行参数，编排临时运行图，并向相交线路通报运行情况。

2. 列车运行方式

为了最大限度地争取时间，列车运行时通常采用最小的停站时间、区间最小运行时间以及以最小追踪间隔。前行列车尽量提高站间运行速度，根据情况减少列车停站时间，必要时可跳站运行；后续列车逐次减少站间运行速度，以逐渐加大与前行列车间的距离。

3. 车站运行方式

由于列车晚点时间较多，车站站台很可能积压乘客（这在高峰时段更为严重），从而进一步加大列车的停站时间，使晚点现象更严重。因此，要达到列车减少或不增加停站时间的目的，目前一般采取以下几方面的措施。

（1）车站的乘客信息系统向乘客通告车站所处状态和列车运行情况。

（2）AFC 系统根据站台与列车的拥挤程度，限制乘客进入，开放乘客出站通道。

（3）关闭进站方向的自动扶梯。

五、列车运行调整所需要的数据

调整列车运行，首先必须对列车运行情况以及轨道、道岔、信号等设备状况进行了解和掌握。基本数据包括车站的顺序和种类、站间旅行时间、各站的停站时间、车站与折返线之间的旅行时间、在折返线上的停留时间和计划时刻表数据等。实际数据包括调度员下达的控制指令、在线运行列车的实时位置和速度、在线运行列车的限制速度和安全距离。

六、列车运行调整方法

城市轨道交通的调度方法与大铁路相比有较大的不同，城轨列车运行调度的基本调整方法主要包括以下几种。

1．组织正点发出列车

在组织列车正点出发的工作中，保证列车始发正点是实现按图行车的首要条件，因为某一列车一旦晚点就会影响整个区段的列车始发或运行。列车初始晚点的时间长度决定了整个列车运行调整方案最终与计划运行图吻合的情况，对于一个比较大的晚点值将会涉及比较多的列车，而比较小的晚点值则做的调整会较小。所以，行车调度员应该重视列车始发正点的组织工作。

2．改变列车区间运行时间（加速或减速列车运行）

根据列车的速度和位置，可以预测列车到达下一站的到站时间。如果预测的到站时间晚于计划到站时间，可以修改列车的 ATO 设备发送命令，提高 ATO 运行等级，缩短站间运行时间，从而及时消除可能出现的晚点。城市轨道 ATC 系统一般有 6 个运行等级加上滑行模式可供选择。改变站间运行时间就是通过改变运行等级，包括设置最大速度和加速度。启用滑行模式也可影响运行时间。控制中心将运行图调整信息传到轨旁 ATS 再传到列车。

3．增加/压缩列车停站时间

通过车站 ATS 适时发送命令，控制站内列车的停站时间。若列车晚点，可使列车提前出发（但也必须受车站最小停站时间的约束）；若列车早点，则可延长列车停站时间。这种方法可以在一定范围内调整列车正点运行。

4．组织列车跳站停车

列车跳站停车分为列车载客跳站停车和列车空驶跳站停车两种。列车载客跳站停车应严格掌握，客流较大的车站原则上不应组织列车跳停通过，仅在由于车辆或其他设备故障、发生事故、车站因乘客滞留造成拥挤等原因引起列车运行秩序紊乱，以及特殊需要时，方准列车载客跳停通过。2005 年 2 月 24 日北京地铁 1 号线从东单到天安门东连续三站跳停通过，不仅给乘客带来不便，而且造成社会影响。

如果列车晚点太多，需要快速赶点，可要求列车直接通过下一个车站或多个车站，以尽快恢复到计划时刻表上。为了晚点列车正点终到，也可以组织列车不停站通过，即"越站"（也称"跳停"）。采取越站措施时，司机必须向乘客做广播说明，让乘客选择在哪站下车。原则上客流较大车站及首末班车不安排跳停，还要避免一列车连续越站及多列车在同一车站连续越站。列车上客流拥挤或前方站出现意外情况时，也可以采用此措施。例如，

南京城市轨道公司，在"十运会"开幕当天，为及时疏散奥体中心的大客流，对南京轨道交通客流量很小的元通、中胜车站采取了"越站通过"的措施，取得了较好的效果。

5．变更列车运行交路，组织列车在具备条件的中间站折返

当某一线路造成拥堵时，由于列车无法及时在终点站折返，势必会引起另一线路的运用列车数量减少，甚至在相当长时间内某些车站及区段无列车通过，造成乘客滞留车站人数增加。为了减少这种影响，最有效的一种方法就是组织列车按小交路运行，即组织拥堵线路的列车中间站清客后，经渡线折返到另一线路运行。在客流量较大而运用列车数目不足时，也可以采用此措施。

6．组织列车反方向运行

轨道交通线路通常是按上、下行分别设计的，在同一线路上列车的运行方向一致。当一个方向列车密度较大，而另一方向列车密度较小时，为恢复列车正点运行，可利用有岔站的渡线，将列车转到密度较小的线路上反方向运行；当一方向由于列车故障救援等因素可能造成较大间隔时，也可利用渡线将列车转到另一线路上反方向运行，以缩小列车间隔，均衡运行。

7．扣车

当前方列车或车站设备故障时，要对后续列车进行扣车或区间临时停车。扣车是将列车扣停在后方车站，基本原则是"谁扣谁放"；在区间临时停车是通知司机将列车临时停在区间，司机必须做好乘客安抚工作。扣车及临时停车是应急处理的重要手段之一，目的是保证前方列车或车站有充分的时间处理故障。

当一条线路的列车由于车辆及其他设备故障或某种原因不能正常运行，造成换乘站站台上乘客拥挤时，行车调度员应采取扣车措施，即将另一条线路的上下行列车扣在换乘站附近的各个车站，以缓和换乘站的压力。扣车时间一般应控制在10min内，如果堵塞线路的列车在短时间内不能恢复正常运行，可组织扣下的列车在换乘站通过。在环形线情况下，当一条线路运行秩序紊乱时，要尽力维持另一条线路列车的正常运行，并通知各站组织乘客乘坐畅通线路方向的列车。

8．停运列车

由于故障区段列车运行速度低、办理作业时间长，而 ATC 正常区段列车运行速度高及行车作业时间短，势必造成列车堵塞的情况。通过减少线上列车数量（即抽线）的方法实现均衡运输，这样既便于调度指挥，又方便客流组织。

对有故障并影响服务的列车，要组织停运或下线，使该列车退出服务，主要在始发站、终点站使用。对中途运行的列车也可组织进入中间站存车线或回车厂检修。在列车运行图上的表示即为"抽线"，就是撤销该运行线，使实际运行图的列车运行线比计划运行图的要少。

9．列车单线双向运行

单线双向运行，也称"拉风箱"，就是在一条固定进路上同一时间内只有一列车往返运行。当一条线路上某个区段堵塞时，可以在另一线路上的相同区段采用此种行车方式。要注意的是，两端车站必须控制好列车进路，否则会引起列车冲突。另外，如果两端车站

距离过长，则该区段内乘客的等待时间会增加。

10．采用灵活车站折返方式

列车在终点站折返时，通常采用站后折返方式，此种方式车站接发车采用平行作业，不存在进路交叉，有利于确保行车安全，同时也避免了上、下车客流交会，如图 6-2 中实线所示，但折返时间较长。为了缩短折返时间，可以采用站前折返方式，如图 6-2 中虚线所示，此种方式有利于缩短列车走行距离，但列车折返会占用区间线路，影响后续列车闭塞，同时导致上、下车客流交会，需要车站和司机做好乘客引导工作。

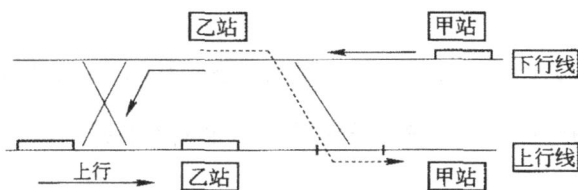

图 6-2 列车折返方式示意图

11．修改计划时刻表

当列车晚点时间比较多，或者涉及晚点的列车比较多时，可以考虑直接修改计划时刻表，尽可能地减小对整个系统的影响，保证系统的有序运行。修改计划时刻表通常包括加车、减车和时刻表整体偏移等。

12．调整列车间隔时间

在城轨线路上一旦某次列车发生晚点的情况，列车的延时会随之增加。这是因为一辆列车延时越长，那么等待这趟列车的乘客也随之越来越多，这将使在这次列车在各个车站的停站时间也随之延长。一旦拥有密集交通流的城市轨道交通的列车发生延误，那么随着这列车的运行，延误将会迅速蔓延。也就是说，列车运行不是独立的，它们相互之间是有影响的，初始晚点必然导致连带晚点。这不但会使这列晚点的列车越来越拥挤，并且会使整个列车运行陷入一个可怕的混乱当中。

为了防止这类现象的发生，行车调度员在实际的调度中会调整列车的发车间隔。这种任务被称为列车间隔调整，它的调整对象是所有在线列车，通过调整沿线各列车的运行时间、运行速度和停站时间等因素，逐步恢复列车正常秩序，最终目标是在尽可能短的时间内，将在线运行列车调整到等间隔运行状态。其主要思路就是晚点危害的"分散化解"。

目前主要有两种做法。

做法 1：将初始晚点部分分担到后行列车上，对后车提出了一种"压赶结合"的运行调整方法，如图 6-3 所示。其方法是：

延长第 1 后行列车从车站<1>运行到车站<2>的区间运行时间，同时缩短第 1 后行列车从车站<2>运行到车站<3>的区间运行时间。这样的目的有两个：尽量避免第 1 后行列车在区间（车站<1>到车站<2>）发生非正常停车现象；将车站<2>的列车到达间隔时间适当均衡一下。

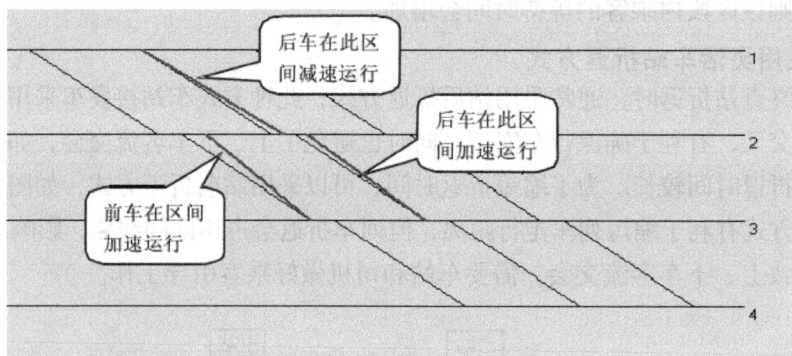

图 6-3　后行列车采取"压赶结合"的列车间隔调整示例图

做法 2：将初始晚点部分分担到前行列车上，如图 6-4 所示。

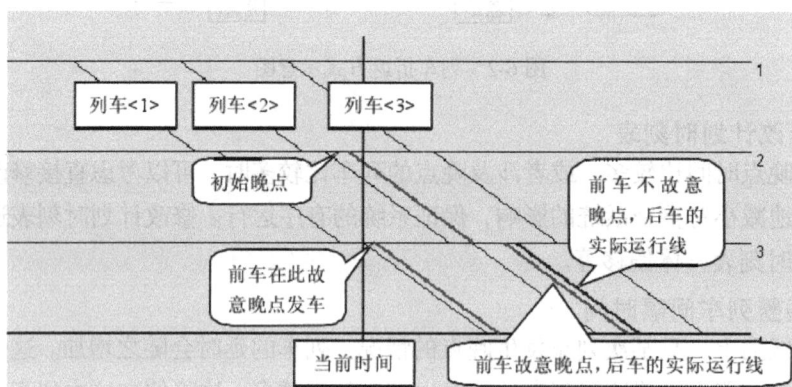

图 6-4　前行列车"故意晚点"的列车间隔调整示例图

　　在图 6-4 中，列车<2>是一列晚点列车，它在车站<2>出站时发生初始晚点，列车<1>是进行列车间隔调整而故意延迟发车的列车（目前列车<1>正在车站<3>等待它的出发时）调度员故意延长在晚点列车之前列车的停站时间，其目的是平衡一下列车的拥挤状况，并防止某些列车晚点得太厉害。由于列车<2>之前的列车<1>在车站<3>故意滞留了，这样车站<3>的一些乘客就可以搭乘列车<1>，否则他们就必须搭乘列车<2>了，这样列车<2>车站<3>的停站时间就不会变得太长，而且列车<2>的拥挤度也不会变得过高。

　　以上两种思路是调度员实现列车间隔调整的两种方法。

　　总之，行车调度员对列车运行调整方法的选择，取决于列车运行的具体情况。在列车运行调整中，行调根据实际情况，灵活合理地采取了多种调度调整策略，迅速实现列车运行调整的目标，维护列车运行秩序。

任务二　城市轨道交通列车运行监控

一、中央列车监控

　　控制中心设有监视列车动态的监视屏幕和控制列车运行的控制系统设备。全线行车指

挥者和行车监督为行车调度员。在正常情况下，中央控制主要监控如下。

（一）列车车次号设置

每天早上列车投入运营服务时，都必须从车场发车，经过转换轨最后进入正线，如图 6-5 所示（转换轨不属于车厂管理）。列车在车场范围内没有车次号。当列车行驶到转换轨时，马上受到 ATS 系统的监控，这时列车就必须有一个唯一的与之对应的车次号。

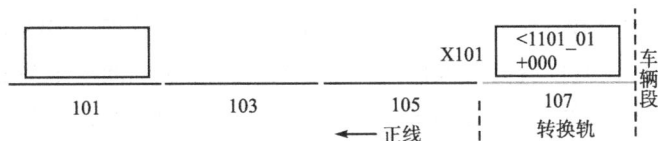

图 6-5　转换轨示意图

1．车次号

不同的 ATC 系统，设置的车次号不完全相同，但基本原理相同。下面以广州铁路的车次号规定为例进行介绍。

在广铁 1、2 号线 ATS 系统中，车次号由目的地码、服务号、行程号和乘务组号及车组号组成。

目的地码由 2 位数字组成，第 1 位数字表示列车将开往哪个车站，第 2 位数字表示列车到达终点后将执行的操作。列车到达终点后将更换新的目的地码。

服务号由 2 位数字组成，按列车场的顺序排列，当天第 1 个出场的列车服务号为 01，第 2 个出场的列车服务号为 02，以此类推。服务号跟随列车直到结束运营回场，还会改变。

行程号由 2 位数字组成，表示列车行走的路程，列车出场时为 01，以后每次折返一次会自动加 1。

乘务组号由 3 位数字组成，是识别列车司机身份的代码。当列车司机启动驾驶室的显示屏后，就会立即输入自己的乘务组号，以识别司机身份。

车组号由 4 位十六进制数字组成，是列车在制造生产时用于识别列车的编号。第 1 列生产的单元动车组为 01，第二列生产的单元动车组为 02，以此类推。每个列车由 2 个单元电动车组编成，因此把 2 个单元电动车组的编号编在一起就是一个完整的车组号。

列车车次号的设置正常时自动生成，在该列车由始发站发车之前，可由行车调度员在工作站完成，特殊情况下行车调度员命令司机在列车上设置。

2．自动分配车次号原理

当 ATS 系统监测到有列车从车厂进入转换轨，即列车在图 6-5 中 107 轨道区段时，列车运行监督及追踪（TMT）程序立即检查时刻表系统（TIS），在日记表中查找列车信息。时刻表中的列车信息包括：在这一时刻是否有编制好的列车投入运营计划，如果有计划，对应的目的地码、服务号及行程号是多少。

1）有出车计划

如果在时刻表中查找到有出车计划时，TIS 就会发送一份报文给 TMT。TMT 收到 TIS

的报文就会读取报文中的目的地码、服务号及行程号等信息，然后根据收到的服务号在车组管理清单（CML）中查找该服务号对应的车组号。

同一时间，当列车进入转换轨后，立即会把列车当前的车组号、乘务组号通过车地通信（PTI）系统发送给 TMT。TMT 收到 PTI 报文之后，就会查找来自 TIS 报文的目的地码、服务号、行程号，以及来自 PTI 报文的车组号、乘务组号，通过轨旁设备以报文的形式发送给列车，这样就确定了列车的车次号。

如果在 CML 中查找不到对应的服务号、车组号数据，或查找到的车组号与 PTI 报文中的车组号不一致，TMT 就会在人机接口工作站（MMI）上向行车调度发出一个报警信息，行车调度可以根据运营需要选择是否修改车次号。如果行车调度需要修改车次号，可以直接在 MMI 上通过相应操作输入新的车次号，可修改内容包括目的地码、服务号、行程号及车组号。当然，也可在列车进入正线后再修改。

2）没有出车计划

如果在时刻表中没有出车计划，TMT 得不到 TIS 的响应，也就收不到 TIS 发送的报文。TMT 就自动产生一个错误的车次号，以这个错误的车次号代替目的地码、服务号、行程号，同时列车把当前的车次号、乘务组号通过 PTI 发送给 TMT，TMT 将其发送给列车。同时，TMT 在 MMI 上向行车调度发出报警，行车调度可根据运营需要选择是否修改车次号。

3. 车次号的显示

确定了列车的车次号后，车次号会在 MMI 的车次窗中显示出来。

为了提高可操作性，在转换轨上的车次号都用绿色显示，如图 6-6 所示。当车次号随列车运行移动到下一个车次窗时，无论行车调度员是否修改过车次号，车次号的颜色都会变为白色，ATS 认为这个车次号已经被行车调度员确认。

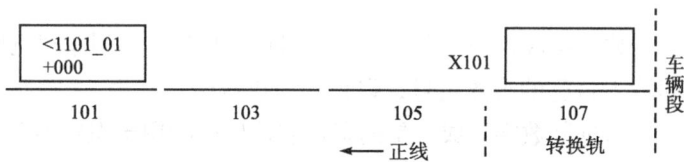

图 6-6　车次号的显示颜色变化

而错误车次号在 MMI 上显示，如图 6-7 所示，无论在正线还是转换轨上都显示红色。

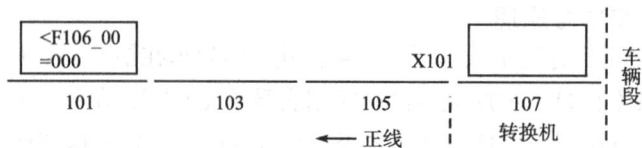

图 6-7　错误车次的显示

列车早晚点可以用不同颜色显示，如表 6-6 所示。

表 6-6　车次早晚点显示的颜色

早晚点范围	显示颜色	含　义
早点 120s 或以上	蓝色	严重早点
早点 21s ~ 119s	绿色	轻微早点
晚点 20s ~ 早点 20s	黄色	正点
晚点 21s ~ 119s	粉红色	轻微晚点
晚点 120s 或以上	红色	严重晚点

4．更替车次号

已设置完毕的车次号，需要时（通常较多为行车调度员调整列车）可进行车次号的重新设置，也可称为车次号的更替。

车次号的更替，一般有以下几种情况：

（1）仅更改目的地符；

（2）当前列车识别符由另一正在使用的列车识别符替换；

（3）图定列车指定为非图定列车，或非图定列车指定为图定列车。

说明：对第二种情况，需更替车次号的列车必须在折返站的折返线内进行。除非替换与被替换车次的两列车均在尽头站折返站的折返线内，此时车次号可以直接对换，否则都必须使用替代车次号。另外，这种情况下，一般需涉及若干后续列车，依次做相应的更替，必要时，这种更替可在两尽头站同时进行。

（二）自动调整

1．调整依据与范围

（1）依据：运行图规定的时刻表。

（2）范围：

① 适用于图定计划列车。

② 不适用于非计划列车（指无时刻表列车和晚点时间超过调整功能 90s 的晚点列车）。

2．调整方法

1）调整原理

ATS 系统内针对列车早晚点的情况设置了太早、很早、早点及晚点、很晚、太晚六种参数。每当一个列车到达一个车站时，系统将计算出该列车的实际到达时间与时刻表规定到达时间之差值，然后用此差值与上述六种参数进行比较，并根据比较的结果，决定调整的方法。

2）调整方法

列车运行等级一般有六个等级，可以通过等级调整，使列车运行速度改变，从而改变列车在区间运行的时间。车站的停站时间也是可以通过自动改变实现列车运行时间的控制。列车自动调整策略如表 6-7 所示。

表 6-7 列车自动调整策略

列车到达某站时间	调 整 方 法
早于"太早"时	不进行自动调整
在"太早"与"很早"之间时	降低一个运行等级
在"很早"与"早点"之间时	运行等级不变，停站时间等于图定停站时分加上早点时分，如结果大于最大停站时分，则取最大停站时分
在"早点"与"晚点"之间时	不进行自动调整
在"晚点"与"很晚"之间时	运行等级不变，停站时间等于图定停站时分减去晚点时分，如结果小于最小停站时分，则取最小停站时分
在"很晚"与"太晚"之间时	升高一个运行等级，调停站时分
晚于"太晚"时	不进行自动调整

各系统的参数取值不一样。例如，国内某地铁 ATS 系统和参数的现行取值如表 6-8 所示。

表 6-8 列车运行早晚点的时间参数

参 数	取值/s	参 数	取值/s
太早	90	太晚	90
很早	60	很晚	60
早点	10	晚点	10
最大停站时间	60	最小停站时间	20

（三）人工调整

1．调整条件

（1）根据自动调整功能的调整能力，凡早晚点时间大于 90s 的列车，均由行车调度员进行人工调整。

（2）在处于自动调整模式状态时，各种人工调整功能（如设定停站时间、设定运行等级）仍然有效，并且优先级高于自动调整功能。

2．进入人工调整方法

（1）设定停站时间和设定运行等级功能都仅对经过指定站台的下一趟列车一次有效，当该趟列车经过指定站台后，系统将自动恢复对经过该站台的后续列车的自动调整。

（2）在列车运行严重混乱时，应使用"列车调整—设置系统模式—非自动调整"功能，退出自动调整模式，进行人工调整。待列车运行基本正常后，再使用"列车调整—设置系统模式—自动调整"功能，进入自动调整模式。

（3）列车跳站停车（规定同后）。

（4）设置列车运行等级。除系统自动调整列车运行等级外，行车调度员还可以人工设置列车运行等级，即由设定的运行等级 2 改设为其他运行等级。列车运行等级的设置可以由行车调度员在工作站上进行，也可以由行车调度员命令司机在当次列车上进行。行车调度员设置只对指定列车一次有效。

（四）列车跳停功能设置及使用

设置跳停（停车改通过）可由行车调度员在中央工作站完成，也可由行车调度员命令司机在当次列车上完成。

1．中央设置

列车到站停稳或在此之前，中央可设置前方某站跳停。中央设置对车站有所限制，在某些车站的某方向上无法跳停。如果某站设备跳停，则必须在前一站停稳。

一般情况下，只要是允许跳停的车站，无论处于中控还是站控状态，都可设置跳停，除非中央与集中站的通信中断，则该集中站所辖车站和通信正常的下一站（上下行两种情况）都无法设置跳停。

2．列车设置

列车运行的全过程（未停稳前），列车均可设置前方一站的跳停。

列车设置对车站没有限制，全线和站上下行站台均可设置跳停。

中央设置与列车设置的区别：

（1）在具体操作上，中央设置可对当前允许跳停的若干车站同时进行设置，而列车设置跳停仅针对下一站。

（2）对行车组织而言，两者最明显的区别在于，中央设置无法使列车连续两站跳停，而列车设置连续跳停，不受限制。

3．设置跳停后的取消

对中央设置而言，在列车还未停稳某站时，均可取消原来预先设置的下一站及以后各站的跳停。如果列车停稳某站后，中央设置下一站跳停，此时，已无法取消该设置。

对列车设置而言，如果程序停车已启动，在此之前设置跳停无法取消。

4．列车跳停的规定

（1）一趟载客列车不准连续跳停两个及其以上个车站。

（2）一个车站不准连续两趟载客列车跳停。

（3）在一些特定车站不准跳停。例如，上海地铁在广、陕、徐、漕、虹五个车站除特殊情况外，不准跳停。

（4）列车设置跳停，需由行车调度员给司机下达命令。

（五）扣车

因为运营调整、区间堵塞或列车救援等需求时，应及时采取扣车措施，将列车扣停。

办理扣车的规定如下：

（1）ATC 模式下，由行车调度员通过中心设备办理扣车，临时扣车无须通知司机，若扣车时间超过 1 min，行车调度员应及时将扣车原因通报司机。

（2）后退模式下，由行车调度员或车站值班员办理扣车。扣车应在列车到达车站前进行，特殊情况时，应确认列车停稳未能关车门并通知司机后方可扣车。

（3）电话闭塞时，若要临时扣车，行车调度员或车站值班员在确认列车未从车站发出的情况下，先通知列车车站扣车，若已经发给路票，则应及时收回路票。

（4）当行调需扣车时，在 MMI 上操作，并通知司机和车站或通知车站操作。当车站需要扣车时，由车站值班站长（值班员）按 LCP 控制盘上的扣车按钮。扣车后原则上是"谁扣谁放"，只有在 ATS 故障时，对原 MMI 扣停的列车，经行调授权后由相关车站放行。

（5）ATC 模式下，紧急情况时，行车调度员、司机或站台有关人员可以利用紧急停车按钮进行。

二、集中站列车监控

在中央监控设备故障停用时，由中央下达集中站控制。集中站行车值班员根据行车调度员命令，负责本管辖和车站的列车运行调整操作：扣车和发车。

如果未经车站值班员修改，故障前后各进路的原控制模式不变。原来由 ATS 自动控制的进路和信号机改为由车站 ATS 分机远程单元及联锁设备根据下载的时刻表或列车识别号及列车位置继续进行自动控制，原来 ATS 人工控制的进路和信号机改由车站值班员进行人工控制。需要时车站值班员也可以将某些信号机设置为联锁自动控制方式。

在这种情况下，采用时刻表下载的信号系统制式，仍能实现除调度人工介入功能外的大部分中央 ATS 系统的控制功能。

对于此时已不具有自动调整功能的信号系统制式，列车在区间的运行时分和停站时分将采用预先储存的默认值，列车仍可以在 ATP 的防护下以 ATO 的驾驶模式自动运行。中央 ATS 故障会造成各车站的乘客向导处无法显示，站务人员应及时对乘客广播，组织引导乘客有序乘车。在中央 ATS 系统故障时的现地控制模式下，OCC 行车调度员应通过通信系统与列车驾驶员保持联系，并通过调度电话联锁值班员通信，来了解列车运行情况。

列车运行调整的方法有两种：一是改变列车在车站的停留时间；二是改变区间运行时间。

1. 改变车站停站时间

1）扣车

扣车是指延长停车时间。列车到达车站停稳妥，在发车指示器闪光前，由所属集中站行车值班员按压扣车按钮，实施扣车功能。

2）催发车

催发车是指缩短停站时间。列车到达车站停稳妥，站停设备显示之前，当需要提前发车时，由所属集中站行车值班员按压中断站停按钮（LCP），站停指示灯灭灯后，发车指示器立即显示白色闪光灯 5s 后，自动显示稳定的白色灯光，列车起动。

2. 改变列车区间运行时间

行车调度员通过无线调度电话指挥列车运行，若列车晚点就需要列车加速运行，若列车运行早点就需要列车减速运行。

任务三　ATC 系统降级控制处理

移动闭塞是先进、安全、可靠的信号系统。其轨旁设备简单、软件功能强大、控制方

式灵活、高精度列车定位等优点，满足了城轨交通运营"小编组、高密度、大运量"的要求。ATC（列车自动控制）信号系统在设计上采取高质量硬件设备、双通道、双机热备、安全型计算机（三取二或二取二）等各种冗余手段。根据运营组织的需要，在设计信号系统时，通常考虑在系统故障及特殊情况下，信号系统能支持必要的降级/后退运行模式。即当上级设备发生故障时，能自动地后退转换至下一级行车控制模式，并维持较低一级的运营。

一、基于通信的 ATC 系统的控制结构

从目前的移动闭塞实现技术来看，移动闭塞系统车—地通信的主要方式有感应环、波导、无线或无线扩频、漏缆等方式，其 ATC 系统完成的功能及基本原理大致相同。通常 ATC 各子系统按位置分布，可分为中央设备子系统、联锁区域设备子系统和车载设备子系统；按照功能可分为 ATO（列车自动操纵）子系统、联锁子系统、ATP（列车自动防护）子系统和 ATS（列车自动监控）子系统。系统正常情况下，列车的运行处于中央集中自动监控状态。根据联锁表、计划运行图及列车位置，系统自动生成、判断、输出进路控制命令，传送到联锁设备，设置列车进路；根据计划运行图自动控制列车的走行时分和停站时分，自动输出停站时间终止后的停车点取消命令，传送到 ATP 设备，允许列车发车。列车在 ATP 的安全保护下，按照 ATS 指令由 ATO 实现列车的自动驾驶。列车运行状况通过车站联锁设备反馈至中央，构成一个闭环的列车运行控制系统。ATC 系统控制结构模型如图 6-8 所示。

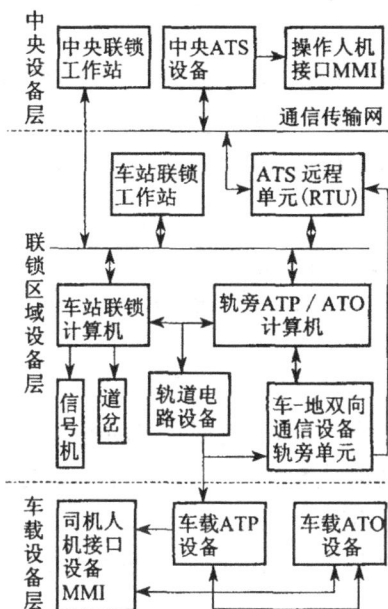

图 6-8　ATC 系统控制结构模型

二、系统局部故障下的降级控制模式

对有冗余配置的 ATC 系统设备，当主用设备故障时将会自动地切换至备用设备工作并报警，主、备设备之间的切换可确保系统的连续显示及控制功能。按照 ATC 系统的功

能，降级控制模式可分为 ATS 系统故障下的降级模式、轨旁设备故障下的降级模式和车载设备故障下的降级模式三类。

（一）ATS 子系统故障情况下的降级模式

ATS 子系统的降级模式不是人工控制模式，而是一种特殊的自动控制模式。当 ATC 系统监测到正常运行模式不能使用时自发地转为 ATS 子系统的降级模式。在该降级模式下，车—地双向通信能够正常工作，确保列车信息能够正确地传递给联锁区域通信管理设备；ATP 设备功能正常，并能够按照联锁区域通信管理设备发出的指令及时、准确地为列车准备进路和发送列车计算速度曲线所需的参数。

1．ATS 系统故障情况车站级控制方式

当中央 ATS 系统或中央至车站的信息传输网故障时，系统应自动降级为 ATS 故障情况下的车站级现地控制方式。

进路控制可采用将时刻表下载到车站 ATS 分机的方式来保持类似中央自动进路控制功能，也可采用从现场获取列车目的地号的方式来自动排列进路。各个联锁设备集中站的 RTU（ATS 远程单元）根据列车发出的目的地号实现其控制区域内车站级控制，由车站联锁设备根据下载的列车时刻表和列车运行位置，经车—地通信设备将列车的目的地号发送到联锁设备集中站的 RTU；并根据获取的列车目的地号信息及列车位置继续保持原进路和信号机的自动控制；而原 AM 控制的进路和信号机则变为由车站现地联锁工作站的人工控制。

对于列车的运行控制，除了采用运行图下载方式的系统制式外，一般系统不能做到自动调整列车运行。这时系统按车载设备发出的区间走行时分默认值和轨旁 ATP/ATO 计算机发出的停站时分默认值控制列车的运行。可在 LCP（现地控制盘）上进行"扣车/终止扣车"，在车站现地工作站上人工进行"取消停车点"操作，人为改变列车的停站时间。

2．RTU 故障车站联锁设备控制方式

RTU 故障时可通过现地工作站人工排列进路，并可对联锁控制范围内的信号机、道岔和轨道区域做特殊的设置或操纵。

在联锁设备的人工控制方式下，可在联锁设备集中站的现地工作站上将信号机（进路）设定为联锁自动进路状态。信号机被设置为联锁自动进路状态后，当列车运行至接近信号机的适当位置时，自动触发联锁设备为列车排出一条固定的进路。

在该控制方式下列车运行不能自动调整，列车在区间的运行时分和停站时分将根据预先储存的默认值仍在 ATP 的防护下自动运行，可通过"扣车"、"取消停车点"等操作来人为改变列车的停站时间。

3．中央级联锁控制方式

中央级联锁控制方式即指可在中央联锁工作站上直接进行中央联锁控制的一种降级控制模式。中央联锁控制是车站级控制的集中化，与车站级的控制方式相同。由于该方式实现了所有联锁设备集中区的中央集中控制，因此该降级控制方式具有调度集中（CTC）的功能。

4．ATS 设备故障时（无显示）处理措施

（1）行调应授权给联锁站控制。

（2）联锁站值班员确认 LOW 工作站上的 RTU 降级模式是否激活，当 RTU 降级模式激活时，保持原状态。若 RTU 降级模式未激活，联锁站应在确认列车进站停稳后人工在 LOW 上取消运营停车点，当某站联锁区 RTU 降级模式未激活时，则在 LOW 工作站上设置列车进路。

（3）ATS 设备故障时，行调通知司机在显示屏上输入当时车次号，倒换向运行时，输入新的目的地码和车次号，直至行调通知停止输入为止。

（4）报点站向行调报告各次列车的到开点，至行调收回控制权时止。

（5）行调以报点站为单位铺画列车运行图，至 ATS 设备恢复正常，收回控制权时止。

（6）当车站在 LOW 工作站上取消不了运营停车点时，应立即报告行调，由行调转告司机，用 RM 模式驾驶列车出站，直至转换为 ATO 模式；当车站取消运营停车点而列车目标速度仍为零且超过 30s 时，车站值班员应报告行调，由行调指示司机开车。ATO 驾驶恢复正常时，应向行调报告。

（7）当 ATS 的自动排进路或联锁系统（SICAS）的追踪进路不能自动排列时，应由人工介入，在 MMI 上或在 LOW 工作站上人工排列进路。

（8）当运行线 ATS 设备发生故障时，行调使用 CLOW 监督全线列车运行状态。

ATS 常见故障应急处理如表 6-9 所示。

表 6-9 ATS 常见故障应急处理

序　号	故障现象	OCC	车　站	司　机	备注
1	所有 MMI 上均不能操作命令，或反应缓慢，画面不能更新	① 采用全呼方式通知所有联锁站强行站控，并通知司机人工启动到站广播 ② 接报 ATS 系统正常后，立即装载所需的时刻表，并给所有列车分配车次号 ③ 列车以分配好的车次号运行后，列车进路可以自动排列，运营停车点自动取消，此时车站不需要再人工操作；行调可以向车站收回联锁控制权	① 按照行调指令负责联锁区内所有列车进路的排列和运营停车点的取消工作 ② 两终端站在 LOW 上操作列车换向命令	注意人工启动到站广播	影响时间不能超过 3min
2	某台 MMI 不能操作某些命令	在其他 MMI 上确认各联锁区控制权分布情况，按需要进行调整			不影响行车
3	车次号发生上下跳跃或出现F开头的错误车次	① 立即在 MMI 上对发生车次错误的列车进行临时处理，如果列车因进路未排不能进站或运营停车点取消，尽量不耽搁列车运行，然后在 MMI 上改正错误的车次号 ② 如果列车车次错误还没有导致上述结果时，行调立即在 MMI 上改正错误的车次号			参考《行车组织规则》

续表

序　号	故障现象	OCC	车　站	司　机	备注
4	全部 MMI 上显示某一联锁区全灰	① 通知该联锁站强行站控 ② 通知司机人工启动到站广播 ③ 行调对出现故障区段所有列车的车次号进行人工设置，确保本故障联锁区以外区域，所有列车按照相应的车次号正常运行 ④ 本故障联锁区恢复正常后，行调需要修改该联锁区列车的车次号，确保车次号正确，此时本故障联锁区内所有列车进路可以自动排列，运营停点自动取消，车站不需要再人工操作；行调可以向车站收回该联锁区控制权	该联锁站强行站控，负责联锁区内所有列车进路的排列和运营停车点的取消工作；两终端站需要在 LOW 上操作列车换向命令	注意在联锁区段人工启动到站广播；SM 模式进站	列车进路需要提前排列好，运营停车点需在列车停稳后才能取消；联锁系统正常时，延误不超过 3min

（二）轨旁设备故障下的降级模式

1. 轨旁 ATP/ATO 设备和车—地双向通信设备故障控制方式

ATP 功能与联锁功能的关系是密不可分的，ATP 系统功能必须基于联锁子系统功能正常的基础之上，没有联锁功能就没有轨旁 ATP 功能，而没有轨旁 ATP 功能的联锁，是不能确保列车运行安全间隔的。轨旁 ATP 子系统故障时，将无法对列车的移动授权进行计算，因而不能保证列车的运行安全（根据故障导向安全的设计原则，在故障 ATP 控制范围内，列车会产生紧急制动，停站列车因收不到运行许可而不能发车）。

因此，当轨旁 ATP 设备故障时，联锁设备将采用站间闭塞的控制方式，按照大区间闭塞对列车进行防护，但进路的控制方式不变，降级运行的列车按防护信号机的指示人工驾驶。如果轨旁 ATP/ATO 计算机完全故障，则在故障区域内的列车不能继续使用移动闭塞系统，不能按 ATO 和 ATP 模式运行。

如果移动闭塞系统的车—地双向通信设备如感应环线、裂缝波导或无线轨旁等发生故障，进入故障区域的列车车载 ATP/ATO 则收不到任何轨旁信息，列车运行同样也不能采取 ATO 或 ATP 模式，同时轨旁也得不到故障区段内列车主动发出的位置识别信息。

在发生上述故障时，故障区内的联锁设备应改为以计轴或轨道电路作为列车位置检测的依据，人工在联锁设备上或 MMI（人机接口）上排列进路，按照站间闭塞方式对列车进行防护。该模式下，故障区内的所有列车首先应制动（或紧急制动）停车；临近轨旁 ATP/ATO 计算机对故障区边界进行防护，采用人工方式中止接近故障区的后续列车的运行；故障区所有的设备集中站采用站间闭塞方式，列车驾驶模式转换为限制人工驾驶（RM）启动和运行，依照地面信号机的显示行车；故障区内的站台停车的精度及开/关车门完全由司机人工控制。

轨旁 ATP 计算机完全故障，则其控制范围内的列车不能接收到地面控制信息，列车不能以 ATO 模式运行。这时的后续控制程序一般为：

（1）故障区内的所有列车紧急停车，司机与行调和车站值班员通信，报告列车停车事件，并检查列车技术状态。

（2）相邻轨旁 ATP 计算机对故障区边界进行防护。控制中心采用人工方式中止接近故障区的后续列车运行。

（3）控制中心行调确认故障后，通知故障区所有的设备集中站和列车司机，在该故障区采用站间闭塞方式运行。

（4）司机得到中央命令后将驾驶模式转换为 RM，起动列车，依照地面信号机的显示及行调和车站值班员的无线通信驾驶指挥，将列车驾驶出故障区。

（5）出清故障区后，列车进行 ATP 的定位同步，以及与中央的列车识别号身份验证。完成后列车自动转为 ATP 监督下的人工驾驶模式，司机可以手动恢复为 ATO 自动驾驶模式。

（6）故障区内的站台停车精度及开/关车门，屏蔽门由司机控制并确保安全。

（7）在故障恢复前故障区段按站间闭塞和 RM 模式维持列车运行。

2．轨旁联锁计算机故障时处理

联锁计算机通常采用三取二结构，可靠性高，一台计算机单元故障时不影响系统正常工作。如果有两台计算机单元同时故障，则在其控制范围内将失去联锁功能和 ATP/ATO 功能。此时采用组织运营程序为：

（1）行调及时向有关车站发出命令，命令包括从×站至×站间采用站间电话联系组织行车；由行调或通过车站通知司机口头调度命令的内容。

（2）车站和行调共同确认第一趟发出的列车运行前方的车站和区间空闲。

（3）司机在故障区段范围内的各区间运行，凭行调口头命令用 RM 模式驾驶，注意加强瞭望和行车安全。

（4）有关车站值班站长接到行调命令后，采取就地级组织控制行车；在每个站台监控亭分别派值班员负责接发列车，并通知邻站采用站间电话联系法组织行车。

（5）进路准备。故障联锁站正线上的道岔均要开通正线，并使用钩锁器锁定；两端站的折返道岔在确认位置正确后，使用钩锁器但只挂不锁。

（6）接发列车。接车站值班员确认站内线路及区间空闲后，同意接车；发车站值班员接到到接车站同意接车的通知后，向司机显示发车指示信号，司机关门并确认发车指示信号显示正确后开车。

（7）每一站间区间及前方站内线路只允许一列车占用。

3．轨道电路或计轴设备故障控制方式

原则上，区间轨道电路设备的单独故障不会影响移动闭塞系统的正常使用，因为区间轨道电路只是作为一种备用的列车检测手段。但是，当道岔区段轨道电路设备发生故障时，如果进路尚未建立，该故障会影响移动闭塞系统中央级的进路设置，故此时中央调度员应及时下放控制权到车站级，进行车站级的进路设置。

其控制方式为：

（1）移动闭塞系统的车—地双向通信设备不能确认故障道岔区段有无列车占用，由车站值班员确认故障区段无列车。

（2）由车站值班员在现地工作站上对进路中故障区段的道岔强制转换，将其转到要求的位置并锁闭。

（3）在故障区段的道岔转换并锁闭后，可自动或人工办理进路，防护信号机可正常开放，列车仍可按正常自动驾驶模式运行。

以计轴为备用设备的系统，当系统在正常自动模式下运行时计轴设备故障，将产生报警，在以计轴设备定位列车的轨道图的故障区段将显示红光带，但系统仍将正常运营。因为 ATC 系统此时并不依靠计轴设备进行列车定位。

（三）车载设备故障下的降级模式

1. 车载 ATO 设备故障降级控制方式

如果车载 ATO 设备发生故障，则无法实现列车运行的自动控制，不能达到自动驾驶条件下实现的根据 ATS 指令进行自动走行控制、站台精确停车、自动开关车门、列车自动折返以及自动调整运行等功能，不易达到规定的设计间隔和旅行速度。

该故障下的控制方式是：

（1）司机将驾驶模式转换为 SM 模式（ATP 监督下的人工驾驶模式），然后按转换后的驾驶模式运行。

（2）调度员应尽早安排备用列车，在备用列车替换运营以前，故障车仍按 SM 模式继续载客运行。

2. 车载 ATP 设备故障降级控制方式

车载 ATP 故障或完全不能实现车—地信息通信时，移动闭塞系统只能给故障列车提供联锁进路防护功能。故障列车应采用 URM（非限制人工驾驶）模式依照地面信号机的显示和调度员指挥行车，该模式下列车的安全完全掌握在司机手里。由于移动闭塞系统采用专门的车—地双向通信设备作为列车的准确定位手段，列车的运行需要前车主动发送实时、准确的位置信息以确定自己的授权运行目标点，故某列车的车载 ATP 设备故障势必对后续列车的正常运行产生较大影响。因此，必须采取安全和切实有效的措施，以确保后续列车运行安全和尽快消除运营堵塞。可以采取以下运行控制方式：

（1）采取紧急制动并报警，司机将驾驶模式转换为 URM 模式，同时在中央调度员 MMI 上也应有报警提示信息。列车运行处理方法：

① 行调命令司机以 URM 模式（限速 40km/h）驾驶列车至前方站。

② 列车到达前方站（或在车站发生故障）还不能修复时，由行调命令司机和车站，并由车站值班员（或值班站长）上驾驶室添乘（员工车除外）沿途协助司机瞭望，行调命令司机以 URM 模式继续（一号线最高限速 60km/h，二号线最高限速 65km/h；原线路限速在 60km/h 或 65km/h 以下的，按原限速运行）驾驶列车至前方终点站退出服务。

③ URM 监控员须协助司机瞭望，监控速度表，列车按规定速度运行，不准超速；在有屏蔽门的车站，需协助司机开关屏蔽门；遇到超速时，提醒司机控制速度，必要时立即按压紧急停车按钮。

（2）系统将故障列车在故障前最后一次与轨旁设备通信时的位置（称为"故障点"）作为后续列车的授权运行终点。"故障点"不应随故障车前行而移动。

（3）在列车车载设备故障后，车—地通信中断，系统丢失列车位置的相关信息，不能再对列车的位置进行控制，后行列车就失去了目标点，无法确保后行列车与前行列车之间的安全间隔，所以必须将其设置为"故障点"，确保后行列车的安全运行。

（4）后续第一列正常列车在距"故障点"一定的保护区段长度位置采用制动停车，调度员确认后应及时采取一种安全的操作方式取消"故障点"。司机将列车转换为限制人工驾驶模式起动列车前行，并负责列车的运行安全。由于该列车的车载 ATP 设备是正常的，在"故障点"取消后，其后续的正常列车可以按正常的移动闭塞追踪方式自动运行。因此，后续第一列正常列车一直由司机人工驾驶跟随在故障列车后运行，为其后的正常列车提供安全保护，直到故障列车退出运营。

三、某城轨公司 ATC 故障应急处理规定

（一）ATS 设备故障时（无显示）

（1）行调应授权给联锁站控制。

（2）联锁站值班员确认 LOW 工作站上的 RTU 降级模式是否激活，当 RTU 降级模式激活时，保持原状态。若 RTU 降级模式未激活，联锁站应在确认列车进站停稳后人工在 LOW 上取消运营停车点，当某站联锁区 RTU 降级模式未激活时，则在 LOW 工作站上设置列车进路。

（3）ATS 设备故障时，行调通知司机在显示屏上输入当时车次号，倒换向运行时，输入新的目的地码和车次号，直至行调通知停止输入为止。

（4）报点站向行调报告各次列车的到开点，至行调收回控制权时止。

（5）行调以报点站为单位铺画列车运行图，至 ATS 设备恢复正常，收回控制权时止。

（6）当车站在 LOW 工作站上取消不了运营停车点时，应立即报告行调，由行调转告司机，用 RM 模式驾驶列车出站，直至转换为 ATO 模式；当车站取消运营停车点而列车目标速度仍为零且超过 30s 时，车站值班员应报告行调，由行调指示司机开车。ATO 驾驶恢复正常时，应向行调报告。

（7）当 ATS 的自动排进路或联锁系统（SICAS）的追踪进路不能自动排列时，应由人工介入，在 MMI 上或在 LOW 工作站上人工排列进路。

（8）当运行线 ATS 设备发生故障时，行调使用 CLOW 监督全线列车运行状态。

（二）ATP 设备故障时

（1）列车在区间运行发生紧急制动，若司机明确发生紧急制动原因时，在确认前方进路安全的情况下，先转换 RM 模式驾驶运行，再向行调报告。当 RM 模式运行未能在规定的范围内恢复 SM 或 ATO 模式时，应继续以 RM 模式运行到前方车站。若不明发生紧急制动的原因，应向行调报告，按行调指示执行。

（2）当 ATP 轨旁设备发生故障，行调通知有关司机，列车接收不到目标速度时，司机应以 RM 模式驾驶运行。经过两个轨道电路还未恢复 ATO 模式时，司机报告行调，行调指示司机以 RM 模式驾驶至前方车站或终点站。

（3）当 ATP 车载设备故障时：

① 行调命令司机以 URM 模式（限速 40km/h）驾驶列车至前方站。

② 列车到达前方站（或在车站发生故障）还不能修复时，由行调命令司机和车站，并由车站值班员（或值班站长）上驾驶室添乘（员工车除外）沿途协助司机瞭望，行调命令司机以 URM 模式继续（一号线最高限速 60km/h，二号线最高限速 65km/h；原线路限速在 60km/h 或 65km/h 以下的，按原限速运行）驾驶列车至前方终点站退出服务。

③ URM 监控员需协助司机瞭望，监控速度表，列车按规定速度运行，不准超速；在有屏蔽门的车站，需协助司机开关屏蔽门；如遇到超速时，提醒司机控制速度，必要时立即按压紧急停车按钮。

（4）行调应随时注意 ATP 车载设备故障的列车运行情况，严格控制确保列车与列车之间的最小间隔在一个区间及以上，遇到两列车进入同一个区间时，应采取紧急措施扣停后面的列车。

（5）列车在运行中因道岔显示故障造成紧急停车（停在岔区）时，车站报告行调，通知信号检修人员，并及时安排站台站务带钩锁器到现场将道岔锁定后，行调通知司机限速 15km/h 离开岔区。

（6）列车在站台发车前收不到 ATP 码时，司机报告行调，在得到行调同意后方可使用 RM 模式动车。

（7）车站值班员（或值班站长）进驾驶室添乘监控的程序：

① 接受行调的命令；

② 携带行调无线对讲机；

③ 向司机报告说：URM 监控 （并报命令号）；

④ 司机在听到车站值班员（或值班站长）的报告时，确认其身份和命令号后，记下其员工号，允许其进入驾驶室监控，并开车。

（三）LOW 故障的有关规定

1. LOW 死机（显示正常，但不能操作）

（1）报告行调和信号维修人员。

（2）行车值班员对 LOW 主机电源复位；同时，行调接收该联锁区的控制权，在 MMI 或二号线 CLOW 上监控。

（3）如复位故障不能恢复，且 MMI 和二号线 CLOW 不能监控，则按 SICAS 故障处理的方式处理。

2. LOW 全灰

（1）报告行调和信号维修人员。

（2）行调接收该联锁区的控制权，在 MMI 或二号线 CLOW 上监控。

（3）如果 MMI 或二号线 CLOW 均不能监控，则按 SICAS 故障处理的方式处理。

（四）SICAS（西门子计算机辅助信号）故障的有关规定

（1）当 SICAS 发生故障时，由值班主任决定采用站间电话联系法组织行车。具体做法

如下：

① 行调及时向有关车站发布命令：从什么时间起，在×站至×站间采用站间电话联系法组织行车。

② 由行调或通过车站通知司机口头调度命令的内容。

③ 车站和行调共同确认第一趟发出的列车运行前方的车站和区间空闲。

④ 司机在故障区段范围内的各区间运行，凭行调口头命令用 RM 模式驾驶，注意加强瞭望和行车安全。

⑤ 有关站值班站长接到行调命令后，采用就地级组织控制行车；在每个站台监控亭分别派值班员负责接发列车，并通知邻站采用站间电话联系法组织行车。

⑥ 进路准备。故障联锁站正线上的道岔均要开通正线，并使用钩锁器锁定；两端站的折返道岔在确认位置正确后，使用钩锁器但只挂不锁。

⑦ 接发列车。接车站值班员确认站内线路及区间空闲后，同意接车；发车站值班员接到接车站同意接车的通知后，向司机显示发车指示信号，司机关门并确认发车指示信号显示正确后开车。

⑧ 每一站间区间及前方站内线路内只允许一趟列车占用。

（2）列车在运行中，遇前方进路防护信号机临时关闭或不能开放时，司机立即使用无线电与行调联系，确认为 SICAS 故障时，按行调的命令执行。

（五）OCC 的 MMI 的某个联锁区和相应的 LOM 工作站全灰时

当 OCC 的 MMI 的某个联锁区和相应的 LOW 工作站全灰（即没有状态显示）时，按下列步骤采取措施：

（1）行调根据在该联锁区的列车运行是否紧急制动，判断车站 ATP 是否正常，如果列车没有紧急制动，则 ATP 正常，以 SM 模式运行，否则参照有关规定处理。

（2）ATP（轨旁）故障由行调在相邻联锁区向该联锁区排列正向进路，根据进路能否排列，判断该联锁区的联锁是否正常；如果进路能排列，则联锁正常，以 RM 模式组织行车，否则参照有关规定处理。

（3）重启 LOW，重启成功则通过 LOW 进列进路，重启不成功则人工办理进路（摇道岔）。在重启 LOW 期间，如果联锁正常，则从 CLOW 上能监控运行，由行调在 CLOW 上排列列车折返的进路。

任务四 列车运行意外应急处理

"安全第一，乘客至上"应该是城市轨道交通调度指挥的唯一宗旨。列车运行是一个动态的、变化的过程，运营中的各种情况都具有随机性、复杂性。客流的增减、列车的晚点、运营秩序的紊乱、突发事件及设备故障等都对轨道交通系统列车运行造成影响。因此，如何保证运输服务的连续稳定性（即可用性），是一条城轨交通线的首要目标。由于外界因素（如灾害、人身伤亡事故等）的影响导致服务中断是不可避免的，这种非正常情况下的快速恢复是关键。行车调度员在日常的运营组织工作中，要能根据情况的变化及时、合

理地采取措施，及时处理故障，为恢复列车运行秩序创造条件。

一、应急处理的基本原则

行车调度应急处理的基本原则是：安全、快速。

（一）安全原则

安全是运营企业生存与发展的生命线，在任何情况下的应急处理都必须把安全工作放在首位，要确保行车安全、设备安全和乘客生命财产的安全。

（二）快速原则

在应急处理时，要做到反应快、报告快、处置快，把握事发初期的关键时间，将影响控制在最小范围。例如，从现运营的轨道交通线路中对故障列车进行处置和救援的时间节点来看，上海地铁规定，司机在发现列车故障后有 3min 时间进行故障判断，并在 5min 内未能排除故障和起动列车才实施救援，整个过程约 12min。同时，由于乘客的干扰和故障状态时的司机心理承受能力不同，都将延长故障处置时间。在早晚高峰时间段内，5min 内无法处理的，则应立即安排该列车 2min 进行清客，同时适时地将备用列车插入正线投入运营。此时故障列车清客完毕后，若司机在 3min 内通过旁路相应开关能使车辆继续运行，则应要求该车自行运行至最近的存车线；若列车已无法自行动车，则应立即命令相邻列车担当救援任务。在此过程中，无论列车故障是否已排除，均不应再次投入运营。在非高峰时间段，由于行车间隔相对较长，客流也相对较少，给司机 5min 的时间完成故障判断和排除，可以减少清客次数，同时避免列车救援后，人为扩大故障造成的行车间隔。

只有快速处理非正常情况，才能为列车运行调整创造条件，确保迅速恢复列车运行图运输秩序，保证完成运输任务。

二、线路故障时应急处理

线路是列车运行的平台，任何发生在线路上的故障，都将直接导致列车运行受阻。线路故障主要分为发生在轨道上的故障和发生在道岔上的故障。

（一）正线轨道或道岔故障应急处理

（1）如果正线上的轨道发生故障，那么正线上的正常交路就无法实现，区间或车站必然引起堵塞，此时列车运行采用临时交路运行。

（2）当道岔出现故障时，中央 ATS 系统将不能排列列车进路，列车将得不到应有的运行指令。此时应按如下步骤处理：

① 列车司机用无线询问行调，提醒行调通过 ATS 检查设备状态。

② 行调向 ATS 输入检测信息，确认轨道电路或道岔机械部分是否存在故障。

③ 行调在确认道岔故障后尝试用人工方式重新设置进路，或命令车站值班员用车站设备强迫转动道岔。

④ 如果仍然无效，则暂时中断全线列车运行，考虑采用临时交路。

（二）折返线轨道或道岔故障应急处理

终点折返站一般至少拥有两条以上的折返进路。如果由于轨道或道岔故障引起其中一条进路不能实现，为使列车能够维持全线运行，列车应利用其他进路折返。

（三）联络线轨道或道岔故障

联络线包括入段线、出段线和与其他城轨线路相连的联络线。

（1）如果某条进路因轨道或道岔故障不能实现，将利用其他进路完成作业。由此可见，入段线、出段线的进路，必须是可以双向使用的。

（2）与其他线路相连的联络线使用率较低，一般情况下只设单线，可双向运行。

（3）一旦其轨道或道岔故障导致堵塞，在故障排除之前，线路将无法投入运营。

（四）轨道电路故障

1．故障原因查询

（1）列车自动停车或紧急制动后，列车司机用无线设备向行调汇报情况。

（2）中心行调通过 ATS 系统的显示分析故障原因，确定轨道电路故障后进一步与区间两端车站的值班员及列车司机确认情况。

（3）锁闭后续列车进入该区段的进路；通知列车上的乘客停车原因，了解乘客的情况。

2．故障区段列车运行

（1）中心行调通过车站确认故障区段前方没有列车。

（2）行调通过无线设备向列车司机下达开车命令。

（3）列车司机将列车驾驶模式切换为人工驾驶模式，并以低速驾驶列车向前运行。

3．列车恢复正常运行

（1）列车随时接收线路上的轨道电路信息，当列车接收到足够的信息后，自动提醒司机将驾驶方式转换到 ATO 模式。

（2）中心行调继续监视故障区段轨道电路的状态，如果列车离开后仍然显示占用状态，则需要通知维修人员进行抢修，该区段采用区间闭塞方式运行。

（3）如果处于高峰运行区段，列车运行密度高，区间闭塞方式会引起后续列车的堵塞，则中心行调将停止全线列车运行，将 ATS 切换到人工模式，用无线指挥全线列车的运行。

（4）待轨道电路故障排除后，使用列车晚点方式恢复列车正常运行。

（五）发生挤道岔的处理

（1）发现道岔故障或被挤坏后，立即做好防护，禁止一切列车通行，及时报告车站值班员，通知工务、电务部门进行检查修理。为了不中断行车，由工务、电务部门人员将道岔扳向尖轨未挤坏一侧，钉固后方准使用。

（2）发生挤道岔后，如果列车停留在道岔上并已挤过道岔，不准后退（后退可能造成机车车辆脱轨，使事故扩大），要顺岔子方向缓缓移动，将车列全部拉过道岔。若必须后退，可将道岔扳向尖轨未挤坏的一侧钉固后，方准后退。

三、临时交路应急处理

城轨系统运营过程中，如果线路上发生的意外情况在长时间内不能解决，这样常常会造成列车无法全线运营，列车运行将不得不考虑采用临时交路分段运行的方式。例如，2003年9月24日上海轨道交通明珠线发生车门故障后，地铁运营公司临时采取石龙路站至中山公园站上行往返运行、下行江湾镇站至中山公园站小交路折返运行的方式。而一旦实行临时交路，列车运行、车站运行和调度指挥将各自运行。

（一）长交路中断的应急交路

因线路设备、客流特点、车站分布和行车密度等因素的影响，特别是客流高峰时段，故障事件时都采用单一小交路的形式显然是不合理的。所以，应视情况合理选择不同的小交路方案。

1．一条线路中断时应急交路

如图 6-9 所示在 BC 上行区段有故障事件发生，造成上行区段运营线路中断，可采用嵌套式小交路、衔接式小交路和半嵌套式小交路三种方案。

1）嵌套式短交路

嵌套式短交路示意图如图 6-9 所示。

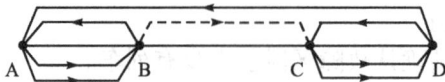

图 6-9　嵌套式短交路示意图

嵌套式短交路列车在 AB、CD 区段双线单向运营，折返站分别为 A、B 站和 C、D 站；BC 区段利用下行线进行单线双向运营，列车由 AB、CD 区段提供，折返站为 A 站和 D 站。

嵌套式短交路影响分析如下。

缺点：对折返站相关地面信号的设置要求较高；对设备如无线的要求较高（例如，南京地铁无线仅设了 5 个机站，共 35 个信道可使用，进出 BC 区段的车流及 AB、CD 区段前后的列车全部要用无线呼叫相关列车司机，这时，往往受无线的限制，并且，全线无线信号还有盲区）；调度组织的难度较大，行调在组织短交路的同时，还要进行故障事件处理，不间断地对车站、司机和相关人员进行沟通信息、布置任务和发布调令；对 B 站、C 站和相关列车司机的要求较高，运行在 BC 区段的列车由哪一趟列车担当不能事先固定，只能由行调根据实际情况对 AB、CD 区段列车进行机动调整。

优点：列车的直达性较好。运行在 BC 区段的车流无须在 B 站或 C 站清客，司机无须每次在 B 站和 C 站折返，列车运行间隔时间短，晚点的程度相对较轻；对于 BC 区段的各站，特别是 B 站和 C 站，相对不易形成大客流；B 站和 C 站站台客的压力较小；安全相对有保障。

2）衔接式短交路

衔接式短交路示意图如图 6-10 所示。

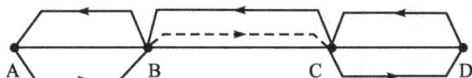

图 6-10 衔接式短交路示意图

衔接式短交路列车在 AB、CD 区段的运营方式与嵌套式短交路相同；BC 区段利用下行线进行单线双向运营，BC 区段运营列车固定车体、固定线路和固定时间，折返站分别为 B、C 站。衔接式短交路影响分析如下。

缺点：列车的直达性较差，运行在 BC 区段的车流均须在 B 站和 C 站清客，所有列车司机每次都须在 B 站或 C 站折返换端，列车运行间隔时间较长，列车晚点的程度相对较高；对于 BC 区段的各站，特别是 B 站和 C 站，容易形成相对大客流，B 站和 C 站站台客流的压力较大，安全保障相对较低。

优点：对折返站相关地面信号的设置要求较低（BC 区段拉风箱运营）；对设备如无线的要求较低；调度组织的难度较小，牵涉的精力不多；对 B、C 站及相关列车司机的要求不高。运行在 BC 区段的列车事先固定。

3）半嵌套式短交路

半嵌套式短交路示意图（1）如图 6-11 所示。

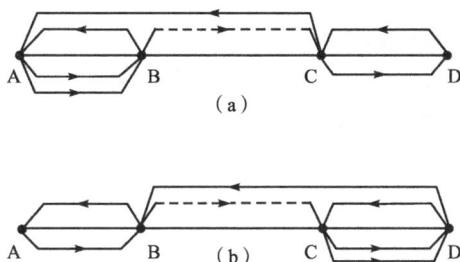

（a）

（b）

图 6-11 半嵌套式短交路示意图（1）

半嵌套式短交路的列车在 AB、CD 区段的运营方式与嵌套式短交路相同；BC 区段利用下行线进行单线双向运营，列车由 AB 区段或 CD 区段提供，折返站分别为 A、C 站或 B、D 站。半嵌套式短交路优缺点介于嵌套式短交路和衔接式短交路优缺点之间。

2．两条线路中断时应急交路

当两线路完全中断，可以采取两个不相交的短交路。

缺点：列车的直达性较差，运行在 BC 区段的车流均须在 B 站和 C 站清客，可利用公交系统进行接驳，完成客流直达要求。半嵌套式短交路示意图（2）如图 6-12 所示。

优点：组织简单，保证区段列车运行完好，组织客流有序流动，保证安全。

图 6-12 半嵌套式短交路示意图（2）

（二）长短嵌套交路中断的应急交路

1．一条线路中断时应急交路

1）短交路外线路中断

首先保证短交路列车运行，其次于故障地段的列车交路采用嵌套式短交路、衔接式短交路和半嵌套式短交路之中的一种。对短交路与应急交路之间进行车底的合理配置。

2）短交路内线路中断

采用嵌套式短交路、衔接式短交路和半嵌套式短交路之中的一种，但应该提高单线双方向区段列车运行的速度和密度。

2．两条线路中断

保证短交路的运行秩序，对中断区段采取两个不相交的短交路，中断部分可以采取公交接驳方式，保证乘客的直达。

（三）临时交路运行准备

（1）中心行调通过无线设备和电话与相关车站和列车司机联系，了解事故情况并同时询问各相关系统设备的运行状况。

（2）中心行调中断 ATS 对列车运行的指挥，暂时停止全线列车的运行，并用无线设备通知所有的司机，用电话通知所有车站，用广播通知所有在车站和列车内的乘客。

（3）中心行调使用人工排列进路方式，通过无线设备和车站值班员的配合，将停在区间中的列车引导进站，将乘客疏散到站台上。

（4）车站值班员根据中心调度的命令，暂时关闭车站的入口，防止造成车站的过度拥挤，同时用广播向站内乘客说明情况，开放出站闸机。

（5）控制中心确定不能在短时间内恢复运行时，决定采取临时交路模式运行，并通知全线。

（6）控制中心行调人员利用 ATS 设备，根据全线列车的位置，排列临时列车运行计划。

（四）临时运行交路的执行

（1）控制中心将临时运营计划下达到各个车站，并用无线设备和广播设备通知列车司机和乘客。

（2）在线路中间的临时折返站，中心行调将临时折返进路设置的权利下放到临时折返站，由车站值班员排列列车折返进路。

（3）ATS 设备负责指挥列车在临时交路的运行，并随时向乘客传递列车运行的信息。

（4）列车在列车司机的监视下以 ATO 模式运行，并在 ATP 的监视下保证安全。

（五）临时交路状况下调度方案

如表 6-10 所示为临时交路状况下的调度方案。

表 6-10　临时交路状况下调度方案

列车运行方式	处于或能够驶入临时交路覆盖范围的列车，仍然可以以正常的驾驶方式运行，并由调度指挥系统根据临时列车运行计划的安排在轨道的折返站折返。不能被临时交路范围包含的列车，应根据中心调度员的指令，改为人工驾驶，尽可能就近前方车站停车，疏散乘客。如果列车无法进站，则应设法将列车倒回前一车站，让乘客在车站下车。当列车被迫停在区间中无法开动时，可以在中心调度员的统一指挥下，让乘客有秩序地从列车的紧急疏散门下到区间，沿区间走到车站

车站运行方式	对于临时交路覆盖范围以外的车站，由于没有列车通行，车站应对乘客关闭。而对于临时交路范围内的车站，则应通过乘客信息系统向乘客通报列车运行的情况，并根据具体情况采取限制车站乘客数量的措施
调度指挥方式	调度系统负责临时交路的列车运行的指挥任务。调度指挥系统在确定要以临时交路运营后，首先应根据交路的长短、在线列车数量等因素，排列出临时运行计划，并将此信息传输给车站和列车。与此同时，通知所有有换乘关系的相关线路，以便相关线路采取一定的措施

四、列车故障迫停处理时应急处理

（一）列车故障被迫停车处理

（1）列车在隧道内停车时，如果停车超过 2min，行调口头通知环调送风（地铁内）。

（2）列车故障情况下行车组织由 OCC 全权负责，故障的判断和处理由司机全面负责，行调有责任提出辅助处理意见，但司机离开驾驶室处理故障前需报告行调；行调接到司机的车辆故障报告后，应及时通知车厂检修调度。

（3）司机对列车的故障处理，原则上为 3min，司机确认无法处理或 3min 后还无法动车时，通过行调向 DCC 检调提出技术支援的需求，同时继续处理故障。

（4）列车的故障处理时间原则上为 6min，如仍不能动车时，由值班主任确定处理办法，当决定救援时，司机做好救援的防护连挂工作。

（5）正线发生列车故障、救援或需要出动备用车、换车等行车需要时，行调通知相关换乘室/亭的司机；后由值班主任或行调向车厂 DCC 通报，并由车厂调度向车厂派班员、信号楼值班员通报。派班员或车厂调度员、信号楼值班员按照相关规定组织列车出厂，并向司机传达清楚。

（6）请求救援列车需要疏散乘客时，行调发出口头命令通知司机和有关车站值班站长要做好乘客疏散和救援工作。司机除引导乘客下车外，还必须做好列车的防护和协助救援工作。

（7）列车因故在区间迫停时，司机应及时做好防溜措施。

（二）应急处理

对于列车在运行时发生故障时的应急处理，可以按下列几个主要步骤进行：

（1）列车发生故障后，列车司机应尽快与中心调度取得联系，通报列车运行状态和故障的严重程度。

（2）中心行调将通知列车前方要经过的车站，提醒值班员注意观察列车的情况。

（3）列车故障可能发生在列车上的任何一个部分，在发生列车故障后，需从列车运行的角度出发对列车故障的严重程度进行判断，然后分别采取下列不同的调度策略。

① 如果列车仍然能够运行，此时列车可以继续按运营计划运行，同时要求司机随时报告列车的技术状况，观察故障是否越来越严重；直至列车退出运行回到车辆段后再进行修理。

② 如果不宜继续长时间运行，可以安排列车需要在前方有存车线的车站清客：首先中心值班员立即通知前方车站，并用广播通知列车上的乘客做好下车准备。当列车进站清

客后，中心调度以人工方式排列列车进入存车线的进路，用无线设备引导列车低速人工驾驶进入存车线。对于处于这种故障状态下的列车，为保证运营秩序和车站秩序不被突然打乱，列车也可以继续运行到位于线路两端的折返站，待乘客全部下车后进入折返站的临时存车线停车，并在适当的时机安排进段修理。

③ 如果列车无法继续运行，则行调将不得不暂时停止全线正常列车运行，这种情况下，列车必须尽快在前方车站停车并清客，然后驶入最近的临时停车线。如果列车在区间内或在车站内无法开动，则需要用救援车救援。

（三）列车故障退出运营规定

发生下列故障时，列车应立即清客退出运营：

（1）空气弹簧破裂漏风（限速 30km/h）；

（2）某个单元制动缸无法缓解，处理无效时（限速 10km/h）；

（3）"停放制动"指示灯不灭，处理无效时；

（4）空气管路严重泄露；

（5）列车无"门全关闭"信号，且不能人工确认全部车门已经可靠关闭；

（6）列车发生严重故障有危及行车安全的可能，行车调度员认为必须立即退出运营时。

发生下列故障时，列车运行至终点退出运营：

（1）车轮踏面擦伤（限速 30km/h）；

（2）司控器钥匙断于"闭合位"，但可建立头尾；

（3）一台空压机无法正常工作，处理无效时；

（4）一节车单侧客室门超过一个车门无法正常开、关，处理无效时；

（5）操作端司机室车门无法关（锁）闭，处理无效时；

（6）列车无"门全关闭"信号，但可人工确认全部车门已经可靠关闭，处理无效时；

（7）列车发生严重故障危及行车安全，行车调度员认为列车应运行至终点退出运营时。

（四）列车脱轨开通区间方法

列车脱轨是指城市轨道交通的列车的车轮脱离轨面落地。事故发生后，应立即疏散乘客，并按规定防护和采取防溜措施，为缩短中断行车时间，当距救援列车所在站较远，由事故现场临时调查小组或报请公司事故调查委员会同意后，可采用拉翻法或拉移法，尽快开通线路。

五、列车救援应急处理

列车在运行中发生故障，运行速度极其缓慢或停滞，势必会对线路造成堵塞，对全线列车的正常运行带来严重影响。正线列车故障救援对正常的行车和列车服务产生较大的影响，地铁线路的设计需要考虑这种情况下的行车组织问题，通过科学地设计停车线，减少救援的影响。

（一）故障发生时

遇到下列故障时，司机应及时向行车调度员请求救援：

（1）列车无法建立头尾，处理无效时；

（2）施加牵引时，整列车无牵引电流，处理无效时；

（3）某一节车紧急制动、常用空气制动无法正常施加、缓解，处理无效时；

（4）空气制动无法完全缓解（司控台"制动不缓解"亮灯），且实施强迫缓解无效时；

（5）列车停于断电区，且处理无效时；

（6）列车发生严重故障有危及行车安全的可能，司机认为必须救援时。

（二）组织方法

根据运营经验，为了减少救援对正常的行车和列车服务的影响，提高救援的效率，正线列车故障救援可以采取下列组织方法。

1．后续列车推进方法

一般应优先采用后续列车将故障列车推送到停车线的方式进行救援，而不采用前方列车牵引进停车线的方式救援，主要有以下原因。

（1）在列车发生故障到决定救援时间（一般 6～7min）内，故障列车前方的列车已向前运行了 2 个区间或以上，后方列车已运行到后续车站并排队等待。采用后续列车推进救援，可以减少列车运行的距离和时间。

（2）用牵引方式救援时，救援列车司机需进行 3 次换端作业和重新起动列车，延长了救援时间；用推进方式救援时，只需故障列车司机进行 1 次换端作业即可完成，有利于缩短救援时间。

（3）采用后续列车推进救援，仅仅影响到一条线（上行线或下行线之一）的行车；而采用前方列车牵引救援时，在牵引进入停车线时可能需要占用邻线，影响到邻线的行车。

2．就近车站清客方法

若故障列车停在车站时，在本站清客后，再与救援列车进行连挂，然后直接推进到停车线。

若故障列车停在区间时，救援列车先在后方车站清客，空车限速运行到故障列车后部连挂，推送到前方车站进行清客，然后再推进到停车线。救援列车与故障列车解钩后返回到正线，即可开通故障区段，恢复正常运营。

3．列车推进到前方站停车线存放的方法

救援列车与故障列车连挂后，以推进运行的方式，将故障列车推送到运行方向前方车站的停车线存放。若是在前方停车线之前有入车辆段的线路，则直接推进到车辆段。救援列车以推进方式运行，必须进行限速，限速多少应按地铁管理规程执行。

4．在停车线或折返线处理故障方法

在故障列车被推送到停车线或折返线后，安排车辆技术人员到车上进行故障处理。据统计，广州地铁发生的故障救援中，除有一起因为轮轴卡死导致无法排除故障外，未再发

生因机械故障导致在停车线或折返线无法动车（含自身动力和用救援列车拖动）。

5．故障列车修复后重新投入运营方法

经车辆技术人员维修排除故障后，列车将继续投入运营服务。修复的列车将运行到就近车站载客运营，或者根据行车组织的需要作为备用车。

（三）救援列车开行

（1）行调接到司机（车长）的救援请求后，向有关车站发布开行救援列车的命令，故障列车在区间时还需发布封锁站间线路的命令，行调通知备用车的司机出动备用车。

（2）已申请救援的列车不准动车，司机（车长）应打开被救援列车两端的标志灯作为防护信号，并注意与救援列车的连接。

（3）救援列车应距被救援列车15m外停车，听候救援负责人（被救援列车司机）的指挥连挂。在连挂之前还可继续排除故障，但不能起动列车，若故障排除，则报告行调解除救援。

① 故障救援列车调车作业必须按照行车调度员下达的救援命令和有关道岔防护信号及手信号的显示要求进行。没有救援命令（或信号）不准动车，信号不清立即停车。在进行手信号调车时，调车指挥人为故障列车司机。调车作业时，调车指挥人必须正确及时地显示信号，司机要认真确认信号，并鸣笛回示。故障和救援列车司机（或有关集中站行车值班员）在接受救援命令时，要复诵核对，正确无误后开始救援调车作业。

② 车辆连挂的规定。连挂车辆时，救援列车司机须在距故障列车三车（75m）距离时一度停车，距一车距离时再停车，然后按照调车指挥人的手信号进行车辆连挂。连挂后的车辆要先试拉，确认连挂妥当后，方准起动，以防脱钩溜车。

③ 调车进路的确认。救援列车单列运行或救援列车牵挂故障列车运行时，前方进路的确认由救援列车司机负责。救援列车推进故障列车运行时，前方进路的确认由故障列车司机负责，并用无线电话经常及时告诉救援列车司机，遇有危及安全险情，立即告诉救援列车司机停车。

④ 调车速度。接近被连挂的车辆（三车距离）时速度为3km/h。

（4）向封锁线路发出救援列车时，不办理行车闭塞手续，以行调命令作为进入该封锁线路的许可。

（5）在未接到开通封锁线路的调度命令前，不得将救援列车以外的其他列车开往该线路。

（6）遇到发生人员伤亡、设备损坏时，应急处理和信息发布按《行车事故管理规则》、《应急信息报告程序》、《突发事件应急处理办法》、《地铁外部人员伤亡事故管理规则》和《车务安全应急处理程序》中的有关规定执行。

（四）其他规定

（1）请求救援的内容：列车车次、请求救援原因、迫停时间、地点（以百米为标准）、是否妨碍临线及其他需要说明的事项。

（2）行车调度员接到司机的救援请求后，应及时采取扣车措施，并发布开行救援列车的调度命令。

（3）已申请救援的列车不准动车，司机应打开被救援列车两端的标志灯作为防护信号，并注意与救援列车的连挂。

六、车站屏蔽门故障处理

（一）列车（列车）在有屏蔽门车站的操作规定

（1）屏蔽门与车门联动功能实现的情况下：

① 列车配一名司机，负责驾驶列车和操作相关设备，监视屏蔽门和列车车门的开关状态。

② 列车到站停车后自动开车门和屏蔽门，司机迅速打开驾驶室门，跨出半步，观察乘客上下车情况并准确关车门（一般 DTI 显示 12s 时开始关车门）。当屏蔽门、车门关闭好后，司机迅速瞭望屏蔽门与车门的间缝是否有人、物品滞留，确认安全后进入驾驶室开车。

③ 发生屏蔽门与车门联动功能故障或屏蔽门故障时，按地铁公司相关规定处理。

（2）列车进站停车，当未到停车标停车时，司机确认运行前方无异常后，迅速以 RM 模式动车对位；当越过停车标 3 个车门以下时，司机先切除 ATP 然后后退对位，此时，司机应立即对车厢广播安抚乘客，并使用无线电话通知车站维持好站台秩序，列车在该站开出前恢复 ATP。司机随后报告行调。

（3）列车进站停车超越屏蔽门 3 个车门及以上时，报告行调或由车站转报行调，按行调的指示执行，车站应及时对站台广播，做好乘客服务。若列车不开门，则继续运行到前方站时，行调应通知前方站。

（二）信号与屏蔽门接口故障处理

（1）列车在进入车站站台区前或在站台区收不到速度码的处理规定如下：

① 当列车在车站关好屏蔽门、车门后，收不到速度码时，司机立即报告行调，按行调的命令以 RM 模式动车，行调通知车站派站务人员在下一趟列车到站时在 PSL 上打开"屏蔽门互锁解除"开关，收到速度码后以 ATO 模式动车，如收不到速度码，则按行调的命令以 RM 模式动车。

② 当列车在进入车站站台区前停车时，报告行调，司机按行调的命令并确认运行前方的站台区轨道空闲后，以 RM 模式（如 RM 模式产生紧急制动时，改 URM 模式进站，对标后恢复 ATP）进站对标停车，当 DTI 显示 12s 时开始关车门，确认屏蔽门、车门关闭好后以 RM 模式动车。行调通知车站派站务人员在下一趟列车到站前在 PSL 上打开"屏蔽门互锁解除"开关，直至列车出站。

③ 当列车在车站关好车门后，以 RM 模式不能动车时，司机报告行调，按行调的命令以 URM 模式动车，到下一站时，恢复 ATP 模式。

④ 当列车以 RM 模式动车，运行 2 个轨道电路后仍然不能转为 SM（ATO）模式时，则按信号故障的处理程序处理。

（2）车站接到行调或司机报告在车站进站前或在站台区收不到速度码时，立即检查站台区和屏蔽门的状态，发现异常立即通知司机和报告行调。

（3）维调接到故障报告后，立即组织维修人员前往抢修。

（三）车门与屏蔽门不能联动时

（1）车载 ATO 故障，车门与屏蔽门不能联动时，当列车离前方终点站 5 个站及以上时，行调通知下一车站派站务人员上驾驶室，协助司机开关屏蔽门。

（2）屏蔽门与车门联动功能故障的情况下：

① 列车配一名司机和一名屏蔽门操作员，司机负责驾驶列车和操作列车相关设备；屏蔽门操作员负责操作屏蔽门的开关，协助司机瞭望进路，监督列车司机按规定速度运行。

② 列车在投入客运服务前，须把开门状态开关打到手动位；列车在车站停稳后，应迅速打开驾驶室门，先由屏蔽门操作员操作打开屏蔽门，后由司机打开客室门；当距开车时间 15～12s 时，先关闭屏蔽门，再关闭客室门，并确认无夹人夹物时，进入驾驶室开车。

（四）屏蔽门故障的处理原则

（1）发生屏蔽门故障时，要按照"先通车后恢复"的原则进行处理，在保证安全的前提下，确保列车正点进行。

（2）当运营中屏蔽门发生故障时，司机、车站要及时做好广播，引导乘客上下车。

（3）屏蔽门故障的应急处理办法，在《屏蔽门故障处理指南》中规定。

（4）故障屏蔽门修复后，需对相应侧的屏蔽门进行一次开关门试验。

【操作运用案例】救援列车的开行

1．实训项目教师工作活页

实训项目教师工作活页　　　　　　　　　　　　　　NO：＿＿＿＿＿

实训项目	救援列车的开行		
学　　时	6	班　　级	略
实训场所	城市轨道交通理实一体化教室		
工具设备			
教学目标	专业能力	（1）掌握事故的应急处理原则 （2）掌握救援列车的开行程序 （3）掌握调度命令相关知识 （4）掌握救援列车运行条件	
	方法能力	（1）能综合运用专业知识，通过利用专业书籍、查阅文献和资料获得相关专业知识与信息 （2）能根据实训项目学习任务确定实训方案	
教学目标	社会能力	（1）能在实习训练活动中保持刻苦钻研的学习态度 （2）能与小组成员和教师就学习中的问题进行交流和沟通 （3）能与他人协调配合，具有较好的合作能力和团队精神 （4）锻炼查找资料和收集资料的能力	
教学活动	略（详见教学活动设计）		

教学评价	学生活动： （1）以 8 ~ 10 人小组为单位执行实训任务，根据本组同学在实训过程中的能力表现及结果进行自评和组内互评 （2）其他小组根据成果展示活动中的表现结果进行互评 教师活动： （1）教师组织学生开展互评活动 （2）对学生做出综合评价		
教学资料	（1）城市轨道交通运输设备教材 （2）地铁公司资料 （3）实训项目学生学习活页（附页）		
指导教师		教学时间	年　　月　　日

2．实训项目学生学习活页

实训项目学生学习活页　　　　　　　　　　　　　　　NO：_____

实训项目　救援列车的开行

班级：_____　姓名：_____　学号：_____　时间：_____

一、实训目标

1．专业能力目标

（1）掌握事故的应急处理原则；

（2）掌握救援列车的开行程序；

（3）掌握调度命令相关知识；

（4）掌握救援列车运行条件。

2．方法能力目标

（1）能综合运用专业知识，通过利用专业书籍、查阅文献和资料获得相关知识与信息；

（2）能根据实训项目学习任务确定实训方案。

3．社会能力目标

（1）能在实习训练活动中保持刻苦钻研的学习态度；

（2）能与小组成员和教师就学习中的问题进行交流和沟通；

（3）能与他人协调配合，具有较好的合作能力和团队精神；

（4）锻炼查找资料和收集资料的能力。

二、知识总结

1．行车事故应急处理方法。

2．救援列车知识。

3. 调度命令的使用。

三、操作运用

　　1. 实例分析地铁行车脱轨事故。

　　2. 编制开行救援列车调度命令。

　　3. 救援列车运行组织。

四、实训小结

_____

_____

_____

五、成绩评定

　　1. 学生评价

评价等级	A—优	B—良	C—中	D—及格	E—不及格
学生自评					
组内互评					
他组互评					

　　2. 教师评价

评价等级	A—优	B—良	C—中	D—及格	E—不及格
专业能力					
方法能力					
社会能力					
评价结果					

　　3. 综合评价

评价等级	A—优	B—良	C—中	D—及格	E—不及格
评价结果					

　　注：按照学生自评占 10%、组内互评占 10%、他组互评占 20%、教师评价占 60%的比例计分。其中，A—100 分，
　　B—85 分，C—75 分，D—60 分，E—50 分。

续表

4. 评价量规

等　　级	行为表现描述
A	能圆满、高效地完成实训任务的全部内容
B	能顺利完成实训任务的全部内容
C	能完成实训任务的全部内容，但需要一些帮助和指导
D	自己只能完成实训任务的部分内容，但在现场的指导下，已经能完成任务的全部内容
E	不能完成实训任务的全部内容

任务五　列车特殊运行组织

一、反方向运行

双线区间，为了解决两端站向区间发车的权力问题，一般做出了规定："在双线区段，列车应按右侧单方向运行，仅在正方向区间的线路封锁施工、发生自然灾害或因事故中断行车等特殊情况下，经调度所主任（副主任）准许，方可反方向运行。"

而双线改为单线行车，是指在双线区间遇有特殊情况时，封锁（停用）一线而仅用一线行车的状况。

双线反方向行车或改按单线行车时，上下行列车由分线单方向运行改为同一线双方向运行，闭塞信号和联锁设备等行车安全控制系统不能正常使用，无法从设备上保证行车安全。同时，由于行车有关人员办理习惯上的影响，极易发生差错，所以一定要严格掌握周密组织，稍有不慎，就容易发生相对方向列车进入同一区间正线，造成列车正向冲突等险情或重大事故。

在列车改变线别运行作业中，尤其要注重做好调度命令的下达、抄收和传递工作，认真执行接发列车作业标准，以确保双线反方向或双线改单线后的接发列车作业安全。

（一）列车运行规定

1. 不切除 ATP 人工驾驶方式

凡列车运行前方两个有道岔车站的列车进路能由行车调度员人工排列的反向区段具有 ATP 速码，列车可按 ATP 人工驾驶方式运行。

2. 反方向切除 AIP 运行时行车规定

反方向切除 ATP 运行时，其行车规定如下：

（1）列车行车凭证为行车调度员下达的命令。

（2）列车发车间隔必须符合"双区间"空闲的要求。

（3）列车运行速度为 60km/h，进站及调车速度为 30km/h。

（4）行车调度员下达反向切除 ATP 运行的调度命令时，应封锁与反向运行区段相邻一个站间区间，严禁对向列车撞进该封锁区间。

（5）行车调度员要负责做好重点跟踪调度指挥，确保反向运行列车的安全。

（二）反向进路办理

（1）改变运行方向应由处于接车状态的有岔车站办理。

（2）中央控制方式或站方式均可办理。

（三）封锁区间反向行车的作业程序

（1）发布调度命令，封锁反向运行区段末端相邻一个站间区间。

（2）对反区间列车实现扣车。

（3）确认列车与前行车列车之间，有两个及其以上的站间区间空闲，确认接车站进路准备妥当，并锁闭好。

（4）根据情况，准备列车发车进路。

（5）填写行车凭证调度命令，并交付司机。

（6）司机按规定的速度运行。

（7）列车到达，交付行车凭证。

（8）取消封锁，开通区间，恢复列车运行。

（四）电话闭塞法的情况下反向运行规定

（1）列车反方向运行须得到调度命令后方可办理。

（2）列车在确认调度命令及路票后，根据值班员手信号发车。

（3）接发列车按电话闭塞法接发列车标准办理。

（五）某轨道公司反方向行车规定

（1）一、二号线上下行线信号系统均设有反向运行的速度码，并在部分线路设有"换上至下"和"换下至上"的轨道电路。

（2）在 ATP 正常使用时列车反方向运行：

① 列车反向运行在各站不能通过，自动停车，没有跳停功能，停站时分由司机掌握。

② 列车需反向运行时，在 LOW 上排列进路，列车根据 ATP 允许速度以 ATO 或 SM 模式运行。遇 ATP 轨旁设备故障时，行调通知司机以 RM 模式运行。

（3）在 ATP 故障的情况下，除降级运营时组织单线双方向运行或开行救援列车外，载客列车原则上不能反方向运行。

（4）列车在一号线车厂至接轨站下行线反方向运行经 W206 至 W208 道岔（按规定速度运行），到接轨站上行站台时，为确保列车运行安全，需执行下列安全措施：

① 接轨站接车厂反方向运行的列车时，上下行不能同时接车。

② 接轨站遇上、下行列车计划同时到达时，先接上行列车。

③ 接轨站遇上、下行列车计划不同时到达，下行比上行早到 2min 及以上时间时，可先接下行列车。

（5）在设有屏蔽门的车站，要组织列车反方向运行时，行调需通知屏蔽门操作员到后

端操作 PSL 开/关屏蔽门。必要时，行调提前通知有关车站派站务人员去操作 PSL 开/关屏蔽门。

（6）工程车需在明确行车计划和进路排列好的情况下方可反方向运行。

二、列车退行和推进运行

（一）列车退行

（1）列车因故在站间停车需要退行时，司机必须报告行调，在得到行调的命令后方可退行。行调应及时通知有关车站。

（2）列车退行进入车站时，车站接车人员应于进站端墙处显示引导信号。列车在进站端墙外必须一度停车，确认引导信号正确方可进站。

（3）退行列车到达车站后，司机应及时通过车站向行调报告，同时根据行调的命令处理。

（4）使用引导信号的时机：列车出发整列离开站台区，因故需退回车站时，车站在确认列车后退进路无其他列车占用时，先通知相关联锁站关闭该进路的起始信号机的追踪自排，再通知司机后退，并在头端墙显示引导手信号。

（二）列车推进运行

（1）列车推进运行，必须得到行调的调度命令。推进运行时，必须有副司机/引导员在列车头部引导，无人引导时，禁止推进运行。

（2）当难以辨认信号时，禁止列车推进运行。

三、列车车载信号故障投入的规定

（1）非通信列车投入应严格按行车调度员的口头指示办理，没有行车调度员的指示，严禁动车。

（2）列车投入过程中，行车调度员对非通信列车设置必要的保护。

（3）当非通信列车所在位置与投入点不在同一位置时，列车应先以 CUT-OUT 模式限速 45km/h 运行至离投入点最近的车站，停车后复位，再以 RM 模式前往投入点投入。

（4）在进行投入过程中，经过规定停车站台时，应按规定停站进行乘客乘降作业。

（5）列车经过投入点后应继续以 RM 模式运行至前方最近的站台停车，再请求自动驾驶模式，在接轨站投入点投入成功后，故障车可在全列越过投入点后停车，请求自动驾驶模式。

四、列车封锁区间运行

按照自动闭塞法、移动闭塞法和电话闭塞法的规定，列车进入区间或闭塞分区前，对该区间或闭塞分区的状态有两个基本要求：一是该区间必须空闲，自动闭塞区间必须至少有一个闭塞分区（客运列车至少有两个闭塞分区）空闲；二是该区间内的线路、桥梁、隧

道和涵洞等行车设备必须处在完好状态。二者缺一或遭到破坏，就要中断正常行车并按规定封锁该区间。

（一）区间封锁、开通的手续

1．封锁区间

发生行车事故时由运转车长（无运转车长时为司机），施工时由施工领导人，将事由报告行车调度员，不可能时则报告最近车站的车站值班员，再转报行车调度员。行车调度员接到报告后，向该区间两端站车站值班员发布封锁区间的调度命令，方可组织事故抢救、抢修。需要施工封锁时，行车调度员接到请求后，按施工计划调整行车计划，向区间两端站车站值班员和施工领导人发布封锁区间施工的调度命令，方可配合施工。

2．开通区间

开通区间时，仍由上述现场有关人员将区间情况报告行车调度员，不可能时经就近车站车站值班员转报行车调度员。行车调度员查明区间确已空闲，达到确能连续通行客、货列车条件，向区间两端站车站值班员（施工封锁时包括施工领导人）发布开通区间，恢复行车的调度命令。必要时还应发布限速运行的调度命令。

（二）列车封锁区间运行

（1）列车进入封锁区间凭证为调度命令，列车在封锁区间内的运行不办理行车闭塞手续。

（2）封锁区间的所有道岔应保持开通于列车运行方向，且不允许扳动。

【操作运用案例】反方向行车

1．实训项目教师工作活页

实训项目教师工作活页   NO：_____

实训项目	反方向行车			
学　　时	2	班　　级		略
实训场所	城市轨道交通理实一体化教室			
工具设备				
教学目标	专业能力	（1）掌握反方向行车的原则 （2）掌握调度命令相关知识 （3）掌握反方向行车组织方法		
	方法能力	（1）能综合运用专业知识，通过利用专业书籍、查阅文献和资料获得相关专业知识与信息 （2）能根据实训项目学习任务确定实训方案		
	社会能力	（1）能在实习训练活动中保持刻苦钻研的学习态度 （2）能与小组成员和教师就学习中的问题进行交流和沟通 （3）能与他人协调配合，具有较好的合作能力和团队精神 （4）锻炼查找资料和收集资料的能力		
教学活动	略（详见教学活动设计）			

教学评价	学生活动： （1）以8～10人小组为单位执行实训任务，根据本组同学在实训过程中的能力表现及结果进行自评和组内互评 （2）其他小组根据成果展示活动中的表现结果进行互评 教师活动： （1）教师组织学生开展互评活动 （2）对学生做出综合评价		
教学资料	（1）城市轨道交通运输设备教材 （2）地铁公司资料 （3）实训项目学生学习活页（附页）		
指导教师		教学时间	年 月 日

2．实训项目学生学习活页

实训项目学生学习活页   NO：_____

实训项目 反方向行车

班级：_____ 姓名：_____ 学号：_____ 时间：_____

一、实训目标

　1．专业能力目标

（1）掌握反方向行车的原则；

（2）掌握调度命令相关知识；

（3）掌握反方向行车组织方法。

　2．方法能力目标

（1）能综合运用专业知识，通过利用专业书籍、查阅文献和资料获得相关知识与信息；

（2）能根据实训项目学习任务确定实训方案。

　3．社会能力目标

（1）能在实习训练活动中保持刻苦钻研的学习态度；

（2）能与小组成员和教师就学习中的问题进行交流和沟通；

（3）能与他人协调配合，具有较好的合作能力和团队精神；

（4）锻炼查找资料和收集资料的能力。

二、知识总结

　1．反方向行车条件。

　2．反方向行车组织方法。

　3．调度命令的使用。

三、操作运用

    1. 实例分析地铁反方向运行原因及条件。

    2. 编制列车反方向运行调度命令。

    3. 列车反方向运行组织。

四、实训小结

_____

_____

_____

五、成绩评定

    1. 学生评价

评价等级	A—优	B—良	C—中	D—及格	E—不及格
学生自评					
组内互评					
他组互评					

    2. 教师评价

评价等级	A—优	B—良	C—中	D—及格	E—不及格
专业能力					
方法能力					
社会能力					
评价结果					

    3. 综合评价

评价等级	A—优	B—良	C—中	D—及格	E—不及格
评价结果					

    注：按照学生自评占 10%、组内互评占 10%、他组互评占 20%、教师评价占 60%的比例计分。其中，A—100 分，
        B—85 分，C—75 分，D—60 分，E—50 分。

    4. 评价量规

等　　级	行为表现描述
A	能圆满、高效地完成实训任务的全部内容
B	能顺利完成实训任务的全部内容
C	能完成实训任务的全部内容，但需要一些帮助和指导
D	自己只能完成实训任务的部分内容，但在现场的指导下，已经能完成任务的全部内容
E	不能完成实训任务的全部内容

任务六　施工组织和列车运行

　　轨道交通系统的检修、施工作业，通常是在夜间的停止营业期间进行。夜间检修、施工时的列车运行组织由行车调度员负责。行车调度员既要根据检修、施工计划的安排，保证设备维修和线路扩建等夜间检修、施工计划顺利完成，又要保证次日运输生产正常进行。

一、施工种类和原则

（一）施工种类

施工按作业地点和性质分为以下几类。

（1）影响正线、辅助线行车的施工为 A 类，其中开行工程列车、电列车的施工为 A1 类，不开行工程列车的施工为 A2 类，车站、主所、控制中心范围内影响行车设备设施的作业为 A3 类。

（2）在车厂的施工为 B 类，其中开行电列车、工程列车的施工（不含车辆部电列车、工程车的检修作业）为 B1 类，不开行电列车、工程列车但在车厂线路限界、影响接触网停电、在车厂线路限界外 3m 内种植乔木、搭建相关设施及影响车厂行车的施工为 B2 类，车厂内除 B1/B2 以外的施工作业为 B3 类（办公室、食堂等生活办公设备设施维修除外）。

（3）在车站、主所、控制中心范围内不影响行车的为 C 类，其中大面积影响客运、消防设备正常使用及需动火的作业为 C1 类，其他局部影响客运，但经采取措施影响不大且动用简单设备设施的施工为 C2 类。

（二）设备检修施工组织原则

（1）在列车运行时间内，原则上不准进行影响行车的有关设备检修作业。

（2）对处于进路锁闭状态的信号、联锁设备，严禁进行检修作业。

（3）正在检修中的设备需要使用时，需经检修人员同意。

（4）进入正线、辅助线及影响正线行车的施工需经行调同意，进入车厂内线路及影响车厂行车的施工需经车厂调度员同意。

二、施工计划

（1）施工计划按时间分为以下几类。

① 月计划；

② 周计划；

③ 日补充计划；

④ 临时补修计划。

（2）对行车设备、检查、维修、列车调试工作，应加强计划性。对于下列情况中属正常维修内的应提报月计划。

① 列车在正线调试工作；

② 开行工程列车（含轨道车）的检查、维修、施工、运输作业；

③ 影响行车的设备检修施工作业；

④ 需要进入正线及辅助线的检查、维修施工作业；

⑤ 屏蔽门的检修作业；

⑥ 需要接触网停电的检查、维修施工作业；

⑦ 车厂内的行车设备检修作业（含限界内）；

⑧ 不进入轨行区，但需有关部门配合的作业，也需申报月计划。

（3）月计划应结合总部月度设备检修计划编制。

（4）对于不属于（3）规定列入月计划，因设备检修需要，对在月计划里未列入的进行补充或月计划中需调整变更的计划为周计划。

（5）对于不属于（3）、（4）规定列入月计划、周计划的，但对行车有一定影响的检查、维修计划或月计划、周计划内日作业项目的变更计划，称为日补充计划。

（6）运营时间对设备临时抢修后，需在停运后继续设备维修的作业为临时补修计划。

三、施工计划的编制与下达

（一）计划编制原则

（1）月、周施工作业计划的安排应在确保安全的前提下，考虑均衡安排，避免集中作业。

（2）处理好列车的开行时间和密度、施工封锁等几方面的关系，避免抢时、争点现象。

（3）为方便施工单位作业，月、周施工作业计划内各项作业应注明施工日期、作业起止时间、作业内容、作业区域、安全事项及其他应说明的问题（列车编组、行车计划、配合部门及详细配合要求、联系电话等）。

（4）经济、合理地使用机车车辆，避免浪费资源。

（二）编制审批程序

1. 月计划

原则上在每月倒数第 6 个工作日前（含倒数第 6 个工作日），由调度部根据月计划提报的情况，组织内部申报部门及相关施工单位人员参加计划审核会议，审核月计划时，对于安全上有特殊要求和规定的，在计划审核会议上提出讨论确定。月计划中应明确说明施工作业起止时间、地点，如有变更，见施工进场作业令；由调度票务部根据月计划审核会议的结果，编制《施工行车通告》，于每月倒数第 3 个工作日前（含倒数第 3 个工作日）发布。

2. 周计划

周三上午 9:00 由调度票务部根据提报计划的情况，组织相关部门，在月计划的基础上审核周计划。审核周计划时，对于安全上有特殊要求和规定的，在计划审核会议上提出讨论确定。周计划中应明确说明施工作业起止时间、地点；由调度部在《施工行车通告》的基础上编制《施工行车通告补充说明》，于每周五 14:00 前发布。遇节假日，适当提前申报、编制时间，具体按调度部通知。

3．日补充计划

日补充计划应于工作开始前一天的 13:00 以前，由 MCC、车务部技术室、车辆部技术室收集、调整、汇总后向调度票务部生产管理室申报，填写《维修施工日补充计划表》。生产管理室在接到申报后，应与 OCC、车厂控制中心（以下简称 DCC）、MCC 协商，平衡安排后，于提报当日的 15:00 前，将安排的日补充计划表返还各申报部门。日补充计划中应明确说明施工作业请销点的时间、地点、施工负责人。

4．临时补修计划

临时补修计划应及时优先安排，不受周计划和日补充计划限制。

由调度票务部安排人员办理日补充计划和临时补修计划。临时遇影响正线行车的事故，需抢修恢复行车设备的作业安排为临时抢修。

四、施工安全管理

（一）施工管理

每项属于 A 类、B 类、C 类（B3、C2 类除外）作业需设立 1 名施工负责人，辅站另设施工责任人，两者需经过培训后取得安全合格证（含施工负责人项目），并实行持证上岗制度。属于 B3、C2 类的作业，不需设立施工负责人，但必须指定 1 名人员负责施工和施工安全管理。

1．施工负责人、施工责任人（含 B3、C2 类作业的指定人员）职责

（1）负责作业人员、设备的管理；

（2）办理请、销点手续；

（3）作业过程的组织指挥；

（4）及时与车站、车厂联系作业有关事项；

（5）组织设置、撤消作业安全防护设施（接触网停电及挂地线由电调负责）；

（6）出清作业区域、设备状态恢复正常。

2．施工负责人、施工责任人任职条件

（1）熟知标准有关规定；

（2）熟悉该项作业的性质、内容、方法、步骤、要求等；

（3）具备该项作业相关的安全知识和技能；

（4）经过培训中心培训并考试合格，发证。

（二）施工防护

（1）接触网停电检修或需接触网停电配合挂地线时，由供电操作人员负责在该作业地段两端挂接地线。

（2）站内线路施工时，由施工负责人在车站两端头轨道上设置红闪灯防护。

（3）在站间线路施工时，除施工部门设置红闪灯防护外，车站还负责该施工地段两端车站的端墙门平行位置的轨道中央设置红闪灯防护。施工前，由请点车站设置红闪灯，并通知作业区另一端车站值班员放置红闪灯防护。施工结束后，车站撤除红闪灯，并通知作

业区另一端车站值班员撤除红闪灯。若遇到跨越站内站间时，车站的防护信号放在车站内另一端墙门平行位置轨道中央。

（4）在折返线、存车线、联络线上施工时，由作业人员在作业区域可能来车方向处放置红闪灯防护。

（5）车站值班人员安排人员到站台检查红闪灯是否按规定摆放，并监督红闪灯状态是否良好，并对设置的红闪灯是否按规定摆放、状态是否良好进行不定期检查。

（6）车厂内的设备检修施工和防护的有关规定按《车厂运作手册》执行。

（7）施工作业时除严格执行以上规定及总部相关安全防护规定外，并按施工部门的有关施工操作程序的防护规定执行。

（8）凡在运营时间内进行作业的，必须做好防护措施，确保地铁乘客的安全，最大限度减少对乘客的影响。

（三）施工安全

（1）人、工程车在同一区域作业时，由施工负责人与车长根据现场情况协调。

① 按施工前进方向，列车在前，人员在后，原则上不得颠倒或列车运行前后皆有作业。

② 非随车施工人员与列车应有 50m 以上的安全间隔距离，原则上列车不得随便后退，如有需要动车时需施工负责人和车长协商后才能动车，以确保人身安全。

③ 作业人员应在自己现场作业区来车方向设置红闪灯防护。

（2）开行工程车、调试列车的有关防护

① 组织工程车运行时，在工程车运行的到达前方必须保证至少有一个站间区间空闲。

② 在开行工程车进行作业的封锁作业区前后方必须保证至少有一个站台区或站间区间空闲。

③ 在开行高速调试列车的封锁作业区前后方必须保证至少有一个站间区间空闲。

（3）凡进入线路施工的施工作业人员必须按要求穿荧光衣，并根据作业性质和作业要求使用其他安全防护用品。

（4）施工作业过程中若要进行动火作业，必须按照《消防重点部位临时动火作业管理办法》办理动火令及作业，严禁在无动火令的情况下进行动火作业。

（5）外单位施工由主办部门负责安全管理、安全监督。

（6）各施工单位、部门在申报施工计划时应严格按照《运营事故管理规则》等相关规定，结合施工作业过程中的实际情况，提出安全防护要求和配合要求。在施工作业过程中，施工单位、部门应严格遵守以上安全规定和施工进场作业令中的要求。

（四）施工组织

1．对维修、调试、施工等作业按性质、地点分别组织

（1）A类作业，需经行调批准，方可进行。

（2）B类施工作业经车厂调度员同意方可进行，如影响正线行车需报行调批准。

（3）C类作业总部内部的施工项目经车站批准方可施工，外部单位施工作业按《外单位工程施工作业管理流程》进行，经车站批准方可施工。

2．各施工单位及部门的施工、检查作业，严格控制作业区范围和作业时间

（1）施工负责人持安全合格证（含施工负责人项目），方可有资格申报地铁工程。

（2）安全合格证（含施工负责人项目）取得程序：向调度票务部提出申请，调度票务部向人力资源部提出培训需求，安排外单位施工作业负责人学习、考试，合格后发证。

（3）持有安全合格证（含施工负责人项目）的施工负责人，凭《外单位施工作业许可单》向保卫部申请办理施工人员临时出入证。

3．施工人员进出站规定

（1）施工负责人持作业令在作业令规定施工开始时间前 15min 到达主站，施工责任人和维修人员在作业令规定施工开始时间前 10min 到达辅站和相关车站，按规定程序办理施工作业手续。

（2）总部向维修配发车站紧急出入口的钥匙 2 把，维修部施工人员遇特殊情况需在收车后到达车站的，施工负责人到维修部申请领取车站出入口钥匙，经各站指定的紧急出入口进出车站，及时将出入口上锁（适用于地铁）。

（3）外单位的施工作业人员进出车站需提前与车站当值人员联系，并于关站前 10min 进站。特殊情况确需关站后进入的应事先与车站预约，车站根据预约的地点、时间，查验手续后开门放行。

4．施工组织规定

（1）每日运营结束后，维修部按计划对各设备系统进行检修作业，并应于规定时间内完成对运行线路巡道和施工线路出清程序。

（2）站间正线线路在两站之间作业需要开行工程列车时，由行调指定的车站值班员负责掌握施工情况，监督施工安全。

（3）在正线和辅助线施工开始前，施工负责人应进行施工登记，经行调批准、发布封锁命令。车站签认，通知施工负责人设置防护信号后，并送维修施工人员到站台端墙，确保施工人员进入正确的施工区域。

（4）施工结束后，施工负责人负责线路出清、人员撤离现场，施工负责人经检查确认撤除防护后，办理注销施工登记手续，车站报告行调取消前发封锁线路的命令。

5．请点规定

（1）属于 A 类的作业，施工负责人在作业令规定施工开始时间前 15min 到车站填写《车站施工登记表》请点，由车站报行调备案，当线路出清后行调通知车站，车站值班员传达允许施工的命令，请点生效，可以施工。

（2）属于 A 类作业，但需由多个车站进入施工的作业项目，施工负责人除到主站按（1）办理外，还需核实辅站情况。辅站施工责任人在作业令规定施工开始时间前 10min 到达辅站办理登记手续，辅站值班员向主站值班员核实施工事项并请点。主站接到行调允许施工的命令后，传达给施工负责人和辅站，辅站值班员允许施工责任人开始该作业点的施工。

（3）属于 B 类的作业，施工负责人到车厂调度员处请点，具体操作程序按规定办理，经车厂调度员同意，便可施工（车厂内影响正线行车的作业应经行调批准）。

（4）属于 C 类的作业，经批准，施工负责人到车站登记请点。

6．销点规定

（1）A类作业，施工作业地点仅一个站的，施工负责人在施工区域出清完毕后，报车站，由车站向行调销点。

（2）B、C类作业施工完毕后，施工负责人负责施工区域的出清后到车站或车厂销点。

（3）施工的销点：施工负责人在施工区域出清完毕后，向车厂销点，车厂在办理销点手续时必须同时向行调办理销点。

7．施工作业时间调整的要求

当日因特殊原因，施工作业时间需调整时，值班主任通知作业部门或主办部门的分部调度，由分部调度通知施工作业人员。

8．施工人员进、出站及请销点作业程序（见表6-11）

表6-11　进、出站及请销点作业程序

序　号	作业程序	备　注
1	施工负责人及施工人员凭施工作业令及证件进车站；关站后自行进站	
2	施工负责人向值班人员填报人数，办理施工登记手续；多站请点的，主站施工负责人及辅站施工责任人向主站或辅站值班人员填报人数，办理施工登记手续，辅站值班员要向主站汇报，由主站统一负责请点	
3	车站值班员根据施工负责人提出的施工申请及所报人数，办理施工登记手续，并按有关规定办理请点	B类作业到车厂控制中心办理
4	行调根据车站请点要求审核，批准	C类作业可省略
5	车站值班员通知本站员工及相关车站设置防护	
6	车站员工（站务员、护卫）根据值班员的指示及要求设置防护	
7	施工负责人根据施工要求设置防护	
8	开始施工	
9	施工结束后，施工负责人清点人数，出清线路，撤除防护措施，到车控室办理销点手续；多站销点的，主站施工负责人及辅站施工责任人清点人数，出清线路，撤除防护措施，辅站施工责任人向主站施工负责人报线路出清，主站施工负责人向主站登记的销点站车控室统一办理销点，同时施工负责人应在销点站进行书面登记	
10	车站值班员按有关规定办理销点	B类作业到车厂控制中心办理
11	行调根据车站销点要求审核，批准	C类作业可省略
12	车站值班员销点后通知护卫：开出入口门送施工人员出站	

9．施工开始

（1）施工负责人必须于施工前15min与车站行车值班员取得联系。

（2）车站行车值班员在核对《检修、施工通告》和已经核准的检修施工申报单后允许检修施工单位进行登记并与行车调度员联系。

（3）在得到行车调度员的调度命令号码后允许施工、检修，由于施工单位延误时间晚到，联系的总调有权拒绝安排施工。

五、工程车开行的有关规定

（一）注意事项

行调负责统一指挥工程车开行，在进行作业安排时，有关人员应注意以下几点：

（1）安排工程车作业时，必须严格按照划分的区域安排作业，工程车必须在 4:00 前离开作业区。

（2）使用工程车进行巡检时，要保证次日 2:00 再不从一条正线转到另一条正线。

（3）工程车返回时，从离开作业区，牵引运行时车长、司机负责观察，确保工程车返车厂途中的前方线路出清情况，并保证车上物品及部件不掉落，在工程车回库前汇报行调。

（4）工程车进路排列由行调负责，行调在指挥工程车运行时要在《线路施工作业登记表》上严格确认工程车运行前后有无施工作业，并在 MDP、MMI 上确认工程车运行的前方进路已准备好。

（5）行调发布封锁区间线路施工命令时，如不指明不包括车站时，就是包括车站在内。

（6）封锁区域工程车运行由施工负责人负责指挥。

（7）外单位工程车在运营线路运行时，必须有运营总部工程车司机添乘。

（二）工程车开行

（1）工程车开行的规定：

① 工程车可以牵引运行，也可推进运行，各站按正常列车办理。

② 工程车中车辆编挂条件按规定办理，由车长负责检查。工程车开行时，挂有高度超过距轨面 3800mm 的货物时，接触网必须停电。

③ 工程车编挂有平板车时，因施工或装卸货物的需要，可以在中途站甩下作业，但要做好安全防护及防溜安全措施，返回时要挂走。平板车在区间原则上不准甩下作业。

④ 工程车在正线运行时，凭地面信号行车。一个联锁区内同一线路只准有一列工程车运行，当前行工程车进入施工区域时，后行的工程车可按《行车设备维修施工管理规定》作业。在区间或非联锁站作业后折返时，凭调度命令行车。

⑤ 工程车在车站始发或停车后再开时，司机要确认地面信号或按行调的命令行车。

⑥ 车站原则上不用接发列车，工程车在运行中司机、车长通过无线电话加强与车站联系，掌握运行计划，确认运行进路。

⑦ 工程车到达指定的施工作业区域后，行调应及时发布书面命令封锁该作业区，并检查有关防护措施。待施工结束后，再开通有关线路，安排工程车回车厂。

（2）在工程车出车厂前，工程车司机要与行调试验无线电的性能；工程车在运行中，司机和车长要加强与行调联系（如联系不上时通过车站转达），掌握列车运行计划，确认进路。

（3）工程车在进站、出站、运行至曲线及站内或区间动车前，均需鸣笛示警。

（4）行调组织工程车正线运行时，应尽量避免分段行车；当前方施工作业未按时结束或因特殊情况需组织工程车分段运行时，行调经车站通知工程车司机允许运行的起、止站，司机必须复诵。

（5）工程车在封锁区域内作业，原则上进路的道岔不能动，若因作业确需转动道岔时，应按调车办理。由施工负责人向车长提出，车长与车站联系动车计划（打磨车由维修部指定车长的工作），车站值班员方可操作道岔转动，并单独锁定该道岔后，方可通知车长动车。

（三）正线发生各类设备故障或事故时，工程车、救援列车进出封锁区间的组织

（1）维调负责向行调提出使用工程车的计划（上人、设备地点和数量），由行调向车厂调度员发布调车指令。

（2）车厂调度员按行调的要求组织在 10min 内把工程车开行到车厂内指定地点。

（3）抢修工作执行部门在工程车到达后 10min 内完成装载设备、物品等工作，并安排跟车人员上车。

（4）行调负责组织工程车或救援列车从车厂至封锁区间前一站的运行，在封锁区间前一站把工程车或救援列车交给维调；并命令该站向工程车或救援列车交付封锁命令。

（5）维调负责通知现场指挥指派一名联络员登乘工程车或救援列车驾驶室，将进入区间的计划交给车长，由车长引导进入封锁区间，并按计划指挥动车。

（6）如果封锁区间内有道岔、辅助线时，由车长与车站联系调车进路计划，车站排好进路后通知车长，由车长指挥动车。

（7）工程车或救援列车使用完毕，由联络员引导回到原交接站，由维调向行调交出。

（8）工程车在车站装卸物料时，物料必须整齐、稳固堆放在距站台边缘 1m 以外的地方，车站要负责监控，查看是否有物品侵限。

六、运营时间内特殊情况的施工规定

（一）正线、辅助线发生各类设备故障或事故需封锁区间抢修的规定

（1）正线、辅助线发生各类设备故障或事故需封锁区间抢修的程序。

① 由行调负责组织故障情况下的行车，根据维调要求组织相关问题的处理。

② 行调向有关站发布封锁线路的命令，需要时通知电调停电。

③ 维调得到行调的封锁命令号码、范围和时间后，负责组织封锁区间内的设备抢修工作，并指定一名施工负责人为现场指挥。

④ 抢修完毕，现场指挥确认线路出清后报维调，维调在《值班主任事故/事件处理记录表》上签认恢复行车时间，该封锁区间交回行调解封、组织列车运行。

⑤ 列车或车辆在线路上的起复救援工作按《突发事件应急处理办法》有关规定执行。

（2）抢修、救援人员进出已交由维调控制、封锁的区间应使用无线电话（若无法联络时经车站）向维调申请，得到维调批准后进入封锁的区间。

（3）遇车辆在线上的起复救援工作若涉及系统设备，由分管的电调、环调或维调向值班主任提供技术支援，包括：

① 影响范围、预计处理（开通）所需时间；

② 变更的运行模式（指系统设备），如越区、单边供电，借用相邻设备等；

③ 处理进展情况；

④ 达到开通条件（轨道、供电）时的报告。

（4）设备故障或事故处理时，线路出清的确定。

① 根据现场情况，由行调组织行车，由事故处理主任负责现场抢救工作。

电调、环调、维调接到故障或事故报告后，要尽快分析、做出判断，并在《值班主任处理事故/事件记录表》内签认；现场的维修人员、事故处理主任确认行车条件后通知值班员，值班员报行调时，行调在《行调处理事故/事件记录》内做好记录，包括姓名、职务、报告时间和报告内容。

② 故障、事故处理完毕，由现场指挥报维调、检修调度或车厂调度员线路开通；遇车辆在正线上起复救援时，由现场总指挥确认可以行车后，事故处理主任报告行调开通线路。

（二）运营时间正线、辅助线发生各类设备故障需短时间进行临时抢修的规定

（1）进入隧道前，需先到车控室办理有关手续，在得到行调批准并落实安全防护措施后，方可进入。

（2）进入站台或靠近站台的第一个轨道电路区段线路的施工安全措施。

① 施工负责人按规定放置红闪灯进行防护。

② 值班站长（值班员）在LCP上使用紧急停车按钮对相关轨道区段进行施工防护，并通知站台站务员。站台站务员要监督抢修人员进入正确的区域，并报告值班站长（值班员）。

③ 行调把列车扣停在前方站。

④ 人员进入轨道时，应通过站台端墙的上下轨道楼梯进出。站台岗人员要监督施工作业人员进入作业区域是否正确的确认。

（3）运营时间到区间隧道的抢修行车设备的规定。

① 需搭乘列车到区间隧道抢修行车设备时，经值班主任批准。

② 由维修调度组织好抢修人员在车站等候，按行调指定的车次上车（行调通知所有列车司机和相关车站）。

③ 抢修人员登乘司机室，通知司机在故障点前停车，从司机室门下车进入轨道，尽快进入水泵房安全地带后，用手信号灯白色灯光做圆形转动（表示已到安全地点），通知司机继续运行。

④ 进入司机室的抢修人员，不得影响司机的工作，并以2人为限。如果超过2人时，其余人员到客室乘车，下车时通过司机室门进入轨道。

⑤ 未经行调同意，在水泵房的抢修人员只能在水泵房内作业，严禁侵入行车限界，影响行车和人身安全。

⑥ 需从区间内返回车站时，维修人员使用无线电话向维调申请，维调与行调协商后，分别通知抢修人员和列车司机，抢修人员使用手信号红色灯光给停车信号，指示司机停车，并打开驾驶室车门让检修人员上车。

（三）在车站或线路两旁发生设备故障或事故

在车站或线路两旁发生设备故障或事故但不影响到列车正常运行时由维调统筹处理。

（四）车厂内发生各类设备故障或事故时

（1）由车厂调度员负责封锁相关线路。

（2）若为行车事故，由车厂调度员统筹组织处理，检修调度、维调配合。

（3）若为车辆部管辖设备故障，由检修调度统筹组织处理，指定一名专业人员为现场指挥。

任务七　行车调度工作分析

行车调度工作分析的目的在于通过分析提高对轨道交通运输客观规律的认识，总结先进经验，挖掘运输潜力，查明工作中的缺点和问题，以便采取措施，改进工作。

一、列车开行统计分析

（1）在运营结束后，列车统计分析（值班主任负责）内容：

① 计划开行列数；

② 实际开行列数；

③ 救援列次；

④ 清客列次；

⑤ 下线列次；

⑥ 晚点列数和正点率；

⑦ 向车厂派班员收记运营里程（列千米）。

（2）行调对发生晚点的列车记录晚点原因。

（3）对晚点列车进行分析，晚点原因分车辆故障、线路故障、供电故障、通信故障、信号故障、客流过多、调度不当、其他等方面。

二、工程车/调试列车统计分析

要求根据当天工程车/调试列车开行情况进行统计，内容为工程车/调试列车的计划、实际开行列数。

三、检修施工作业和统计分析

（1）对昨天正线、辅助线的检修计划件数和完成情况进行统计。

（2）对检修施工完成情况进行分析：

① 日计划、临时计划兑现率；

② 临时计划占全日比例；

③ 各单位施工计划完成情况分析；

④ 检修施工作业请点件数的统计。

四、几个重要指标

（一）列车运行图兑现率

列车运行图兑现率为实际开行列车数（不包括临时加开的列车数）与列车运行图计划

开行的列车数之比。

$$列车运行图兑现率 = \frac{实际开行列车数}{计划开行列车数} \times 100\%$$

（二）列车正点率

正点列车次数与全部开行列车次数之比，用以表示运营列车按规定时间正点运行的程度。凡按客流变化而抽线或加开列车、准点始发、准点终到的列车都统计为正点列车数。早点或晚点不超过规定时间的也按正点统计。

$$列车正点率 = \frac{全部开行列车数 - 晚点列车数}{全部开行列车数} \times 100\%$$

列车正点率包括列车始发正点率和列车到达正点率。

凡按运行图规定的时间运行，早晚不超过规定时间界限的为正点列车，正点的时间界限不得超过列车最小间隔时间的 1/3，以 min 为单位计算。

例如，某城市轨道公司列车正点统计的标准：

（1）凡按列车运行图固定车次、时间准点始发、到达终点的列车都统计为正点列车数。早点或晚点不超过 1min 的可按正点统计。临时增加开行列车也按正点统计。

（2）由于客流变化而抽线或加开列车，行车调度员采取措施对部分列车调点时，该部分列车仍按正点统计。

（3）若遇大型活动，影响列车运行秩序，列车正点率指标可不统计或部分时间内的列车正点运行指标不予统计。列车到、发和通过时刻的确认：

① 到达时刻，以列车在规定位置停妥为准。

② 出发时刻，以列车由车站（包括车辆段规定发车地点）前进起动不再停车时为准。

③ 通过时刻，以列车最前部通过站台末端行车室时为准。

（三）列车运行通过率

列车运行通过率为在车站因故不停车通过的列车数与全部开行列车数列车（运行图固定车次）数之比。

$$列车运行通过率 = \frac{通过列车数}{全部开行列车数} \times 100\%$$

不论在始发站或中间站，还是由于晚点或其他原因不停站通过，都统计为通过列车数。某次列车若连续或不连续在几个车站通过，只统计为一列通过列车。

（四）平均满载率

平均满载率为单位时间内，车辆运能的平均利用程度。

$$平均满载率 = \frac{日客运量 \times 平均运距}{线路长度 \times 旅客运输能力} \times 100\%$$

五、安全指标分析

（一）行车事故次数

行车事故次数为地铁列车在运营行驶中所发生的事故次数。

计算单位：次

计算方法：行车事故按性质、损失及对行车的影响程度分重大事故、大事故、险性事故和一般事故，事故分类按政府有关部门法规执行。

（二）行车责任事故次数

行车责任事故次数为在行车事故中，由地铁企业负全部或部分责任的事故次数。

计算单位：人

计算方法：事故责任的区分按上级政府部门法规确定。行车责任按重大事故和大事故分别统计。

（三）行车责任事故频率

行车责任事故频率为运营列车每行驶百万公里运营里程平均发生行车责任事故的次数。

计算单位：次/百万千米

计算公式：

行车责任事故频率（次/百万千米）＝（行车责任事故次数/列车运营里程）×100%

（四）行车责任事故伤亡人数

行车责任事故伤亡人数为行车责任事故造成受伤和死亡的人数。

计算单位：人

计算方法：受伤人数包括重伤和轻伤的总人数。死亡人数包括当场死亡和由于受伤后伤情发展而死亡的人数。但伤、亡两项人数不得重复计算。受伤后因伤情发展死亡人数计算方法按上级主管部门有关法规执行。

课后习题

1. 城市轨道交通调度机构工作岗位的设置及其职责有哪些？
2. 行车调度工作的基本任务是什么？
3. 行车调度的控制方式有哪几种？
4. 列车出入车厂的行车组织方法是什么？
5. 行车调度命令发布有何要求？
6. 行车调度命令在何种情况下发布？
7. 列车运行的编制需要哪些要素？
8. 常用的列车运行调整方法有哪些？
9. 隧道内线路积水时的行车组织办法是什么？
10. 地面站及地面区间迷雾、暴雨天情况下行车组织方法是什么？

参考文献

[1] 牛凯兰，牛红霞. 城市轨道交通行车组织. 北京：机械工业出版社，2011.

[2] 贾毓杰. 城市轨道交通通信与信号. 北京：机械工业出版社，2011.

[3] 程钢，操杰. 城市轨道交通运营组织. 成都：西南交通大学出版社，2010.

[4] 何静. 城市轨道交通运输运营管理. 北京：中国铁道出版社，2010.

[5] 费安萍. 城市轨道交通行车组织. 成都：西南交通大学出版社，2007.

[6] 费安萍. 城市轨道交通运输设备的运用. 成都：西南交通大学出版社，2008.

反侵权盗版声明

电子工业出版社依法对本作品享有专有出版权。任何未经权利人书面许可，复制、销售或通过信息网络传播本作品的行为；歪曲、篡改、剽窃本作品的行为，均违反《中华人民共和国著作权法》，其行为人应承担相应的民事责任和行政责任，构成犯罪的，将被依法追究刑事责任。

为了维护市场秩序，保护权利人的合法权益，我社将依法查处和打击侵权盗版的单位和个人。欢迎社会各界人士积极举报侵权盗版行为，本社将奖励举报有功人员，并保证举报人的信息不被泄露。

举报电话：（010）88254396；（010）88258888

传　　真：（010）88254397

E-mail：　dbqq@phei.com.cn

通信地址：北京市万寿路 173 信箱

　　　　　电子工业出版社总编办公室

邮　　编：100036